Arthur Osborne

Mein Leben und meine Suche:

Mein Weg zu Ramana Maharshi

aus dem Englischen übersetzt

von

Gabriele Ebert

Vom Ramanashram autorisierte Übersetzung von:
Arthur Osborne: My Life and Quest, Sri Ramanasramam: Tiruvannamalai, 2001
Zeichnung des Arunachala von Ramana Maharshi
Verlag: BoD · Books on Demand GmbH, In de Tarpen 42, 22848 Norderstedt
Druck: Libri Plureos GmbH, Friedensallee 273, 22763 Hamburg

1. Auflage, 2024
ISBN: 978-3-7597-9969-2

Sri Ramana Maharshi (1879-1950)

Inhaltsverzeichnis

Vorwort des Ramanashram

Arthur Osborne, einer der ernsthaftesten und bekanntesten Devotees von Sri Bhagavan, gründete *The Mountain Path*, die spirituelle Zeitschrift des Ashrams, und gab sie heraus. Er ist bekannt als der Herausgeber der *Collected Works of Ramana Maharshi* (Ramana Maharshi: Die Gesammelten Werke) sowie als Verfasser von *Ramana Maharshi and the Path of Self-Knowledge* (Ramana Maharshi und der Weg der Selbsterkenntnis) und anderer Werke.

Wir sind glücklich, diesen autobiografischen Bericht von Arthur Osborne herauszubringen, der für den ersthaften Sucher von großem Wert sein wird, da er viele Informationen über den spirituellen Weg enthält. Die Darstellung des Autors über den spirituellen Dienst von Sri Bhagavan ist besonders bewegend.

Wir danken Katya Douglas, der Tochter des Autors, für ihre Freundlichkeit, uns das Manuskript und die Erlaubnis zu geben, es als Ashram-Veröffentlichung herauszubringen.

31. Dezember 2001, Bhagavans 122. Geburtstag

Sri Ramanashram (Herausgeber)

Vorwort von Katya Douglas

Viele Jahre nachdem mein Vater 1970 gestorben war, öffnete ich einen alten Koffer und fand darin mehrere unveröffentlichte Manuskripte. Es ist seltsam, dass sie so lange Zeit verborgen und unbekannt geblieben waren, aber vielleicht ist es jetzt an der Zeit, diese Geschichte zu erzählen. Wenn man sie liest, ist es faszinierend zu sehen, wie wahrhaftig seine Stimme war und die Jahre überdauerte. Eines der Dokumente war seine Autobiographie, die er *The Mountain Path, My Quest* betitelt hatte. Als er später die Zeitschrift des Ramanashram unter dem Titel *The Mountain Path* herausbrachte, beschlossen wir, ihn nicht für den Titel seines Buches zu verwenden, um eine Verwechslung zu vermeiden.

Es ist ein geeigneter Titel für die Geschichte seines Lebens, das vor allem der Suche nach dem Weg gewidmet war. Als er sich sicher war, den richtigen Weg gefunden zu haben, verpflichtete er sich zu ihm. Seine Dichtung wie auch seine Prosaschriften zeigen, was für ein Kampf das für ihn manchmal war, wie er mit Dunkelheit und Verzweiflung rang, aber, wie er sich ausdrückt, macht ein Mann, der den Mount Everest erklimmt, keinen Halt, um Geige zu spielen. Durch alle Wechselfälle blieb sein Vertrauen in Bhagavan unerschütterlich, und Bhagavan erkannte seine Demut und Hingabe. Manchmal, wenn er mit geschlossenen Augen in Meditation versunken in der Halle saß, sah Bhagavan ihn mit solcher Liebe an, dass sie einen zum Weinen bringen konnte. Sogar als Kind erkannte ich manchmal, dass das etwas ganz Besonderes war.

Er war eine besondere Person und ein besonderer Vater, aber da er der einzige Vater war, den ich jemals kannte, habe ich seine Einmaligkeit erst später verstanden. Natürlich war einiges an ihm auffallend, selbst für mich. Er schreibt, dass er als junger Mann sehr gesellig war. Das mag sein wie es will. Als er ein älterer Mann und mein Vater war, war er sehr still und das Gegenteil davon. Er sprach, aber er schwatzte nie. Ich konnte ihn alles fragen, was ich wollte, und erhielt eine prägnante Antwort. Aber er sprach nie wahllos oder nur, um die Stille zu füllen. Er war ein stiller Mann, und er trug die Stille wie einen Umhang.

Ich erinnere mich an einige Geschichten, die dieses Merkmal unterstreichen. Einmal kamen zwei Männer von Delhi nach Tiruvannamalai, nur um meinen Vater zu treffen. Meine Mutter ließ sie auf der Veranda Platz nehmen und machte mit ihrer Arbeit weiter. Nach etwa einer Stunde, als sie draußen nichts hörte, vermutete sie, dass die Männer gegangen waren, und ging hinaus. Sie stutzte, als sie sah, dass alle drei schweigend zusammensaßen, und beeilte sich, ein Gespräch zu beginnen. Sie wollten ihn vieles fragen, waren aber zu aufgeregt oder schüchtern, um ein Gespräch zu beginnen. Als sie schließlich gegangen waren, fragte meine Mutter ihn, warum er nicht mit ihnen gesprochen habe, warum er sie so lange habe schweigend dasitzen lassen. Er wusste nicht, was sie so aufbrachte. Er sagte, dass er gedacht habe, sie wollten schweigen, und wenn sie etwas zu ihm sagen wollten, so hätten sie es nur zu tun brauchen.

Einige Zeit nachdem ich von Zuhause ausgezogen war und mit meinem Mann in Pakistan lebte, kam ich zu Besuch. Ich hatte auf dem Bazar in Peshawar einige alte Münzen gekauft und zeigte sie ihm. Ich erzählte ihm, dass man mir gesagt habe, dass sie aus der Regierungszeit eines alten Königs stammen würden. Er sah sie sich an und sagte, dass eine der Münzen noch viel älter sei. „Woher weißt du das", fragte ich ihn. „Ich habe nicht gewusst, dass du dich für alte Münzen interessierst." „Das tu ich auch nicht", erwiderte er, „aber auf der Münze steht das Jahr." „Es ist arabisch", rief ich aus. „Ich wusste nicht, dass du Arabisch kannst. Warum hast du es mir nie erzählt?" „Weil du mich nie danach gefragt hast", lautete seine Antwort. Er hatte die Sprache vor vielen Jahren gelernt, sie aber seit langem nicht mehr angewandt. In all den Jahren war es ihm nie in den Sinn gekommen, zu erzählen, dass er außer Polnisch und Französisch noch eine weitere Sprache beherrschte, und wie ich inzwischen weiß, noch weitere, nach denen ich ihn nicht gefragt hatte. Wie ich bereits gesagt habe, war er kein Mann vieler Worte, aber was er sagte, war wert, gehört zu werden.

Auch meine Mutter war Bhagavan sehr zugetan, obwohl ihre Verehrung mehr intuitiv war. Ihr Instinkt war zuverlässig. Als mein Vater zu Beginn des Zweiten Weltkriegs in Bangkok interniert war, erhielt sie von ihm zwei Jahre lang keine Nachricht. Dann kam ein Telegramm vom Kriegsministerium, in dem stand, dass er ermordet worden sei. Wir lebten damals bei unseren Freunden, den Sharmas in Madras. Frau Sharma war furchtbar durcheinander wegen meiner Mutter und versuchte, sie zu trösten. Meine Mutter war ziemlich ruhig. Sie sagte immer wieder: „Sorg dich nicht, es ist ein

Irrtum. Wenn Arthur tot wäre, wüsste ich es. Ich weiß, dass er nicht tot ist. Es ist ein Versehen."

Natürlich glaubten alle, dass sie vor Kummer das innere Gleichgewicht verloren hätte, und Frau Sharma war durch ihr scheinbar so irrationales Benehmen so verstört, dass meine Mutter sie trösten musste, während sie selbst ihrem Empfinden treu blieb, dass ihr Mann lebte. Einige Tage später traf ein weiteres Telegramm ein, in dem stand, dass es der falsche Osborne war. Ihre Intuition hat sie geleitet und ihr Vertrauen in Bhagavan, der zustimmte, als mein kleine Bruder Adam ihn bat, seinen Daddy zu beschützen. Dies und ihr eigener Instinkt gaben ihr die Erkenntnis und die Tapferkeit, die Wahrheit zu spüren und den Irrtum zu bemerken. Später erhielten wir alle seine Briefe auf einmal, und anscheinend hatte auch er von uns erst zwei Jahre später Nachricht erhalten.

Da ich die Älteste von uns drei Kindern war und die Einzige, die damals schreiben konnte und die sich tatsächlich an den Vater erinnerte, durfte ich ihm meinen eigenen Brief schreiben, obwohl er nicht länger als 25 Worte sein durfte. Ich brauchte lange, alles, was ich ihm zu sagen hatte, darin unterzubringen, und versuchte, es in wenigen Worten zusammenzufassen. Für mich war das nicht so schwierig, wie es nachträglich aussieht, da Kinder die Fähigkeit haben, anzunehmen, was immer das Leben ihnen bietet, und es als gegeben hinnehmen. Wir verlieren diese Gabe, wenn wir groß werden, und müssen hart daran arbeiten, sie wiederzuerlangen. Jetzt spüre ich, wie leidvoll es für meine Eltern gewesen sein musste, angesichts eines so langen Schweigens weiterzumachen. Glücklicherweise hatten sie Bhagavan.

Die Jahre, nachdem er aus dem Krieg zurück war, waren für uns Kinder eine große Freude. Unser fast mythischer Daddy war wieder bei uns, und wir schwelgten darin. Er brachte eine neue Sichtweise in unser Leben. Meine Mutter hatte sich während des Krieges alleine mit drei kleinen Kindern und einer unsicheren Zukunft durchgekämpft. Sie war für uns die einzige Autoritätsperson, und es war für sie manchmal schwierig, mit unserem ständigen Sinn für Unfug klarzukommen. Mit der Ankunft meines Vaters erweiterte sich unser Horizont. Wir liebten seine Weisheit und seinen angeborenen Gerechtigkeitssinn. Wir liebten seinen feinsinnigen Humor und die Art, wie er mit einem völlig ernsten Gesicht unsere Mutter neckte, bis wir alle in Lachen ausbrachen, auch sie. Wenn ich zurückblicke, erkenne ich, dass die

Freude über das Ende der langen Trennung Lachen in unser aller Leben brachte. Mein Vater war ein begeisterter Gärtner, und ich liebte es, mit ihm am Morgen durch den Garten zu gehen, wenn er alles Grüne begutachtete und pflegte. Er wusste genau, was jede Pflanze brauchte, und prägte meine Liebe zu Gärten, die ich nie verloren habe.

Manchmal saß er nachts draußen und zeigte uns die verschiedenen Sterne und Sternbilder. Er erzählte mir auch Geschichten aus der Mythologie, die mich so sehr faszinierten, wie sie auch ihn als Kind begeistert hatten. Als wir klein waren, erzählte er uns die wunderbarsten Gutenachtgeschichten wie die Sage von einer Fee, die in einer Magnolie lebte und auf den Mondstrahlen reiste. Es mag erstaunen, aber wir drei freuten uns auf die Schlafenszeit. Er war ein begabter Geschichtenerzähler.

Viele Jahre später, als ich mit meiner kleinen Tochter Aruna zu einem längeren Besuch heimkam, sorgten wir uns, dass sie zu viel Unterricht versäumen würde. Da erklärte sich mein Vater dazu bereit, sie in Englisch und Geschichte zu unterrichten. Sie saßen draußen auf der Veranda. In seiner tiefen Stimme erzählte er ihr Geschichten, und ihre kindlich hohe Stimme unterbrach ihn gelegentlich, um etwas zu fragen. Er machte alles so spannend, dass ich selbst außer Sichtweite drinnen am Eingang saß, um ihm zuzuhören. Meine Mutter saß ebenso im anderen Zimmer. Sie sah mich an, lächelte, legte ihren Finger auf die Lippen, und so saßen wir wie Verschworene schweigend da.

In der Zeit, als meine Eltern nach einem spirituellen Weg suchten, war das kein sehr gängiges Unterfangen. Heutzutage sind immer mehr Menschen daran interessiert, eine tiefere Wahrheit zu finden, obwohl oder vielleicht weil wir in einer gefährlichen und materialistischen Welt leben. Ungeeignete Gurus oder betrügerische Sekten führen leider viele in die Irre. Bhagavan hat oft betont, dass wir nicht der Körper sind. Seine Lehre ist heute so wirksam und lebendig wie damals, als er in der Halle saß und einen Körper hatte, den alle sehen konnten.

Für meinen Vater war sein Kommen nach Tiruvannamalai die Bestätigung seiner Suche und auch die Bestätigung, dass Bhagavan sein Guru war. Deshalb blickte er nie zurück. Nachdem er nach seiner Arbeit in Kalkutta in den Ruhestand gegangen war, gab er die Zeitschrift *The Mountain Path* heraus, bis seine Gesundheit es nicht mehr erlaubte. Als er spürte, dass er damit nicht weitermachen konnte, bereitete er zehn Editorials vor, die sein Nachfolger benutzen konnte. Meine Mutter übernahm schließlich diese Aufgabe einige Zeit lang, was für sie sehr schwierig war, da Englisch nicht ihre Muttersprache war. Sie tat es aus Liebe und Loyalität, bis auch sie dazu gesundheitlich nicht mehr in der Lage war. Ihre Beziehung, eine Verbindung von Gegensätzen, war für sie beide entscheidend, und die letzten Worte meines Vaters, die er zu ihr sagte, waren: „Danke." Dann starb er wie er gelebt hatte, ohne viel Aufhebens, und er wurde in seinem Garten beerdigt, den er angelegt und geliebt hat. Er war erst vierundsechzig.

Die Kriegsjahre hatten von ihm ihren Tribut verlangt, und auch die Intensität der inneren Suche hat seinen Körper sehr belastet, weil er keine Kompromisse duldete. Das wertvolle Erbe, das er uns hinterlassen hat, waren seine Schriften. Wir können mit ihm reisen und erfahren, wie er mit den Schwierigkeiten umging, die uns alle bedrängen. Wenn ich wiederum von seinem inneren Leben und Kampf lese, ermutigt es mich, dass ein gewöhnlicher Mensch in sich solche Standhaftigkeit und Fähigkeit finden konnte, trotz aller Hindernisse entschlossen zu bleiben. Er ist ein Beispiel für jeden, der sich auf dem Bergpfad befindet.

Katya Douglas

Tiruvannamalai, 31.12.2001

1. Anfänge

Als ich ein kleiner Junge war, gab es drei Bücher, die ich immer wieder las: *The Knights of King Arthur* (König Arthur und die Ritter der Tafelrunde), *Asgard and the Gods* (eine Sammlung nordischer Mythologie) and *The Arabian Nights* (Abenteuer aus 1001 Nacht).

König Arthur war mein Lieblingsbuch. Meine Mutter besaß ein in Leder gebundenes Exemplar, das sie einmal als Schulpreis erhalten hatte, und keine Seite darin trug nicht meine schmutzigen Fingerabdrücke. Mein nächstes Lieblingsbuch waren die nordischen Legenden. Die anspruchsvollere griechische Mythologie sagte mir nie zu, aber die wilde Größe der Normannen (Wikinger) wühlte mich so sehr auf, dass sie mir in Erinnerung blieb – die arrogante Maßlosigkeit der Giganten in der Zeit ihres Aufstiegs, sodass selbst ein Schlag von Thors Hammer nicht mehr gefühlt wurde, als eine Eichel, die einem auf die Stirn fällt. Und dann das Erstarken der Macht Thors. Wie die Giganten seinen Hammer Mjolnir stahlen, ihn tief in der Erde verbargen und ihn nur zurückgeben wollten, wenn einer von ihnen Odins Tochter zur Braut erhielt, wie die Götter sie austricksten, indem sie Thor in Brautkleider steckten und ihn verschleiert in ihren Palast schickten. Selbst durch den Schleier konnte man das Blitzen seiner Augen sehen. Dann wird die Geschichte spannend. Der Bräutigam bat die Braut, ihren Schleier zu lüften, aber die angebliche Braut bestand darauf, dass er zuerst Mjolnir in ihren Schoß legen sollte. Als er dies getan hatte, lachte Thor laut, zog den Schleier vom Gesicht und erhob sich, indem er Mjolnir schwang und den ganzen Ort in rauchenden Ruinen zurückließ. Diese Geschichte und die tragischere Geschichte der Ermordung Baldurs, des Schönen, der Verrat durch Loki, der Aufstieg seiner furchterregenden Söhne aus der Unterwelt und das Ende im letzten schrecklichen Kampf von Ragnorak faszinierten mich sehr.

Als ich älter wurde, begann ich undeutlich das Geheimnis der Symbole hinter den Geschichten zu verstehen. Es ist tatsächlich bemerkenswert, dass alle

13

drei Bücher Allegorien des Gesetzes des Universums sein könnten. Ich las nicht nur diese Geschichten, sondern machte auch meine eigenen, besonders über König Arthur und seine Ritter, die ich mir erzählte, wenn ich ging oder beschäftigt war. Das war mein Geheimnis. Ich habe nie jemandem davon erzählt. Ich muss mir diese Geschichten in Versen erzählt haben, denn ich erinnere mich daran, dass ich darüber rätselte, warum der Satz falsch klang, wenn ich ein Wort, d.h. eine Silbe hinzufügte, und richtig, wenn ich zwei hinzufügte.

Es kam die Zeit, als ich diese Vorstellungen als Sünde betrachtete und beschloss, damit aufzuhören, aber so sehr ich es auch versuchte, ich kam doch immer wieder darauf zurück. Einmal beschloss ich, zur Strafe und zur Erinnerung eine Kordel mit Knoten um meine Hüfte zu tragen, da ich gelesen hatte, dass Mönche im Mittelalter das taten. Ich fand ein altes Stück Gartenschnur, machte Knoten hinein und band sie mir fest um die Hüfte. Doch ich bekam davon Bauchweh, und ich konnte die Kordel nicht anders festmachen, damit sie auch hielt. Also ließ ich die Idee wieder fallen.

Damals hatte ich einen beliebten Tagtraum von einem mächtigen König in einem zeitlich und örtlich weit entfernten Land. Viele Leute kamen zu ihm und brachten alle erdenklichen Güter und Vergnügungen mit, und dann kam ich im Habit eines Mönchs zu ihm und bot ihm Verzicht und Härte an. Später entdeckte ich, dass der König das Ego war, das inmitten der Vergnügungen dieser Welt thronte und dann gebeten wurde, ihr zu entsagen und sich auf die einsame Suche zu begeben.

Das alles bedeutete nicht, dass ich ein missmutiges oder bedrücktes Kind war. Im Gegenteil, ich war ausgelassen, wie ein Schütze es sein sollte. Ich liebte Spaß und freute mich, wenn Besucher kamen oder wenn wir irgendwohin gingen. Nur war da auch der innere Lebensstrom, und das war etwas, worüber ich nicht sprach. Extrovertiert oder introvertiert? Ich glaube nicht, dass diese Begriffe so weit angewendet werden können, wie allgemein angenommen wird. Ein lebhafter Mensch ist oft beides, ein weniger lebhafter Mensch keines von beidem. Ich war beides in einem hohen Ausmaß.

2. Eine weitere Station

Was mich als nächstes sehr beeinflusste, waren die Yorkshire-Moore. Vielleich können sie als eine Vision der Schönheit beschrieben werden – die lange Reihe der Hügel, das Heidekraut, das violett in der Ferne leuchtete und federnd unter den Füßen war, der Überfluss an Wildblumen – Sumpforchideen und vieles andere – die wilden Erdbeeren, die am Wegesrand wuchsen, und über allem der düstere Kiefernwald mit dem Wind, der stöhnend durch die Bäume strich. Ich hatte auch schon zuvor schöne Landschaften gesehen und sah sie auch danach, aber sie übten nie eine solche Gewalt über mich aus wie diese. Ich liebte sie im Regen, im Nebel und im Sonnenschein. Sie verband sich in meinem Geist mit den nordischen Legenden und die lebendige Kraft der Nordländer. Sie schien mir zu heilig zu sein, um darüber zu sprechen, und ich sprach nie darüber.

Als wir das letzte Mal unsere Sommerferien dort verbrachten, war ich etwa fünfzehn. Der Zauber war so stark wie immer. Damals schrieb ich mein erstes Sonnet. Ich saß allein auf einem Hügel, nahm ein neues Notizbuch aus meiner Brusttasche und schrieb auf die erste Seite ein Sonnet über das Moor. Ich beschloss, auf jeder Seite eines zu schreiben und es meiner Mutter als Geburtstagsgeschenk zu geben, wenn es voll war. Ich weiß nicht, ob ich nochmals ein Gedicht hineingeschrieben habe. Ich ließ es jedenfalls nie jemanden sehen. In denselben Sommerferien schrieb ich ein Gedicht über das Moor und die Kiefern, das ich lange für ein gutes Gedicht hielt. Jung, wie ich war, war es mit wirklicher Inspiration geschrieben. Doch inzwischen habe ich es längst vergessen.

In denselben Ferien freundeten wir uns mit einem örtlichen Bauer an, den ich Bob Thorpe nennen will. Er sah ungehobelt aus, war unrasiert und hatte einen breiten nordischen Akzent. Trotzdem liebte er die Schönheit und las Gedichte. Als er neben mir auf dem Hügel saß, rezitierte er Tennyson und Milton, und sein Akzent war kaum noch zu hören. Auch er liebte das Moor.

Anstatt ein zusammenhängendes Stück Land im Tal um seinen Bauernhof zu haben, waren seine Felder auf mehrere Hügel verstreut, weil er gerne von Hügel zu Hügel ging. Einige sagten, das sei so, weil es ihm eine Ausrede verschaffte, um über das Grundstück des Gutsherrn zu gehen, und dass er dabei Hasenfallen aufstellte, denn die Wilderei war für ihn ebenso ein Geschäft wie die Landwirtschaft.

Ich habe nie Spiele gemocht, weder Cricket noch Fußball, noch die leichteren Spiele wie Tennis und Badminton. Ich spielte so viel wie ich in der Schule musste, nicht mehr. Andererseits liebte ich das Gärtnern. Wir hatten hinter unserem Haus einen Obstgarten und einen Blumen- und Gemüsegarten. Mein Vater und ich machten die ganze Gartenarbeit. Ob es sich um anstrengende Arbeit wie graben, düngen oder sähen handelte, das Beschneiden der Obstbäume oder auch Unkraut jäten, ich liebte jeden Kontakt mit der Erde und den Pflanzen. Als es Zeit für die Ernte war und Bob Thorpe mich für sich umsonst arbeiten ließ, war er es, der mir damit einen Gefallen tat. Wir arbeiteten von Tagesanbruch bis in die Dämmerung, machten um die Mittagszeit Rast im Schatten und aßen das kalte Fleisch, das die Frauen uns aufs Feld brachten. Wir hatten eine altmodische Erntemaschine, bündelten die Garben von Hand und ordneten sie in Heustöcken an. Ich hatte nie wieder so schöne Ferien.

Die landwirtschaftliche Arbeit sagte mir zu und hätte mich auch erfüllt, aber mein Vater hatte andere Pläne für mich und zog diese Möglichkeit nicht in Betracht.

Wenn ich sage, dass dies, wäre es möglich gewesen, die einzige Erfüllung in meinem Leben hätte sein können, will ich damit nicht sagen, dass ich es bedaure, dass es nicht eingetroffen ist. Vielmehr ist es ein Anlass zur Freude. Das einzige wirkliche Maß des Erfolgs im Leben ist der Zustand des Geistes und der Charakter, den man erlangt hat, wenn es Zeit ist, die Welt zu verlassen. Der einzige völlige Erfolg ist die spirituelle Erleuchtung, die Verwirklichung des Selbst. Das Leben des Menschen kehrt unweigerlich zu seiner Quelle zurück, zur Einheit mit dem Selbst, wie ein Fluss zum Meer. Dieses Leben ist eine Episode auf dem Weg, und das Einzige, was zählt, ist die Entfernung vom Ziel, wenn diese Episode endet. Das hängt von zwei Dingen ab: zuerst von der Position, aus der dieses Leben beginnt, also die Etappe, die man bereits in seinem letzten Leben erreicht hat, sei es menschlich gewesen oder nicht – zweitens von der Weisheit und Entschlossenheit, mit der man in diesem Leben vorwärtsgeht. Die verschiedenen Etappen, auf denen der Mensch sein Leben beginnt, oder die verschiedenen Grade des Verstehens und der Entschlossenheit, mit denen er ausgestattet ist, sind nicht ungerecht, denn damit ist nur die Schnelligkeit betroffen, und Ungeduld ist eine rein menschliche Krankheit. Der Unterschied betrifft nicht das universale Gesetz oder das endgültige Ergebnis.

Aus der Sicht eines universalen Gesetzes kann der Verlauf, dem der Mensch folgt, eher mit dem Fluss, der ins Meer fließt, verglichen werden als mit einer Pilgerreise – wobei eine Lebensspanne nicht den ganzen Verlauf des Flusses repräsentiert, sondern nur eine bestimmte Strecke. Selbst wenn einige Flüsse sich schlängeln oder stagnieren oder sich sogar rückwärts wenden, während andere schnell und kraftvoll dahinfließen, münden doch alle schließlich in dasselbe Meer. Es gibt nicht einmal die Frage, ob früher oder später, da die Zeit keine Rolle spielt, wenn der Lauf des Flusses als Ganzes aus der Luft betrachtet wird. Aber für das Individuum macht die Zeit einen Unterschied. Solange der Mensch sich für ein Individuum hält, ist das Bestreben wirklich, und das Symbol der Pilgerschaft trifft es besser als das des Flusses. Für einen Pilger bedeutet verlorene Zeit eine verlorene Gelegenheit. Eine ganze Lebenszeit, ein ganzer Tag auf der Pilgerschaft mag verloren sein, wenn man am Straßenrand faulenzt, über ein Feld wandert oder sogar zurückgeht. Dann wird der nächste Tag anstrengender sein und der Ausgangspunkt weniger vorteilhaft.

Es ist wahr, dass keinesfalls alle das Leben als eine zweckvolle Reise betrachten. Glücklich sind jene, die das tun und an ihrer Erkenntnis arbeiten, selbst jene, die keinen Fortschritt oder sogar Rückschritte machen, je nachdem, ob sie den Griff des Egos schwächen oder stärken, einige seiner Tentakel abtrennen oder neue entwickeln. Grundsätzlich ist die Schwächung und die endgültige Vernichtung des Egos der Zweck aller Religionen. Und am wirksamsten ist die Religion, die für die Bewältigung dieser Aufgabe am geeignetsten ist, wobei auch der selbstlose Dienst am anderen, Tiere und Pflanzen mit eingeschlossen, ebenfalls bis zu einem gewissen Grad wirksam sein können. Alles, was das Ego schwächt, ist gut, alles, was es stärkt, ist schlecht. Deshalb kann es für einen Menschen vorteilhafter sein, entwurzelt zu werden anstatt Wurzeln zu schlagen. Das traf auch auf mich zu. Wenn das Schicksal den Kreis geschlossen und mich dazu geführt hätte, auf einem

Bauernhof in Yorkshire zufrieden zu sein, hätte meine Reise dort geendet, und diese Lebenszeit wäre verschwendet worden. So war diese Episode wie ein Bahnhof, an dem der Zug lang genug hält, um aus dem Fenster zu sehen und dann weiterzureisen.

3. Kursänderung

Ich kehrte nie wieder ins Moor zurück. Das Leben verlief auf einem anderen Kurs. Das Leuchtfeuer vor mir, auf das ich zusteuerte, war ein Stipendium in Oxford. Ich verfüge über die methodische Beharrlichkeit, ein Ziel zu verfolgen, was man von einem Steinbock verlangen kann. Gegenwärtig war das Ziel ein idealisiertes Oxford. Später war es das höchste Ziel von Nirvana. Zwischen beiden gab es eine Zeit mit vorgestellten Zielen, als ich auf dem stürmischen Meer dahintrieb. Im Moment erschien mir Oxford wie eine Alabasterstadt der Träume im Nebel vor mir, und ich strebte beständig darauf zu. Es war nicht das Tor für eine gute Karriere, sondern eine Oase der Kultur im trostlosen Geld-Kult des Westens. In der Tat arbeitete die Ablehnung einer materialistischen Welt bereits in mir, wobei ich die wahre Alternative dazu noch nicht festgelegt hatte. Das idealisierte Oxford diente als vorgestellter Ersatz dafür.

Meine Schule bildete die Jungen in den klassischen Fächern, Naturwissenschaft und Mathematik aus, aber ein enthusiastischer Geschichtslehrer interessierte sich für mich und erhielt vom Schulleiter die Erlaubnis, mich auf ein Geschichtsstipendium vorzubereiten. Das war noch vor dem Wohlfahrtsstaat, als alle von selbst ein Stipendium erhielten, die eine Zulassung zur Universität hatten. Für mich war ein Stipendium nötig, oder es ging nicht.

Neben dem ausdauernden Studium fand ich noch Zeit zum Lesen anderer Bücher. Ich las Philosophen wie Ruskin und Carlyle. Doch ich las auch theologische Bücher wie etwa die Werke von Dean Inge, der damals in Mode war, und auch viele Gedichte. Ich genoss es, besonders wenn ich alleine Zuhause war, laut Gedichte zu lesen. Ich genoss auch alle humorvolle Literatur, die ich in die Finger bekam – Pickwick, die Theaterstücke von W.S. Gilbert und *The Ingoldsby Legends*. Abgesehen von gelegentlichen humorvollen Romanen las ich keine Romane. Es erschien mir als Zeitverschwendung, mit so viel Wissen, das ich erwerben wollte, und Nachdenken über Philosophie. Obwohl ich wenig Geld hatte, baute ich mir doch eine kleine Bibliothek auf.

Ich hielt mich für einen zukünftigen Schriftsteller. Als ich eines Abends den Sonnenuntergang von einem windigen Hügel aus betrachtet, war ich mit der Intensität einer Offenbarung plötzlich davon überzeugt: „Ich könnte Gedichte schreiben, wenn es ein Thema gäbe, das wichtig genug ist, um darüber zu schreiben." Im Laufe meines Lebens habe ich mich oft daran erinnert und mir gesagt: „Ist das, was ich jetzt fühle, wichtig genug?" Aber das war es nie.

Ein andermal spazierte ich über die Felder in die Stadt. Ich hatte den seltsamen Traum, dass ich eines Tages ein Buch schreiben würde, das in Prosa beginnen und dann in einer für die Prosa zu hohen Schwingung in Dichtung übergehen und schließlich alle Sprache überwinden und im Schweigen enden würde.

Es gab damals noch keine Busse auf den Straßen, und mein Schulweg war zwei Meilen lang, morgens hin und abends zurück, manchmal auch viermal am Tag, wenn ich zum Mittagessen nach Hause ging. Ich muss etwa sechzehn gewesen sein, als mich auf dem Heimweg ein lebhaftes und intensives Gefühl der Wirklichkeit des Todes überkam. Wozu sollte ich mir eine Bibliothek aufbauen? Wozu sollte ich überhaupt etwas sammeln, wenn der Tod unausweichlich war? An diesem Gedanken war nichts Trauriges oder Tragisches, und ich hatte keine Angst. Es war kein Gefühl der Mutlosigkeit oder der Rebellion, sondern einfach der Unausweichlichkeit des Todes. Es ging vorüber und bewirkte keine dauerhafte Veränderung, aber es hinterließ wenigstens einen Eindruck, der zu lebhaft war, als dass er wieder verblassen würde. Ich war im selben Alter, in dem die Todeserfahrung Ramana überwältigte, der dann zum Maharshi werden sollte und sein Ego ein für alle Mal vernichtete, wobei er von da an unveränderlich im Selbst gegründet war (s. mein Buch Ramana Maharshi und der Weg der Selbsterkenntnis).

Es kommt sehr selten vor, dass der Weg auf solche Weise in einem einzigen Schritt vollendet werden kann. Nur in seltenen Fällen, wenn Hindernisse bereits in einem früheren Leben überwunden wurden, liegt die endgültige Verwirklichung in Reichweite. Öfter wird der Weg ein Leben lang verfolgt und selten vor dem Lebensende zum Abschluss gebracht. Doch es mag normal sein, dass die erste Intuition in diesem Alter erfolgt, wenn der Geist bereits voll aktiv ist und die weltliche Unwissenheit noch nicht wie eine dichte Wolke die Wirklichkeit verhüllt.

Religion war für mich bereits von großer Bedeutung. Zu dieser Zeit kam ich unter den Einfluss eines walisischen Geistlichen namens Morgan, ein spartanischer Mann, aber von mächtiger Statur, dominant und kampfeslustig, völlig hingebungsvoll und voller unruhiger Energie. Dass er ein Boxer und eine Autorität in Rugby war, beeindruckte mich nicht im Geringsten, dass er Scharfsinn besaß, umso mehr. Er erzeugte Widerstand, indem er Schönheit in seine Kirche und den Gottesdienst brachte. Es war typisch für ihn, dass er die Kirchenbänke hellgrün strich, anstatt in langweiligem Braun wie üblich. Er sagte, er wolle die Leute aufwecken, wenn sie in die Kirche kamen, und nicht schläfrig machen. Um uns Mut zu machen, führte er Straßenprozessionen und kleine Gebetstreffen ein, die Laien leiteten, und ich nahm an beidem teil. Ich las *Gitanjali* [eine Gedichtsammlung von Rabindranath Tagore] und die Fortsetzung, Tagores Prosagedichte, und war fasziniert von ihnen, da sie meinem mystischen Wissen, das ich bereits gefunden hatte, am nächsten kamen. (Doch wie weit weg davon war ich später, sie zu verstehen.) Es war eine Vorahnung der Dinge, die noch kommen sollten. Bei einem solchen Gebetstreffen, das ich leitete, las ich ein Gedicht von Tagore vor und erklärte, dass er zwar kein Christ gewesen sei, er aber denselben Glauben und dasselbe Verständnis gehabt habe. Die Anwesenden stimmten mir zu.

Den zweitstärksten Einfluss auf mich in jener Zeit hatte Herr Lance, mein Geschichtslehrer. Er war ein loyaler Anhänger von Christ Church [eines der bedeutendsten Colleges in Oxford] und wollte, dass auch ich es besuchte. Die Colleges in Oxford waren in drei Gruppen aufgeteilt, was mit den Stipendien zu tun hatte. In meinem Jahrgang war die Christ Church-Gruppe die letzte der dreien. Es wäre offensichtlich zu unbesonnen gewesen, darauf zu warten. Deshalb schlug er vor, ich solle ein Jahr früher ein Stipendium beantragen. Der Schulleiter war damit einverstanden, da er glaubte, diese Erfahrung würde mir nützen, nicht aber, dass ich eine Chance gehabt hätte, aufgenommen zu werden. Ich wurde darauf hingewiesen, dass es für einen Jungen von einem Gymnasium wie dem unseren nicht klug sei, Christ Church zuoberst auf seine Präferenzliste zu setzen. Er würde sowieso keine Chance haben, und das würden die Colleges, die er weiter unten angeführt hatte, weniger geneigt machen, ihn anzunehmen. Doch ich blieb beharrlich, oder vielmehr Herr Lance blieb beharrlich. Im Herbst 1921 ging ich ein Jahr früher als üblich als Student von Christ Church nach Oxford. Ich war soeben achtzehn geworden.

4. Die Abkehr von Oxford

Meine Tutoren ließen mich wissen, dass sie mich auf eine Mitgliedschaft für All Souls und eine Karriere als Professor in Oxford vorbereiteten. Zwei Jahre lang ging ich diesen Weg, und dann, im dritten Jahr, hörte ich fast zu studieren auf und trennte mich vom College, dem Universitätsleben und machte mich untragbar. Ich war so arrogant zu glauben, dass ich mir leicht als Schriftsteller meinen Unterhalt verdienen konnte, ob ich nun einen Beruf hatte oder nicht. Ich wurde Oxford bezüglich immer desillusionierter und passte immer weniger dazu. Ich hatte deshalb kein Ziel, auf das ich hinarbeiten konnte. Nach Oxford zu gehen, hatte ich erreicht. Die geplante akademische Karriere sagte mich nicht mehr zu. Und mein wahres Ziel im Leben war mir noch nicht offenbart worden.

Ich hatte mir mehr von Oxford erwartet, als es mir geben konnte: die Heimat einer Kultur, in der die Menschen an allem interessiert waren, was nicht für Geld gekauft werden konnte. Ich hatte mich mit Enthusiasmus in das neue Leben gestürzt. Ich besuchte eifrig die Vorlesungen, studierte in der Bibliothek und in meinem Zimmer und verfasste Essays für mein Tutorial, das alle zwei Wochen stattfand. Ich stürzte mich auch ins neue soziale Leben. Es verging kaum ein Tag, an dem ich nicht eingeladen wurde oder andere in mein Zimmer einlud. Doch noch bevor das erste Semester endete, hatte ich das frostige Gefühl der Ernüchterung. Wo ich auf Verständnis gehofft hatte, fand ich Belanglosigkeit. Allmählich zog ich mich zurück, und am Ende meines dritten Jahres gab es nicht mal mehr ein halbes Dutzend Leute an der Universität, die ich gut genug kannte, um ohne Einladung bei ihnen hereinzuschneien. Ich kehrte dem Leben in Oxford den Rücken. Ich sprach nie in der Versammlung, obwohl ich es liebte zu debattieren. Ich engagierte mich nicht im OUDS [Oxford University Dramatic Society], obwohl ich mich zur Bühne hingezogen fühlte. Ich schrieb nie für den Isis oder den Cherwell, die wöchentliche Universitätszeitschrift, obwohl ich mich für einen Schriftsteller hielt.

Die innere Abwehr bezog sich sowohl auf das Studieren als auch auf die Leute. Geschichte hatte in der Schule mein Interesse geweckt, teils wegen des Prunks großer Menschen und Ereignisse und teils wegen des Studiums langer Entwicklungen. Aber als es mir in Gestalt einer Forschungsarbeit dargeboten wurde, bei der man Monate lang die Urbarmachung eines Dorfes im 12. Jahrhundert entschlüsselte, um eine These über die wirtschaftliche Grundlage eines mittelalterlichen Landlehens zu schreiben, indem man alle Quellen zu einem viertklassigen Politiker der Tudors aufspürte, den ich nicht treffen wollte, würde er heute leben – und wenn dies mir als eine Lebensbeschäftigung vorgeschlagen wurde, ließ mich das zurückschrecken. Zweimal in späteren Jahren ist es geschehen, dass ich ein Wissensfeld von wesentlichem Wert vor mir sah und ich hungrig las und sorgfältig studierte, aber keine Recherche um ihrer selbst willen, nicht um Details zu irgendwelchen Fragen anzuhäufen, die ich für unwichtig hielt und die mich nicht interessierten.

Ich verstehe natürlich vollkommen, dass in Geschichte oder einem anderen Fach der modernen Wissenschaft – in Soziologie, Astronomie, Meeresbiologie, was immer es auch sein mag – ein Fortschritt erzielt wird durch endlose geduldige Recherchen oft unbekannter Wissenschaftler, die entweder in Gruppen oder einzeln zu strategischen Punkten forschen. Viel davon ist fruchtlos, manches aber bringt Ergebnisse hervor, die eine ganze Theorie verändern oder eine neue Hypothese hervorbringen können. Würde man die Bedeutung dieser Recherchen anzweifeln, würde man damit die Grundlage der modernen Zivilisation zurückweisen. Ich weise sie nicht zurück. Ich bin nicht dafür, handgewebte Kleidung zu tragen, bei Kerzenlicht zu arbeiten oder andere solche Kindereien. Solange man in der modernen Welt lebt, macht es keinen Sinn, sich nicht an ihre äußeren Bedingungen zu halten. Was aber zurückgewiesen werden muss, ist der Sinn der Werte, die Überzeugung ihrer eigenen Überlegenheit und ihres Glaubens an den spezifischen Wert der Wissenschaften, auf denen sie gründen, also diese ganze Weltanschauung. Wäre diese Zurückweisung ausreichend verbreitet, würde sie dazu führen, dass auch ihre äußeren Formen zurückgewiesen würden, aber das geschieht nicht so leicht und friedvoll.

In der sozialen Ordnung, die auf wirklichem Respekt für die menschliche Natur basiert (was auch die Anerkennung der spirituellen Potenziale des Menschen mit einschließt), beinhaltet die Arbeit eines Menschen für die Gemeinschaft auch seine innere Entwicklung. Wenn er ein Handwerker ist, der Möbel herstellt oder Häuser baut, ist seine Arbeit eine Kunst, und er ist stolz darauf, wenn sie beendet ist. Sie enthält symbolisch auch die Reflexion über seine eigene Entwicklung. Ist er ein Student, unterstützt sein Studium sein Verständnis und die Bildung seines Charakters, indem sie krumme oder verkümmerte Neigungen berichtigen. Aber die moderne mechanische Zivilisation gebraucht die Menschen als Instrumente, seien es Arbeiter oder Gelehrte. Wie ein Arbeiter sich um seine Maschinen kümmert, ohne auf seine eigene Entwicklung zu achten, so trägt der Gelehrte, dem Weisheit und Selbsterkenntnis völlig fremd sind, sein Forschungs-Fragment bei. Es stimmt nicht, dass die Gesellschaft größer als der einzelne Mensch ist, noch ist es nützlich, wenn ein Mensch zum Wohl der Leute stirbt. Ein Ameisenhaufen ist größer als eine einzelne Ameise, die ihn mit erstellt hat, aber der Mensch hat in seinem Wesen eine Göttlichkeit, die möglicherweise die ganze Welt enthält und überschreitet, und eine Gesellschaft, die das verleugnet, indem sie die Menschen als Instrumente behandelt, ohne Mittel für ihre spirituelle Entwicklung bereitzuhalten, saugt ihre eigene Lebenskraft aus und lässt nur eine leere Schale zurück. In der Tradition wurde immer daran festgehalten, dass die Suche nach der Wahrheit oder Erkenntnis heilig ist und weder ein Motiv noch eine Rechtfertigung braucht, d.h. sie ist ein geeignetes Ziel, um ihm sein Leben zu widmen. Das stimmt, bezieht sich aber auf Erkenntnis von direkter oder indirekter spiritueller Bedeutung, Erkenntnis, die allmählich den Sucher erleuchtet oder transformiert. Wenn man auf dieselbe Weise von der reinen Anhäufung faktischen Wissens spricht, ist das eine Parodie. Und genau das geschieht.

Ich wusste das alles damals noch nicht, habe aber intuitiv die Forschung als einen steriler Gebrauch seiner Lebensjahre zurückgewiesen. Ich habe damit intuitiv die moderne Zivilisation zurückgewiesen, nicht mit irgendeiner Erkenntnis, dass sie krank war, und nicht im Bewusstsein, dass meine Antipathie mehr als poetisch oder romantisch war, aber mit einem tiefen Gefühl, dass sie unzulänglich war. Ich wusste nicht, was ich mir von Oxford erwartet hatte, aber ich spürte mit aller Bitterkeit, dass ich es nicht gefunden hatte.

Bis zu einem gewissen Grad wusste ich es. Ich wusste, dass ich spirituelle Führung wollte. Die Antwort war, dass Oxford sie mir nicht geben konnte. Das ist wahr, aber ein tieferer Gegenstrom ist, dass ein Land oder eine Zivilisation, deren höchstes Bildungszentrum und Kultur den spirituellen Werten gleichgültig gegenübersteht, sie weder einschärft noch verleugnet, sondern sie einfach ignoriert, auf einem sehr schlechten Weg ist.

Hier sind junge Männer, um die beste Bildung zu erhalten, die das Land bieten konnte. Manche studieren seine Sprache und Literatur, andere seine Geschichte, und alle wissen nichts über seine majestätischen Traditionen, von den kühnen Bemühungen der Mystiker, den Pfaden zur Schönheit, die sie gegangen sind, und ihre endgültige höchste Leistung der mystischen Einheit. Sie wissen nicht nur nichts über ihren Nachlass, sondern auch nichts über ihre Existenz. Sie wissen nicht einmal, dass es ein Ziel im Leben gibt und Wege, die zu ihm führen, und dass Menschen diese Wege gegangen sind und von ihrem Fortschritt Berichte hinterlassen haben. Einer meiner Freunde studierte Sanskrit, und auch er erfuhr in den Jahren seines Studiums nicht, dass es in der Sanskritliteratur etwas von spirituellem Interesse gibt. Es ist bemerkenswert, wie zu dieser Zeit alle Türen zum spirituellen Wachstum vor mir verschlossen wurden oder sich nur öffneten, um ein trostloses, freudloses Inneres zu enthüllen.

Zuerst begleitete ich einen oder zwei andere aus meinem College zu einem wöchentlichen evangelikalen Treffen in der Stadt. Wir saßen auf hohen Stühlen in einem leeren Raum, während spontan Gebete gesprochen wurden. Jemand hielt eine Ansprache darüber, dass wir gerettet wären und was für eine wundervolle Erfahrung das sei. „Nun gut", dachte ich, „es muss für ihn eine wundervolle Erfahrung sein, aber ich scheine sie nicht zu haben." Deshalb ging ich nicht mehr dorthin.

Während meines ersten Jahres wohnte ich meist der Morgenmesse bei anstatt dem Appell – zwanzig Minuten statt zwei. Ich war normalerweise der Einzige, der dorthin ging. Ich ging auch zu einer besonderen Art Abendgottesdienst, der ein- oder zweimal die Woche in der Kapelle stattfand. Aber er schien kalt und leblos zu sein und bedeutete mir nichts. Deshalb hörte ich allmählich auf hinzugehen. Weder der College-Kaplan noch irgendein anderer Geistlicher (und es gab einige, weil die Kapelle von Christ Church zugleich die Oxford-Kathedrale ist) bot mir Hilfe oder Ermutigung an oder schien meine Suche zu bemerken. Einmal verbrachte ich die Ferien in der Christ Church-Mission in Ost-London. Sie taten viel nützliche Sozialarbeit, aber es war dort keine Spiritualität zu finden. Ich besuchte das Anglo-Katholische Kloster, spürte dort aber keine solche Atmosphäre, dass sie mich dazu getrieben hätte, tiefer zu suchen. Ich spielte mit der Idee des Katholizismus, aber mehr wegen seines dichterischen als seines religiösen Reizes. Ich freundete mich mit den beiden indischen Studenten in meinem College an – der eine ein Hindu, der andere ein Muslim – und besuchte regelmäßig den Majlis, den indischen Studentenklub, mit der vagen Hoffnung, die auf der Erinnerung an Tagore gründete, dass dies zu einem spirituellen Kontakt führen würde, aber nichts der Art geschah. Die meisten Inder, die im Ausland sind, weisen entweder ihr spirituelles Erbe ab oder schweigen darüber, da sie fürchten, nicht als modern zu gelten.

Ich schloss mich einer mystischen Verbindung an, die sich wöchentlich zu Gesprächen über verschiedene Bereiche des Mystizismus traf. Das erste Treffen fand in Balliol-College in den Räumen von Antony Mathew, einem meiner wenigen Freunde, die ich in Oxfort hatte, statt, ein freundlicher Mensch mit schwerem Körperbau, einer leichten und angenehmen Art, der kontaktfreudig und zugleich distanziert war. Ein wohlhabendes Mitglied des Klubs brachte einen Gong mit einem tiefen, weichen Klang mit, um den Beginn des Treffens anzuzeigen. Antony bot Glühwein und türkische und ägyptische Zigaretten an. Dann wurde der Gong geschlagen, und das Gespräch begann. Ein südafrikanischer Student, der einige Jahre älter als wir war und als sehr gelehrt in diesen Dingen galt, hielt einen Vortrag über Buddha. Er bestand völlig aus Plattheiten und enthielt nichts von spirituellem Interesse. Und das war es dann. Der Club traf sich nie wieder, weil es sich herausstellte, dass keiner von uns etwas zu sagen wusste. Ich hörte auch nicht, was aus dem Gong geworden war.

In meiner Not schrieb ich an Morgan und fragte ihn, was er für das spirituelle Denken unternommen hatte, als er in Oxford gewesen war. Er antwortete, dass er nichts in diese Richtung getan hatte. Mich überkam ein Frösteln, als ich das las. Es schien ein Verrat zu sein. Selbst Rosamunde bot mir in dieser Richtung keine Hilfe an. Ich schrieb ihr, dass ich die Wunder Christi verstehen wollte, und sie ignorierte diesen Teil meines Briefes in ihrer Antwort. Vielleicht genügte ihr als gläubige Katholikin der Glaube, und sie war der Meinung, dass es ein Sakrileg sei, sie verstehen zu wollen.

Rosamunde war eine ernste und liebenswürdige Person, die mich an grüne Wiesen und Sommerblumen erinnerte, weit weg von den düsteren Pinienwäldern im Norden. Obwohl sie gebildet war und sich für Kunst und Dichtung interessierte, war sie zugleich normal und empfindsam – alles, was ich nicht war. Sobald wir uns trafen, waren wir wie alte Freunde. Ich spürte, dass ich sie schon immer gekannt hatte. Doch ich dachte nie daran, sie zu fragen, ob sie mich heiraten wollte. Wenn ich zurückblicke, kann ich mehrere Gelegenheiten ausmachen, bei denen mein Geist sich bei einer Berührung in diese Richtung hätte wenden können, aber die Berührung erfolgte nie. In der Tat sind alle versäumten Chancen eine Illusion. Was nicht geschehen ist, hat nie wirklich in Reichweite des Möglichen gelegen. Rosamundes Überzeugung, dass ich ein großer Dichter werden würde, war erfrischend.

Die Frustration, die ich erlebte, als ich überall spirituelle Führung suchte, brachte mich dazu, mich umso enthusiastischer der Poesie hinzugeben. In meinem zweiten Jahr traf ich Denzil Batchelor, und wir wurden sofort enge Freunde. Er war ein junger Mann mit strahlenden braunen Augen und einer begeisterten Stimme, die voller Enthusiasmus und Tragik war. Er verfügte über eine gewaltige Energie – Dichtung, Fußball, Trinken, Arbeiten, soziales Leben und immer tragisch verliebt. Ich habe nie daran gezweifelt, dass er einer der größten Dichter der Welt war. Und das machte es auch für mich leichter zu glauben, dass ich ein weiterer war. Ich folgte sogar seinem Beispiel, mich davon zu überzeugen, dass ich ein tragischer Liebender war, und suchte mir dafür eine Schauspielerin aus, die zehn Jahre älter als ich war und mit der ich kaum gesprochen hatte. Erst viele Jahre später, als ich die Fragmente von Denzils Gedichten durchging, die mir im Gedächtnis geblieben waren, bemerkte ich, dass es nur schöne Worte waren, die nichts sagten. Meine eigenen waren nicht einmal das.

Auch abgesehen von meiner persönlichen Begabung stellte sich die Frage nach dem Geist des Zeitalters, eine kaum merkliche Kraft, aber fast so bindend wie die Wahrscheinlichkeitsrechnung. Wenn du eine Münze in die Luft wirfst, kommt sie entweder auf Kopf oder Zahl herunter. Und wenn du sie hundert Mal hochwirfst, trifft das jedes Mal gleich oft zu. Theoretisch ist es möglich, dass sie alle hundert Mal auf dem Kopf herunterkommt. Aber in Wirklichkeit ist die Wahrscheinlichkeit so unnachgiebig, dass die Abweichung nicht mehr als zwei oder drei von fünfzig auf jeder Seite beträgt.

Ebenso sollte es theoretisch für einen Tennyson möglich sein, im Zeitalter eines Pope zu gedeihen oder eines Pope im Zeitalter eines Tennyson, aber das geschieht nicht. Selbst wenn ein Autor nicht in Berührung mit dem Geist des Zeitalters steht oder ihn ablehnt, wird er ihn entweder als Unterströmung des Gegenteils repräsentieren oder als reißende Flut des Morgens, die an die abbröckelnden Klippen von gestern schlägt.

In den Zwanzigern dieses Jahrhunderts, in der Ernüchterung, die dem Ersten Weltkrieg folgte, war der Missklang und eine ausgeklügelte Oberflächlichkeit des Inhalts ein Erfordernis des Stils. Weder Denzil noch ich besaßen die Geisteshaltung oder den Zugang, uns der Poesie anzunähern, die als modern galt. Es gab in der Tat zwei Richtungen, in die ein lebendiges Bestreben kanalisiert wurde, aber keine davon tangierte uns oder, soweit ich mir dessen bewusst bin, Oxford zu unserer Zeit. Die eine war der Kommunismus. Es war das Zeitalter, in dem sich die Enthusiasten hoffnungsvoll dem Kommunismus als Entwurf für eine neue Utopie zuwandten, nur um später von der harten Wirklichkeit ernüchtert zu werden. Das andere war das Aufbegehren gegen die materialistische, mechanische, moderne Zivilisation, das bereits in vielen Strömen floss, nach denen ich halb unbewusst und völlig vergebens suchte.

Nachdem ich Oxford verlassen hatte, war ich von der Entwicklung isoliert, zuerst notwendigerweise, später aus eigenem Entschluss. Und als ich in den Fünfzigern bereit war, meine Bücher zu schreiben, waren die Ströme bereits zu Sturzbächen angeschwollen. Meine eigene Entwicklung wurde bis zu einem gewissen Grad von der Welt reflektiert. Ich drückte den Geist des neuen Zeitalters aus, und die Bücher, die ich schrieb, waren die, nach denen die Verleger suchten. Das bedeutet natürlich nicht, dass die heutige Welt als spirituell bezeichnet werden kann – allein die Vorstellung ist lächerlich –, aber es bedeutet auch nicht, dass der antispirituelle Trend, der mit der Renaissance einsetzte, seinen Lauf genommen hat und in der totalen Verleugnung im Zeitalter von Darwin, Marx und Freud endete, den der Kommunismus fortzusetzen versucht, und dass jetzt eine entgegengesetzte Strömung fließt, zurück zu einem Sinn für die spirituelle Realität. Es ist immer noch eine Minderheiten-Bewegung, wie es jede Renaissance ist. Wenn dies normale Zeiten wären, würde man sie als eine Zukunftswelle betrachten. Doch das sind sie nicht, und es kann sein, dass die Welt, wie wir sie kennen, keine Zukunft hat, dass dies, wie Christus lange zuvor vorhergesagt hat, eine Zeit der Trennung zwischen denen ist, die alle Weisheit und Führung zurückweisen und nur am oberflächlichen Leben festhalten, und denen, die mit erneuerter Energie die Suche nach Bedeutung wiederaufnehmen.

Ich hatte einen Altersgenossen bei Christ Church, der wirklich begabt war, Gedichte zu schreiben, und der zudem mit dem Zeitgeist übereinstimmte. Deshalb wurde er ein berühmter Dichter. Es war W.H. Auden. Ich kannte ihn vom Sehen, kann mich aber nicht daran erinnern, jemals mit ihm gesprochen zu haben.

Autor oder nicht, Oxford war nicht meine Bestimmung. Es wäre eine große Tragödie gewesen, auch der Verlust an Lebenszeit, hätte sich der Zirkel dort geschlossen, genauso, wie wenn er sich früher auf einem Bauernhof in Yorkshire geschlossen hätte. Ich erkannte intuitiv, dass ich dem Kampf ausgewichen wäre, von dessen Existenz ich noch nichts wusste, und stattdessen ein leichtes Geschäft betrieben hätte. Aber ich konnte das damals niemandem erklären, weil ich es selbst nicht wusste.

Zu sagen, dass das Schicksal eines Menschen nicht in einem bestimmten Hafen liegt, befreit ihn nicht von der Verantwortung des Navigierens. Bei spirituellen Dingen können scheinbar gegensätzliche Behauptungen wahr sein, da sie verschiedene Aspekte oder Ebenen der Wahrheit ausdrücken. Z.B. konnte Christus von einem Standpunkt aus sagen, dass das Böse kommen muss, aber er konnte es andererseits sofort anprangern und diejenigen, durch die es kommt, verurteilen, was unlogisch und ungerecht wäre, wenn beide Aussagen vom selben Standpunkt aus gemacht würden. Ebenso behauptet der Koran, dass Übeltäter ihre Taten nur durch den göttlichen Willen tun können, und verurteilt sie an anderer Stelle, weil sie genau diese Ausrede zu ihrer eigenen Verteidigung vorbringen. Der erste Standpunkt ist kosmisch, der zweite individuell, und jeder ist auf seiner Ebene gültig. (Tatsächlich gibt es noch einen dritten Standpunkt, der beide übertrifft: den metaphysischen. Aber bei ihm stellt sich die Frage nach der Verantwortung nicht.)

Um zu dem Sinnbild zurückzukehren, das an früherer Stelle in diesem Buch erwähnt wurde, gleicht der erste Standpunkt dem Sehen einer Landschaft von der Luft aus, wenn der ganze Flussverlauf gleichzeitig in der ewigen Gegenwart des zeitlosen Jetzt existiert. Letzterer gleicht einem Mann in einem Boot, für den der Teil des Flusses, durch den er bereits navigiert ist, die

Vergangenheit ist, und der, welcher vor ihm liegt, die Zukunft. Der zukünftige Kurs kann auf der Landkarte bereits markiert sein, aber er hat keinen Zugang zu der Karte und kennt ihn nicht. Er wurde nicht durch eine beliebige Laune gezeichnet, sondern entspricht der Beschaffenheit des Geländes, der Kraft der Strömung und den Hindernissen, die sich ihr in den Weg stellen.

Hätte ich zu dieser Zeit ein spirituelles Verständnis besessen, hätte ich ohne Verrat in Oxford bleiben, mir anderswo eine Anstellung suchen oder einfach alles seinen Lauf nehmen lassen können. Doch so, wie die Sache lag, wäre mein Bleiben Verrat gewesen, und keine anderen Vorkehrungen zu treffen, wäre Leichtsinn und keine Tat des Vertrauens gewesen. Es ist das Motiv, das die Tat richtig oder falsch macht. Unglücklicherweise kann ein Mensch sein Leben selten schlecht führen, ohne auch andere zu verletzen.

5. Am Tiefpunkt

Das letzte Semester endete, und ich packte meine Sachen zusammen und ging. Ich nahm nicht einmal mehr an der Abschlussfeier teil. Ich musste sofort Geld verdienen. Ich konnte nicht länger an zukünftige Honorare für ungeschriebene Bücher denken.

Mit einigen Schwierigkeiten erhielt ich eine Anstellung in einem drittklassigen Internat. Das Leben war unangenehm. Trotzdem bedauerte ich nie, dass ich nicht in Oxford geblieben war.

Ich dachte ernsthaft darüber nach, katholisch zu werden, um der Welt zu entsagen, und in ein Kloster einzutreten. Bevor ich meinen Lehrposten antrat, nahm ich mit der katholischen Kirche in meiner Heimatstadt Kontakt auf, um dies mit dem örtlichen Priester zu besprechen. Zu meiner Überraschung fand ich eine blühende Einrichtung vor mit mehreren Amtsinhabern. Ich hatte das Glück, mit Father Daly in Kontakt zu kommen, einem irischen Jesuiten mit einem unternehmenslustigen Geist, ein einfacher, gutherziger Mann, mit dem mich mehr verband als mit einem der gelehrten Art. Er war damals schon älter und hatte sich auf einen stilleren Posten zurückgezogen, weil er an einem schwachen Herzen litt, aber die meiste Zeit seines Lebens hatte er im tropischen Afrika verbracht. Er empfahl mir die Benediktiner, die meinem Temperament besser entsprächen, sollte ich eine Entscheidung treffen.

Ich ging zu mehreren belehrenden Gesprächen zu ihm. Was ich am schwersten zu verdauen fand, war Adams Apfel. Mir wurde gesagt, dass ich glauben müsse, dass es die Sünde der physischen Gier nach einem physischen Apfel war, der den Sündenfall bewirkte. Obwohl ich bis dahin noch nichts über religiöse Symbole wusste, fühlte ich intuitiv, dass dies eine unfruchtbare Parodie über eine grundlegende Wahrheit war. Doch das Glaubenssystem wurde nicht wegen dieser oder einer anderen Lehre zurückgewiesen, sondern allmählich in den folgenden Monaten durch meine Lebensfreude zur Seite gedrängt, was einfach bedeutete, dass die spirituelle Triebkraft zu schwach war, denn als sich einige Jahre später die wirkliche Tür öffnete, wurde ein Bestreben gefordert, gegen die kein weltlicher Reiz bestehen konnte.

Innerhalb eines Jahres hatte ich meinen Job wegen Krankheit aufgegeben. Als ich wieder gesund war, informierte mich das Oxford University Appointments Board über zwei Möglichkeiten: eine am Italienischen Archäologischen College in Palästina, die andere als Privatlehrer bei einer polnischen Familie auf dem Land. Ich bewarb mich bei beiden, und beide nahmen mich an. Erstere Möglichkeit war eine Chance, meine akademische Karriere wieder aufzunehmen. Letztere war das akademische Ende. Doch sie weigerten sich, im Voraus meine Überfahrt zu zahlen. Sie wollten es mir bei meiner Ankunft zurückerstatten, aber ich hatte das Geld nicht. Ich stand mit meinem Vater nicht mehr auf so gutem Fuß, so fragte ich ihn, welche Arbeit ich annehmen sollte, anstatt ihn geradeheraus um das Geld zu bitten. Er riet mir zu der Arbeit bei den Polen. Er war ein praktischer, logisch denkender Mensch, so konnte ich nur darüber rätseln, was sein Motiv gewesen war, dass er mir zu dem riet, was er als falsche Wahl erkennen musste, ob der Grund das Geld für die Überfahrt war oder weil das College katholisch war. Da er von meiner Neigung in diese Richtung wusste, befürchtete er vielleicht, dass ich für immer an eine Religion verloren gehen würde, die er verabscheute. Hätte ich die Sache klar angesprochen und ihn direkt gebeten, mir das Geld vorzustrecken, glaube ich, er hätte es mir nicht verweigert. Es gab auch noch eine oder zwei andere Personen, die mir vielleicht den Vorschuss gegeben hätten, hätte ich sie gebeten, aber es fiel mir nicht ein, das zu tun. Also folgte ich meinem Schicksal und ging nach Polen.

Fast ein Jahr lang lebte ich in einem polnischen Gutshaus auf einem großen Anwesen. Ich las wenig, schrieb so gut wie gar nichts, traf nur wenige Leute und trat mehr oder weniger auf der Stelle.

Am Ende dieser Zeit erhielt ich eine Anstellung an einer Abendschule in der oberschlesischen Bergbau- und Industriestadt Katowice. Als ich hinkam, stellte ich fest, dass es überhaupt keine Abendschule war. Ein Englischlehrer von der Krakauer Universität, ein zurückhaltender, gepflegter kleiner Mann, hatte in Katowice mit Abendkursen in Englisch begonnen. Er kam dafür zwei- oder drei Mal in der Woche mit dem Zug. Die Kurse florierten. Englisch boomte wegen der amerikanischen Investition in die Industrie. Er war froh, einen Engländer zu haben und dazu noch einen Hochschulabsolventen von Oxford, um ihm zu helfen, und er war zu besonnen, um diesen Umstand in seinen Inseraten zu erwähnen. Nur sein Name erschien dort. Im folgenden Jahr begann allerdings die Krise der Nachkriegszeit spürbar zu werden. Der Bedarf an Englischunterricht brach ein, und die Kurse konnten nicht länger zwei ernähren.

Drei Jahre nachdem ich Oxford verlassen hatte, war ich am Tiefpunkt angelangt. Ich hatte keine Arbeit, keinen Beruf, keine Perspektive. Ich verdiente meinen Lebensunterhalt mit Privatstunden für Ausländer. Abgesehen von den äußeren Bedingungen war ich selbst heruntergekommen. Ich tendierte zu einem oberflächlichen Leben und zu einer zynischen Sichtweise. Der Versuch, eine Antwort in der Religion zu finden, war gescheitert. Ich ging nicht länger in die Kirche oder las religiöse oder philosophische Bücher. Der Traum, Schriftsteller zu werden, war nicht wirklich geworden. Ich wollte schreiben. Selbst der Traum von einer großen Liebe hatte mich irregeführt und war zu einem vordergründigen Angezogensein von Frauen verkommen. Trotzdem hielten noch einige Teile der Festung stand – der Idealismus, ein Sinn für Humor und große Einfachheit.

Tatsächlich war ich während dieser Zeit des Niedergangs, in der ich leicht hätte den Halt verlieren können, von der Welt abgeschirmt gewesen – zuerst im Internat, dann auf dem Krankenbett, dann in einem Landhaus. Erst jetzt wurde ich ins Wasser des modernen Stadtlebens geworfen und der Gefahr ausgesetzt, meine Energie auf hunderte Weisen zu verschwenden und dadurch schwach und oberflächlich zu werden.

Doch ich war erst seit kurzem in Katowice, als ich auf eine sehr charmante, selbstbewusste Dame aufmerksam wurde, die meine Kurse besuchte. Sie war groß und gut gebaut, blass und mit dunklem, wogendem Haar. Was mich zuerst an ihr anzog, war ihre große Selbstkontrolle und etwas Geheimnisvolles in ihren Augen und ihrem Lächeln, das auf eine verborgene Persönlichkeit hinwies. Ich hatte mich bald in sie verliebt und beschloss, dass sie die Frau für mich war. Mein Überschwang und meine Torheit waren solcher Art, dass es mir nicht einmal in den Sinn kam, was für ein armseliger

Ehemann ich angesichts dessen, was ich aus meinem Leben gemacht hatte, abgab.

6. Hochzeit

Meine Hochzeit was das erste Vernünftige, was ich bis jetzt getan hatte. Selbst finanziell bedeutete sie das Ende des Abstiegs und der Anfang eines Aufschwungs, denn sobald es offiziell war, erhielt ich das Angebot als Englischlehrer am staatlichen College für Schiffsoffiziere und Ingenieure im neuen Hafen von Gdynia. Sie suchten eine geeignete Person, und jemand hatte meinen Namen erwähnt.

Es dauerte eine Weile, bis ich ihr Ja-Wort erhielt, da die Dame zunächst nicht von mir überzeugt war. Die Ausdauer und das Beharren, um sie zu überzeugen, war eine Art Probe für das spirituelle Training, das später kommen sollte. Selbst damals spürte ich, dass es ein Prozess der Stärkung war wie das Schmieden von Stahl durch Feuer. Ein Anzeichen ihres edlen Charakters war, dass es nicht meine Arbeitslosigkeit oder meine Aussichten waren, die sie zögern ließen. Sie arbeitete damals als Sekretärin und Übersetzerin im Management eines großen Konzerns.

Dies war auch die Zeit, als ich meinen ersten ernsthaften Versuch als Dichter mit einem langen philosophischen Gedicht in Blankversen machte. Es enthielt gelegentliche Geistesblitze. So hatte ich z.B. über die Bedeutungslosigkeit des Menschen geschrieben, da die ganze Welt, in der er lebt, nichts weiter als ein Staubkorn im Kosmos ist. Dann widerlegte ich diese Sichtweise mit der Vorstellung der Unendlichkeit, die die Unterschiede in der Größe aufhebt, da sie unendlich viel größer ist als das Größte und das Geringste.

> Der Mensch ist nicht klein im Vergleich zum weiten Himmel,
> da es im Unendlichen weder groß noch klein gibt.

Dennoch war es keine gute Dichtkunst – zum Glück nicht, denn es wäre bedauerlich gewesen, hätte einer, der später mit einem theoretischen Verständnis schreiben sollte, die Dinge durcheinandergebracht, weil er zuerst seine eigenen führungslosen Gedanken veröffentlicht hatte.

1932 ließen wir uns in Gdynia nieder. Ich hätte glücklich sein sollen. Ich liebte meine Frau sehr, und ich hatte wieder regelmäßige Arbeit. Die Aufgaben waren leicht und nahmen nur einen halben Tag in Anspruch. Die Bezahlung war angemessen. Ich stockte sie mit Stunden, die ich an der Wirtschaftsschule gab, und einigen Privatstunden auf. Wir hatten das Meer vor uns und wunderschöne bewaldete Hügel hinter uns. Trotzdem war ich rastlos und unzufrieden. Der Gedanke an die Aussicht, das Leben in einer endlosen Eintönigkeit von Arbeit und Verdienst zu verbringen, war für mich klaustrophobisch. Mein Vater schrieb mir, ich möge zurück nach England kommen, um dort zu unterrichten, da jedes weitere Jahr, das ich im Ausland verbrachte, mir in der Lehrerbesoldung fehlte und ich weniger Pension bekommen würde, aber das schien mir eine noch düstere Aussicht zu sein. Ich konnte mich nicht niederlassen. Ich wollte alleine in Ferien fahren. Ich arbeitete beständig an wertlosen Romanen und Kurzgeschichten. Ich fühlte mich innerlich leer. Ich neigte zum Kommunismus, nicht weil ich mir etwas von ihm erhoffte, sondern einfach als Herausforderung auf die Scheinwelt um mich herum, ohne herausfinden zu wollen, ob er nicht auch nur ein Schein war. Christus sagte, dass der, der sucht, findet. Vielleicht ist die Weigerung, sich mit einem sinnlosen Leben zufrieden zu geben, für jemanden, der nicht einmal weiß, dass es etwas zu suchen gibt, das Äquivalent zur Suche.

In Gdynia wurde eine kulturelle Anglo-Polnische Gesellschaft gegründet, die wöchentliche Treffen hielt und die Touristen, die durch die Stadt kamen, und die Schiffoffiziere unterhielt. Ich schrieb einige lustige Ein-Akter dafür, und da sie erfolgreich waren, genoss ich eine kitschige Imitation des literarischen Ruhmes, nach dem ich strebte. Für eine Weile arbeitete ich für die Gesellschaft als ehrenamtlicher Sekretär. Als die Menge an Arbeit zunahm, wurde beschlossen, dass man einen Berufs-Sekretär brauchte. Vier junge Männer direkt aus Oxford hatten nacheinander die Stelle inne, solange wir dort waren. Jeder blieb etwa ein Jahr. Der erste war Martin Lings, der ein persönlicher Freund von uns wurde. Er war ein schmächtiger Mann von mittlerer Statur mit einem Van-Dyck-Bart und einer sehr höflichen Art, hinter dem ein starker Charakter steckte. Nach etwa einem Jahr nahm er einen Posten als Englischdozent an der Universität von Kaunas in Litauen an.

7. Die Suche beginnt

Es war 1936, in meinem 30. Lebensjahr, als sich mein Kurs änderte. Es war dafür höchste Zeit, da mein Lebensschiff ohne Richtung dahintrieb, in seichte Gewässer geriet und fast auf Grund lief.

Im Februar war Catherine geboren worden, unser erstes Kind. Im Sommer besuchte uns Martin Lings auf seiner Rückreise von Litauen, wo er soeben seine Stelle aufgegeben hatte. Er machte den Eindruck, streitlustig geworden zu sein. Er versuchte zu beweisen, dass die Renaissance eine Katastrophe gewesen sei. Das führte natürlich zu geschichtlichen Diskussionen. Dann erläuterte er mir seine Ansicht über Geschichte und Zivilisation und dass sein Leben sich völlig verändert habe, seit er die Werke eines Autors gelesen hatte, der die völlige Erkenntnis besaß. Ich hielt dagegen, dass in der Moderne das Wissen viel zu groß sei, dass es ein Einzelner besitzen könne, worauf er erklärte, dass er kein detailliertes Faktenwissen meine, sondern ganzheitliches, grundlegendes Wissen. Ich verstand nicht, was er damit meinte, und er konnte es mir nicht erklären. Wenn ich jetzt zurückblicke, scheint es mir außergewöhnlich zu sein, dass er nicht in der Lage gewesen sein sollte, uns die einfache Essenz seiner spirituellen Sichtweise zu erklären: die Einheit des Seins und die Möglichkeit der Selbstverwirklichung. Stattdessen bat er mich, die Bücher selber zu lesen. Dazu war ich aber nicht bereit. Ich sagte, ich schriebe gerade einen Roman und hätte im Moment keine Zeit dazu. Er ließ zwei Bücher da und bat mich, sie zu lesen, wenn ich Zeit hätte, und ich versprach es ihm halbherzig.

Es wurde Oktober bis ich dazu kam, die Bücher zu lesen, die Martin mir dagelassen hatte. Das erste war ein Buch mit Essays von Ouspensky. Ich war immer noch kritisch und unter keinen Umständen bereit, etwas aus dem Elfenbeinturm als Zuflucht vor einem bedeutungslosen Leben zu akzeptieren. Einige Dinge, die er sagte, interessierten mich, aber ich machte eine Liste von zweifelhaften Behauptungen, widersprüchlichen und ungerechtfertigten Annahmen und schickte sie Martin. Ich schrieb ihm, dass seine Aussagen weder genau noch konsistent seien und schon gar kein vollkommenes Wissen beinhalten würden. Er schrieb in einiger Demut zurück, akzeptierte meine Kritik und gab zu, dass er sich über Ouspensky geirrt haben könnte. Aber, so versicherte er mir, es sei der andere Schriftsteller, den er gemeint habe, der aus Erkenntnis schrieb.

Das andere Buch war ein frühes Buch von René Guénon, ich glaube *Introduction generale a l'etude des doctrines Hindoues*. Diesmal hatte ich nichts zu kritisieren. Ab der ersten Seite trank ich es wie jemand, der so großen Durst hat, dass er die Feuchtigkeit durch jede Hautpore aufsaugt. Als ich zu dem Satz kam: „Das Sein ist Eines", fühlte ich physisch in meinem Herzen, nicht als ein Gedanke im Gehirn: „Das ist wahr. Ich habe es immer gewusst, dass es wahr ist, aber nicht, dass ich es wusste." Diesen Augenblick habe ich immer noch lebhaft vor Augen, wie ich alleine in einem Sessel in meiner Wohnung in Gdynia saß. Es war der Beginn der Suche, die ich nie wieder aufgab und die ich nie beiseitelegte. Denn Guénon ließ daran kein Zweifel, dass es eine Suche ist. Wäre es nur Theorie gewesen, hätte es mich nicht interessiert. Aber die Bedeutung wurde gut in den Vordergrund gestellt – Sein ist ein Einziges. Deshalb kannst du selbst nichts anderes sein als das eine Sein, weil es kein anderes gibt. Wenn du deshalb dein wahres Selbst erkennst, erkennst du die höchste Identität mit dem Absoluten, Universalen, mit dem ewigen Sein. Und das ist möglich.

Also hatte das Leben trotz allem eine Bedeutung! Es war kein geistloses Rinnsal von Ereignissen. Meine Rastlosigkeit und Unzufriedenheit fielen von mir ab. Meine Ambition, Schriftsteller zu werden, verdampfte. Das Ziel und der Zweck des Lebens waren klar. Trotzdem war ich noch auf der Hut. Ich sagte mir: „Bist du bereit, das zu tun? Denk daran, dass du kein medial veranlagter Mensch bist und keine Visionen und Ekstasen hast. Es bedeutet, Vergnügen aufzugeben, von denen du weißt, dass sie echt sind, für Vergnügen, die vielleicht echt sind." Und sofort tauchte in meinem Geist die Antwort auf: „Es ist keine Frage des Vergnügens, sondern der Wahrheit. Ich muss ihr folgen, weil sie wahr ist. Die Wahrheit nötigt, und ich habe keine Wahl."

Bevor ich die Geschichte weitererzähle, sollte ich etwas über Guénon und seinen Einfluss sagen. Im zweiten Viertel dieses Jahrhunderts schrieb er eine

Reihe Bücher und unzählige Artikel, in denen er die Übereinstimmung der Religionen (oder Traditionen, wie er sie nannte), die Bedeutung der Symbolik, die Möglichkeit des initiatischen Trainings sowie die wahre hierarchische Grundlage der Gesellschaft und der Zivilisation darlegte. Seine Lehre kann folgendermaßen zusammengefasst werden: Das Sein ist ein Einziges. Wenn du deshalb dein wahres Selbst verwirklichst, verwirklichst du deine Identität mit dem Göttlichen, dem universalen Sein. Dies ist die grundlegende Lehre aller Religionen, wenn sie auch in den östlichen Religionen offen verkündet und im Westen verborgen und auf esoterische Gesellschaften beschränkt wird. Demnach sind sich alle Religionen in ihrer Essenz einig, wenn sie auch in ihren mehr äußerlichen Anwendungen voneinander abweichen und einander sogar in ihrer Lehre, Theologie, in ihrem Ritus, den sozialen Organisationen und dem Verhaltenskodex, den sie vorgeben, widersprechen. Jede Religion, solange sie spirituell integer bleibt, verfügt über initiatische Organisationen, in denen der Sucher Führung auf dem Pfad zur endgültigen Verwirklichung der höchsten Identität erhalten kann. Um dazu berechtigt zu sein, müssen diese Organisationen eine direkte Linie zu ihrem Ursprung haben. Jeder Guru, (da das Wort „Guru" als Bezeichnung für einen spirituellen Führer gilt, gebrauche ich es in diesem Buch, ob es sich nun auf einen hinduistischen Führer oder irgendeinen anderen bezieht) muss von seinem Vorgänger eingesetzt werden. Der Suchende muss einen Guru finden, egal in welcher Religion, der sowohl über die vertikale als auch über die horizontale Authentizität verfügt. Das heißt, er muss ein verwirklichter Mann sein und gleichzeitig der rechtmäßige Nachfolger in einer Linie von Gurus. Bei ihm muss er Einweihung und Führung suchen. Doch wenn er sich für irgendeine Religion entschieden hat, muss er ihr in seinem Leben genaustens folgen. Er muss den Gottesdienst besuchen, die Rituale, Bräuche und moralische Verpflichtungen befolgen wie auch die grundlegende Lehre, da jede Religion ein organisches Ganzes ist.

Das gilt für den Einzelnen, aber bezüglich der Gesellschaft lehrte er nicht weniger eindringlich, dass ihr normalerweise und traditionell ein spiritueller Zweck zugrunde liegt und eine spirituelle Autorität die ganze Zivilisation kontrollieren muss. Jede Zivilisation, die sich von ihrer spirituellen Wurzel entfernt und sich auf rationalistische und materialistische Werte beruft, ist ein Ungetüm, kann nicht stabil sein und lange währen. Deshalb ist unsere moderne Zivilisation weit vom höchsten Ziel der Menschheit entfernt. Sie ist eine Abweichung und dazu verurteilt, sich selbst zu zerstören. Unsere moderne Wissenschaft besteht aus solchem Wissen, das für die traditionellen Zivilisationen nicht wert gewesen wäre, gesammelt zu werden, da es keine spirituelle Grundlage hat und der spirituellen Entwicklung derer, die es erlangen, nicht dient.

Das alles führte er mit brillanter Klarheit, großer Gelehrsamkeit und der unerschütterlichen Überzeugung aus, dass er recht hatte, mit beißender Verachtung für all jene, die nicht seiner Meinung waren.

Er hatte meist recht, aber nicht immer. Zum Beispiel behauptete er, dass kein Hindu an die Wiedergeburt glaubt. Er erklärte, dass es ein Zerrbild des Hinduismus und durch falsche Interpreten des modernen Westens erdichtet worden sei. Und noch unrechter hatte er damit, wenn er den Buddhismus als eine unechte Religion bezeichnete. Wenn wir uns seinen Grundsatz vor Augen halten, dass es in der Religion keine Neutralität gibt, dass alles entweder initiatisch oder nicht initiatisch ist, oder konkreter ausgedrückt, von göttlichem oder teuflischem Ursprung, muss man daraus schließen, dass der ganze Buddhismus mit all seinen Heiligen und Dichtern, seinen Arhats und Bodhisattvas auf Irrtum und Übel beruhen. Er räumte tatsächlich ein, dass die buddhistischen Strömungen, die nach China kamen, durch den chinesischen Einfluss gereinigt und spiritualisiert worden seien, aber das beinhaltet die Annahme, dass die chinesischen Weisen ein satanisches Gefährt auswählten, in das sie ihren Einfluss gossen!

Vor seinem Lebensende nahm er diesen Irrtum zwar zurück, aber ohne zuzugeben, dass er ihm früher verfallen war, und soweit es den Mahayana Buddhismus betraf, erklärte er ihn auch jetzt in Missachtung der Geschichte zum ursprünglichen Buddhismus.

Seltsamerweise haben selbst diese großen Irrtümer kaum die Größe seines Werkes geschmälert. Seine Reichweite war so groß und so von der Wahrheit durchdrungen, dass die Irrtümer im Meer der Wahrheit untergingen. Nicht dass jemand von uns zu jener Zeit zugegeben hätte, dass es Irrtümer gab. Obwohl es sie gab, beruhten sie auf seiner falschen Anwendung der Prinzipien, die er verkündete, während der Verdienst seines Werks darin bestand, dass er wahre Prinzipien für die Grundlage der Lebensführung, die Erkenntnis der Bedeutung des Lebens und die Beurteilung einer Zivilisation verkündete anstatt persönlicher Vorstellungen und Vorurteile.

Sein Einfluss war weniger verbreitet als es seine klare Erkenntnis, seine klaren Ausführungen und seine große Gelehrsamkeit gerechtfertigt hätten. Vielleicht war das wegen seinem Kampfgeist so und weil er nicht zu Kompromissen bereit war. So wäre zum Beispiel ein Orientalist, der die Erhabenheit der alten Texte, mit denen er sich beschäftigt, vage empfindet, ohne jedoch ihre Bedeutung und ihre Implikationen mit der von Guénon geforderten Klarheit zu erfassen (und es gibt viele solche), nicht bereit, von einem zu lernen, der seine gesamte Wissenschaft als „gelehrte Unwissenheit" abtut. Ebenso wenig könnte ein Psychologe, der bereit ist, den Handlungen der Menschen spirituelle Quellen zuzugestehen, mit einem Schriftsteller übereinstimmen, der die moderne Psychologie in ihrer Gesamtheit als „anti-inianisch", d.h. von „satanischem" Ursprung bezeichnet. Auch die Sozialreformer, Politik- und Wirtschaftsreformer würden wenig Gemeinsamkeiten mit einem Autor finden, der nicht nur diesen oder jenen Aspekt des Modernismus anprangert, sondern die moderne Zivilisation als Ganzes.

Doch was sein Einfluss an Wirkungsbereich verlor, gewann er an Tiefgründigkeit. Denn wer seine Lehre annahm, tat dies aus ganzem Herzen, und viele von ihnen änderten nicht nur ihre Sichtweise, sondern ihre ganze Lebensweise. Und im Laufe der Zeit begannen einige von ihnen auch zu schreiben und auf weniger spürbare Weise Einfluss auszuüben und trugen auf diese Weise den Einfluss weiter, den Guénon begründet hatte.

Was mich betraf, so war ich empfänglich für seine Lehren über die Zivilisation und über die Bedeutung und den Zweck des Lebens des Einzelnen, da ich, wie ich bereits erwähnt habe, intuitiv gegen das Mechanische, Materialistische und Vulgäre unserer Zeit rebellierte und mich nie damit versöhnt habe. Jetzt hatte ich zumindest die lehrmäßige Rechtfertigung für das, was ich seit langem intuitiv spürte.

In wieweit hat der Einfluss Guénons mich sofort verändert oder nur einen langen Änderungsprozess in Bewegung gesetzt? Dass eine Konversion das Wesen eines Menschen im Handumdrehen verändert, wie es einige Protestanten glauben, ist zu einfach. Tiefwurzelnde Neigungen und Veranlagungen können nicht so einfach ausgemerzt werden. Nur in den seltensten Fällen, wenn ein Mensch bereits konzentriert ist und reif für die Selbsthingabe, ohne dass er es weiß, wird eine einzige geistige Überzeugung, eine einzige Vision oder ein einziges Aufblitzen der Verwirklichung (wie im Fall des

Maharshi) genügen, um eine sofortige und dauerhafte Veränderung zu bewirken. Normalerweise kann sie höchstens seinen Geist in eine neue Richtung lenken und ihn von der Notwendigkeit überzeugen, arbeiten zu müssen, um diese dauerhafte Veränderung zu bewirken.

Was mich betrifft, muss ich zwischen der Schwäche des Charakters und den bloßen Symptomen der Enttäuschung unterscheiden. Letztere verschwanden natürlicherweise, als ihre Ursache beseitigt wurde, ersteres mussten ausgefochten werden, und das war ein langer und mühseliger Kampf. Wenn ich sage, dass ich die Suche nie aufgegeben oder beiseitegelegt habe, bedeutet das nur, dass ich nie daran gezweifelt und damit aufgehört habe, nach dem einen Ziel zu streben. Es bedeutet nicht, dass nie schädliche Gedanken oder schlechte Taten aufgrund der Schwäche meines Charakters dazwischenkamen, um den Weg unnötig zu erschweren. Das geschah nur zu häufig.

Um genauer zu sein: Der Wunsch, ein berühmter Schriftsteller zu sein, das Grauen einer geregelten beruflichen Existenz, die Tendenz zum Kommunismus und das Sehnen, meinen eigenen Weg zu gehen, ließen natürlicherweise nach, da sie keine Charaktereigenschaften waren, sondern lediglich Symptome meines Aufstandes gegen ein bedeutungsloses Leben, dem ich bisher begegnet war. Andererseits war ich ein sehr arroganter junger Mann, und anstatt die Arroganz zu vernichten, war sie einfach nur von meinen anscheinenden Fähigkeiten zur Wahrheit übertragen worden, derer ich mir nun gewahr war, während es andere nicht waren. In der Tat war wohl die gewisse Arroganz, die Guénon hatte, unpersönlich und galt der Wahrheit, die sich dem Irrtum entgegenstellte, und konnte selbst Schüler, die sich weniger wie ich zu diesem Weg hingezogen fühlten, anstecken.

Wie so viele neue Konvertiten war ich voller Enthusiasmus, andere zu bekehren. Grundsätzlich war es ein warmherziger Eifer, mit ihnen den neuen Reichtum zu teilen, den ich entdeckt hatte, aber er war auch mit Eitelkeit behaftet in seinem Wunsch, das bessere Argument vorzubringen und recht zu haben. Es wäre nicht richtig zu sagen, dass ich wahllos bekehrte, denn ich habe das z.B. nicht bei meinen Kollegen und Studenten im College versucht, wo ich lehrte, sondern nur, wenn ich jemanden traf, der in der Lage schien zu verstehen. Dann versuchte ich auf irgendeinem Weg, ihn in eine Debatte zu verwickeln, wobei ich auf meine bessere Fähigkeit und Kampfstrategie vertraute, wenn ich einmal begonnen hatte zu debattieren.

Ich schickte Guénons Bücher auch an die wenigen Freund, von denen ich dachte, dass sie sie verstehen würde. Ich sandte Morgan *The Symbolism of the Cross*. Als wir einige Monate später in England waren und ich ihn besuchte, sagte er einfach, dass es zwar tauglich sei, aber nicht ganz gesund. Ich schickte auch Rosamond ein Buch (welches, weiß ich nicht mehr). Sie schrieb zurück, es sei ein nettes Buch. Ich war über das schwache Lob wütend und schrieb ihr eine verletzende Antwort, doch in Wirklichkeit war ich es, der Unrecht hatte. Ich hätte ihr eine sorgfältige und ausführliche Erklärung dessen schicken sollen, was es bedeutet, und dazu eines der grundlegenderen Bücher. Vielleicht war ich zu dieser Zeit genauso unfähig wie Martin, es einfach zu erklären. Die Wahrheit ist einfach. Nur der Geist des Menschen ist kompliziert und sucht Komplexität.

Durch Martin wurden meine Frau und ich zu Guénon gezogen und dadurch indirekt zu Bhagavan. Vielleicht kann man nicht wissen, was die Leute verstehen, und selbst wenn sie anfängliches Verständnis zeigen, ob sie den Weg auch bis zum Ende verfolgen. Wenn das Leben eines Menschen wirklich auf einer spirituellen Grundlage ruht, geht von ihm eine gewisse Ernsthaftigkeit und Kraft aus, die jene, die Führung suchen, ohne eine Diskussion anzieht, das heißt, wenn es seinem Wesen und Schicksal entspricht, Leute auf diese besondere Weise zu beeinflussen, indem er Außenseiter in den Zirkel zieht. Ein Meister mag spüren, wer seine Leute sind, und sie zu sich ziehen. Aber selbst das ist keine Garantie dafür, dass sie das Übel überwinden werden. Judas war einer der engen Nachfolger Christi und Devadatta einer der Nachfolger Buddhas. Mohammed wurde gesagt: „Du kannst nicht retten, wen du willst, sondern nur wen Gott will." Das hat nichts mit der intellektuellen Fähigkeit, wie sie gewöhnlich verstanden wird, zu tun. Ein großer Naturwissenschaftler kann unfähig sein, die spirituelle Wissenschaft zu verstehen, und sie völlig leugnen oder nur den sehr allgemeinen Glauben des einfachen Kirchgängers haben oder sich von einem verrückten Okkultismus gefangen nehmen lassen. Ein Philosoph kann für die Ewige Philosophie aufgeschlossen sein und spirituelle Texte lesen, ohne ihre Bedeutung zu verstehen. Ein Psychologe muss nicht wissen, was dem Geist zugrunde liegt. Andererseits muss ein spiritueller Meister kein Intellektueller sein. Ramakrishna hatte eher den Geist eines Bauern als den eines Philosophen. Und Ignatius von Loyola war zeitweise so sehr dem Studium abgeneigt, dass es ihn enorme

Anstrengung kostete, seinen Abschluss zu machen, und er war bereits in den mittleren Jahren.

Es ist auch keine Frage einer besonderen Fähigkeit wie z.B. einer Begabung für Kunst oder Musik. Es ist keine Frage übersinnlicher Fähigkeiten. In übernatürlichen Kräften oder in dem, was Okkultismus oder Spiritualismus genannt wird, ist nichts Spirituelles, während andererseits Menschen, die nicht übersinnlich veranlagt sind, die Suche verstehen und üben können. Übersinnliche Fähigkeiten können in bestimmten Phasen auf einigen Wegen hilfreich sein, aber es ist wahrscheinlicher, dass sie eine Gefahr sind, da sie den Geist für verschiedene Verlockungen empfänglich machen können, die man hinter sich lassen muss. Es ist wie bei den Sirenen, die Odysseus hörte, aber er wies seine Mannschaft an, die Ohren zu verstopfen. Wenn der Genuss der physischen Welt verlockend ist und man ihm nur schwer widerstehen kann, sind die Genüsse der subtilen Welt bestimmt nicht weniger verlockend. Christus sagte, dass der Mensch alles andere dazu erhält, wenn er das Reich Gottes erlangt, aber das gilt für die Zeit, nachdem man es erlangt hat. Wenn er zuvor alles andere sucht, wird er es vermutlich nicht erhalten. Es ist besser, die Ohren zu verstopfen.

Man könnte sagen, dass dafür die Bereitschaft nötig ist, sein Herz der Wahrheit zu öffnen und sich zu unterwerfen, sein Ego aufzugeben, um die Möglichkeit seiner Nichtexistenz zu erfahren. Deshalb spricht der Koran von den Ungläubigen als pervers anstatt als unwissend und sagt, dass selbst wenn ein Engel vom Himmel zu ihnen herunterkäme, um ihnen alles zu erklären, sie nicht zuhören würden.

Daraus könnte man schließen, dass jene, die die Ergründung verstehen und üben, ungewöhnlich gute Menschen sind, die auffallend frei vom Egoismus sind. Zweifelsohne sind das einige, und sie sind auf einem guten Weg, denn welcher Religion sie auch angehören und welchem Weg sie folgen, es ist ein Weg zur Vernichtung des Egos, des individuellen Ich-Bewusstseins mit all seinen Ängsten, Begierden, seinem Groll und seinen Belanglosigkeiten, und deshalb kann das Ziel offensichtlich nicht erlangt werden, während man das Ego ausbildet oder sich auch nur bewahrt. Doch das trifft auf keinen Fall immer zu. Tatsächlich sind viele, die sich auf den Weg machen, viele Mitglieder von spirituellen Gruppen egoistischer als jene, die man in einer Gruppe trifft, die sich für weltliche oder soziale Belange einsetzen. Sie sind eifersüchtiger, weniger selbstbeherrscht, sind schneller beleidigt, nicht so großzügig und nachgiebig. Das ist ein Schock und eine Desillusionierung, wenn man sich solch einer Gruppe anschließt.

Eine Erklärung, die gegeben wird, ist, dass das spirituelle Training (wie auch bestimmte psychologische Behandlungen) die niederen Neigungen hervorbringt, derer der Mensch sich vielleicht zuvor gar nicht bewusst war. Es bringt sie an die Oberfläche und lässt sie zeitweise auffälliger erscheinen, sodass eine Zuspitzung ein Teil der Heilung ist. Wenn ein Devotee sich beim Maharshi beschwerte, dass andere Gedanken gewaltsamer auftauchen, wenn er meditieren will, antwortete er: „Ja, in der Meditation entstehen alle Arten von Gedanken. Das ist richtig so, denn was in dir verborgen ist, kommt heraus. Wie kann es vernichtet werden, solange es nicht herauskommt? Die Gedanken erheben sich spontan, aber nur, um zur gegebenen Zeit vernichtet zu werden, und stärken somit den Geist." (Ramana Maharshi: Seine Lehren, Kapitel 5)

Als sich einmal die Leute bei ihm über das arrogante Verhalten eines langjährigen Verehrers beschwerten, antwortete er: „Das sind seine Vasanas (innere Neigungen), die herauskommen." Wenn ein Mensch die spirituelle Ergründung erst versteht und dann übt, erstrahlt er in neuem Glanz. Das ist eine Art Vorahnung des vollkommenen Zustands, der ihn insgesamt angenehmer macht. Doch das dauert nicht an. Es folgt ein Stadium, in dem all seine niederen Beweggründe an die Oberfläche kommen, und er scheint schlimmer zu sein als zuvor. In dieser Zeit ist Geduld nötig. Doch auch dieses Stadium geht vorüber, und deshalb kann es nicht die ganze Erklärung für die egoistischen Typen liefern, die oft in spirituellen Zirkeln gefunden werden, zumindest nicht für solche Ober-Egoisten, die schon egoistisch waren, bevor sie sich auf den Weg machten und es auch danach bleiben.

Als Jesus vorgeworfen wurde, dass er sich mit dem Gesindel abgab, antwortete er, dass die Kranken einen Arzt bräuchten und nicht die Gesunden. In dieser Antwort steckt vermutlich ein großer Teil Sarkasmus (denn Jesus war auch ein sehr militanter Lehrer und schlug verbal zurück, wenn er angegriffen wurde). Es kann kaum für bare Münze genommen werden, weil nur jene, die das Ziel erreicht haben, wirklich gesund sind und nicht die eingebildeten Selbstzufriedenen, die solche Fragen stellen. Es zeigt jedoch, dass es oft die Außenseiter sind, jene, die sich nicht dem Leben angepasst haben, die erkennen, dass sie krank sind, und eine Behandlung suchen. Wenn der Maharshi gefragt wurde, warum wir Selbstverwirklichung suchen sollten, antwortete er manchmal: „Wer bittet dich darum, wenn du mit dem Leben zufrieden bist, so wie es ist?" Wenn er gefragt wurde, von welchem Nutzen es sei, antwortete er: „Warum suchst du Selbstverwirklichung? Warum bist du nicht mit deinem jetzigen Zustand zufrieden? Es ist offensichtlich, dass du unzufrieden bist, und deine Unzufriedenheit wird beendet, wenn du dein Selbst verwirklichst." (dass., **Kapitel 7**) Das erklärt, warum die Unzufriedenen suchen, aber nicht, warum so viele von ihnen unfreundliche Personen sind.

Das ist vielleicht so, weil die Ergründung dem Ego viel zum Ergreifen anbietet. Das mag sich überraschend anhören, wenn es doch nur darum geht, das Ego zu vernichten, und doch ist es so. Der Mensch verfügt in seinem jetzigen Zustand nur über einen kleinen Teil seiner möglichen Kräfte und Wahrnehmungen. Der Prozess, der während der Ergründung oft unbewusst vor sich geht, hat zwei Teile: Ausdehnung und Zusammenziehen, was von Jupiter und Saturn symbolisiert wird. Die Fähigkeiten eines Menschen werden ausgeweitet, während er gleichzeitig bis zum Punkt der Selbstverleugnung vernichtet wird, wie die mittelalterlichen christlichen Mystiker es nennen. Jesus hat gesagt, dass ein Mensch sein Leben verlieren muss, um es zu gewinnen, und dass ihm alles andere dazugegeben wird, wenn er das Reich Gottes erlangt. Das verkörpert zwei aufeinanderfolgende Stadien: zuerst das Zusammenziehen des Egos zu nichts und dann die unendliche Ausdehnung. Aber in der tatsächlichen Praxis sind die beiden Prozesse selten so klar unterschieden. Das Hinzufügen und Abnehmen oder die Ausdehnung und das Schrumpfen gehen Hand in Hand.

Und darin besteht das Problem. Ein Übender kann durch abwechselnde Phasen gehen. Er kann Ausdehnung erfahren, wenn sein Herz von Gnade überflutet wird und die Ergründung eine Melodie voller Schönheit ist, und er kann ein Zusammenziehen erfahren, wenn er scheinbar alles verloren hat und bis zu den Knochen zerschlagen ist, wenn alles trocken ist und er versucht ist zu verzagen und nichts tun kann, als die Zähne zusammenzubeißen und unerbittlich weiterzumachen. Aber es besteht auch die Gefahr, dass der Prozess der Ausweitung auf der subtilen Ebene zu neuen Mächten und Wahrnehmungen führt, was ihn leicht vom Weg abbringen kann, wie Circe und die Lotophagen es mit den Kameraden von Odysseus taten. Wie Circe können sie ebenfalls ihre Opfer in Schweine verwandeln.

Ein wahrer Guru ermutigt diese Dinge nicht. Sollen sie kommen, nachdem das Reich Gottes erlangt worden ist, wie Jesus sagte. Der Maharshi warnte, dass die Kräfte selbst dann, wenn sie ungesucht kommen, nicht akzeptiert werden sollten. Sie sind wie ein Seil, mit dem man ein Pferd anbindet. Wenn ein Guru sie als das Ziel oder die Belohnung für die Ergründung bezeichnet, macht das den Guru immer verdächtig. Selbst wenn die vollständige Erkenntnis fehlt, hat das Ego eine Vorahnung von den schmackhaften Früchten, die am Baum über ihm hängen.

Es ist auch die Vorahnung seines eigenen bevorstehenden Opfers. Die Vorahnung einer Ausweitung erklärt, dass so viele gerufen sind und was für eine seltsame Gesellschaft sie sind. Die Notwendigkeit des Zusammenziehens erklärt, dass nur wenige auserwählt sind. Die Kombination beider Prozesse erklärt die nervöse Anspannung, die sich oft einstellt, wenn die beiden Kräfte, anstatt sich zu ergänzen, zu gegensätzlichen Kräften werden. Es ist kein Spiel und keine leichte Aufgabe. Es gibt keinen Erfolg, bis das Ego bereit ist, sich zu unterwerfen und zu opfern, aber auf dem Weg dahin kann es den bereits erwähnten Bäumen begegnen, die voller verführerischer, aber unverdienter Früchte hängen. Der Konflikt zwischen den beiden Neigungen kann den Geist aus dem Gleichgewicht bringen. Ich habe solche Fälle gesehen, und zumindest ist diese Art von Verrücktheit immer Egoismus, der die Grenzen überschreitet.

Die Frage, wer das höchste Ziel verstehen und sein Leben der Suche nach ihm widmen kann, ist natürlich nicht dieselbe wie die Frage, wer Guénon lesen kann. Anfangs dachte ich das. Tatsächlich teilte ich die Menschheit einfach in jene ein, die Guénon gelesen und verstanden hatten, und jene, die es nicht getan hatten. Natürlich gibt es Menschen, die die Wahrheit erreichen können, aber nicht durch dieses Tor. Ich musste das erkennen, weil meine Frau solch ein Mensch ist. Ich zweifelte für keinen Augenblick an ihrer Fähigkeit zu verstehen. Deshalb war ich bestürzt, als sie Guénon nicht las. Sie sagte, sie könne kein ganzes Kapitel über etwas lesen, das man in wenigen Sätzen sagen kann. Wenn ich es auch nicht begrüßte, so war sie doch mehr der intuitivere Typ, der künstlerische und weniger der gelehrte. Vielleicht tendieren Frauen im Allgemeinen dahin, aber man darf es auch nicht zu sehr verallgemeinern. Ich habe Frauen gekannt, die durch Guénon auf den Weg gebracht wurden, und Männer, die einen direkteren oder intuitiveren Zugang gebraucht haben. Jedenfalls folgte meine Frau meinen Erklärungen ohne völlige Überzeugung oder einer rückhaltlosen Hingabe. Erst später, als sie zum Maharshi kam, genügte in der reinen Kraft seiner Gegenwart, seiner Gnade und Schönheit, die in ihm erstrahlte, ein einziger langer Blick aus seinen strahlenden Augen, um all ihre Zweifel zu beseitigen, ohne dass ein Wort gesprochen wurde. Fortan war sie wie alle hingegeben. Dort fand sie auch Bücher wie die Avadhuta Gita und die Dichtung von Thayumanavar, die tatsächlich die Dinge in einem Satz ausdrücken. Sie wurde sachkundig in der Theorie und konnte eine wahre Lehre von einer falschen so klar unterscheiden wie jeder Nachfolger Guénons.

Was mich betraf, ich stürzte mich heißhungrig auf Guénons Bücher. Ich abonnierte die französische monatliche Zeitschrift, in der er veröffentlichte, und besorgte mir auch alle alten Nummern, die noch erhältlich waren. Ich verschlang jedes Buch, das ich in die Finger bekam, sei es in Englisch oder Französisch, das von Mystizismus, Esoterik und Symbolismus handelte, gleichgültig von welcher Religion. Ich las sie nicht nur, sondern studierte sie. Ich hatte wie meine Lehrer in Oxford einen alphabetischen Index auf meinem Schreibtisch, mit einer Karte für jeden Namen, Begriff und jedes Thema mit Hinweisen, Referenzen und Informationen, die ich gelesen hatte.

Nach der strengen Theorie Guénons stimmt es nicht, wenn ich sage, dass die Suche für mich zu dieser Zeit begann, da er lehrte, dass sie mit der Einweihung beginnt. Er selbst war aber kein Guru und gab keine Einweihung. Trotzdem bin ich davon überzeugt, dass sein spiritueller Einfluss auf jene wirkte, die seine Bücher lasen und entsprechend ihr Leben veränderten. Auf jeden Fall machte allein die Tatsache des Wandels von einem ziellosen, unbefriedigenden Leben zu einem zielstrebigen, bewussten Leben, das dem höchsten Ziel galt, einen enormen Unterschied.

Egoistische Gedanken und Taten mochten fortdauern, aber sie wurden missbilligt und beständig bekämpft. Eine Reihe symbolischer Träume bezeugten meinen inneren Wandel. Zunächst gab es eine Korrektur, die die Psychologen „die Flucht vor der Angst" nennen, obwohl ich damals noch nichts davon gehört hatte. Ich erinnerte mich daran, dass ich in meiner Kindheit manchmal Träume gehabt habe (nicht ein Traum, der sich wiederholte), die drohten, zu Albträumen zu werden, aber ich habe mich immer dem ängstlichen Teil von ihnen durch das Aufwachen entzogen. Ich spürte, dass dies der Anfang meines Verlustes an Ganzheitlichkeit war und dass ich zu ihnen zurückkehren und sie zu Ende bringen musste. Als ich mich dazu entschlossen hatte, fand ich zu meiner Überraschung, dass es tatsächlich nichts Schreckliches war. Nur die Entschlossenheit war nötig. Danach hatte ich andere symbolische Träume, wie ein Mensch sie hat, der an einem wichtigen Scheidepunkt in seinem Leben steht. Einige ließen mich erkennen, dass der erste Schritt sein musste, zur verhältnismäßigen Vollständigkeit zurückzukommen, die ich in Oxford hatte.

Das ganze Leben eines Menschen ist ein Weg, den er seinem vorherbestimmten Ende entgegenschreitet. Wenn er sich irgendwann dessen bewusst wird, ist das der große Segen, zumindest einen Fortschritt auf ein angedachtes Ziel hin zu machen. In meinem Fall musste ich zuerst den Tiefpunkt durchschreiten, bevor das geschehen konnte. Ich musste in innere Not kommen, in der alle Hoffnungen scheinbar gescheitert und alle Werte hohl geworden waren. Es war kein Zustand spiritueller Armut, denn er hatte nichts Menschliches an sich. Es war auch keine finanzielle Armut, sondern etwas, was man die aufgezwungene Armut des Lebens nennen könnte. In dem Augenblick, als ich den Tiefpunkt erreichte, zeigte sich Gnade in einer Form, die ein Aufstehen ermöglichte, aber das geschah in zwei Schritten. Um aufzuhalten, dass alles zusammenbrach, kam meine Hochzeit, eine Vorahnung der göttlichen Gnade, mit ihrer Ankündigung von Glück, Ganzheit, Erwartung und meine Rückkehr zur beruflichen Arbeit. Doch selbst solch ein Einfluss war zu schwach, um die Entwicklung aufzuhalten. Das Ergebnis war, dass der Fluss in beide Richtungen strömte, Auferstehung und fortschreitender Niedergang, ein neuer Lebenssinn und ein innerer Bankrott sowie das Fehlen jeden Ziels, bis sich die Gnade erneut zeigte, als ich Guénon entdeckte. Wenn das der erste Akt im Drama der Suche war, war meine Hochzeit der Prolog dazu.

8. Abenteuer auf dem Weg

Eine kleine Gruppe von uns kam gleichzeitig zu Guénon. Ich glaube, die anderen waren alle jünger als ich und alle unverheiratet. Ich traf den einen und anderen von ihnen unter verschiedenen Umständen, aber die einzigen, die ich damals kannte, waren Martin und zwei andere, die bei ihm zu Besuch waren. Ich glaube, er kannte sie alle. Ich spreche von keiner organischen Gruppe, denn das waren wir nie. Die einzige Gruppierung, die Guénon akzeptiert hätte, war die von Guru und Schülern. Es handelte sich nur um eine Anzahl von Leuten, die gleichzeitig auf dieselbe Weise aus der Umgebung ins Zentrum gezogen wurden.

Wenn man Malorys *Morte d'Arthur* (Arthus Tod) mit Verständnis liest, ist es eine sehr traurige Geschichte. Die ganze ritterliche Tafelrunde hatte sich am Pfingstfest am Hof von König Arthus versammelt, und während die Ritter am runden Tisch saßen, wanderte der Heilige Gral auf einem Lichtstrahl durch die Halle, aber verhüllt, sodass keiner ihn sehen konnte. Sie wurden gefragt, wer die Suche aufnehmen würde, und alle gelobten es und ritten mit Mut und großer Hoffnung davon. Einige kehrten jedoch bald um, weil der Sog der Welt zu stark war. Einige kamen auf dem Weg um. Einige waren entmutigt oder wurden vom Drachen des Egos überwältigt. Einige wurden verhext oder von Zauberern, den falschen Führern, die den Weg versperrten, in den Kerker geworfen. Einige wandten sich weniger großen Abenteuern zu oder ließen sich in den Schlössern am Weg nieder. Einige erhielten einen einzigen Blick auf den Heiligen Gral und erkannten, dass sie in diesem Leben nichts weiter erlangen mussten. Von der ganzen edlen Gesellschaft verfolgten nur drei die Suche bis ans Ende.

Guénon betonte, das Einzige, was man tun müsse, sei, einen Guru zu finden, gleichgültig in welcher Religion, der sowohl die horizontale als auch die vertikale Authentizität hatte, d.h. er musste beides sein, sowohl der gültige Nachfolger einer initiatischen Kette als auch ein Verwirklichter. Bei ihm musste man Einweihung und Führung suchen. Deshalb war es reine Zweckmäßigkeit für uns, welcher Religion wir beitraten. Es hing einfach davon ab, wo wir einen Guru finden konnten – eine einfache Sache, dachten wir damals in unserer Einfalt. Doch er sagte auch, dass er keine christliche Organisation gefunden habe, die das volle theoretische Verständnis mit der spirituellen Macht kombinierte. Deshalb beschlossen wir, weiter weg zu suchen. Theoretisch hatte er vermutlich recht, und mein früherer Misserfolg, eine Öffnung im Christentum zu finden, ließ mich dazu tendieren, sein Urteil zu akzeptieren. Doch es kann auch sein, dass man im spirituellen Leben den theoretischen Erwägungen zu viel Bedeutung beimisst und zu wenig der Gnade, die weht, wo sie will.

Später erhielt ich den Beweis dafür, dass auch im christlichen Westen spirituelle Strömungen existierten, deren Repräsentanten an Macht und Verständnis den Westlern, die sich in die östlichen Religionen verpflanzt hatten, in nichts nachstanden. Auch waren diese Lebenszeichen nicht auf die katholische Kirche beschränkt, der allein Guénon eine theoretische Legitimität zuerkannte. Wenn man das bedenkt, scheint es für westliche Sucher nicht unbedingt nötig zu sein, einen Weg außerhalb ihrer angestammten Religion zu suchen, und noch weniger, die Bürden eines fremden Glaubens auf sich zu nehmen. Man muss sich vielmehr vor Augen halten, dass die spirituelle Kraft einer jeden Religion oder Kirche keine feste Größe ist, sondern eine lebendige, vibrierende Kraft, die beständig mit größerer oder geringerer Intensität ausstrahlt, sich erhitzt oder abkühlt und träge wird, je nach dem Eifer, der Ernsthaftigkeit und dem Verständnis derer, die sich in ihrem Umkreis befinden. Und da jeder Gedanke, jede Handlung, jedes Streben seine Auswirkungen hat, gewinnen jene, die Nahrung aus einem spirituellen Körper ziehen, dadurch an Stärke, während das Gegenteil auch zutrifft. Aber jene, die ihr Leben dem Dienst widmen und um keinen Lohn bitten, ziehen daraus Nahrung.

Einige werden zweifelsohne von einer östlichen Religion oder dem weglosen Weg der Selbstergründung angezogen, der später in diesem Buch beschrieben wird, und das kann man nicht für bedauerlich halten. Das Merkmal unserer Zeit ist die gegenseitige Bekanntschaft mit den Lehren und Wegen, die früher getrennt gewesen waren. Es ist eine gute Sache, dass jene aus dem Osten Vertreter im Westen haben, um die Uneinsichtigkeit und selbstgefällige Überlegenheit zu mäßigen, für die der westliche Geist so anfällig ist. Auf einer tiefgründigeren Ebene kann die Existenz verschiedener spiritueller Strömungen nebeneinander nur den jetzigen Gärungsprozess und die Erneuerung des spirituellen Lebens fördern, denn dies ist eine Zeit der Erneuerung. Noch mehr ist dies eine Zeit der Unterscheidung von denen, die die milden religiösen Zwänge ihrer Vorfahren völlig zurückweisen und jenen, die etwas Lebendigeres wollen, ein besseres Verständnis haben und ihr Ziel stärker verfolgen.

Und was war mit mir? Wenn ich vom Leben und Zeugnis der christlichen Mystiker erfahren und ihre modernen Nachfolger getroffen hätte, als ich in Oxford so vergeblich gesucht habe, hätte ich dann dort eine Heimat gefunden und die zehn fruchtlosen, vertanen Jahre, die danach folgten, vermieden, bevor ich Guénon entdeckte? Solch eine hypothetische Frage ist immer unwirklich, da die Dinge nicht wirklich anders geschehen können, als sie geschehen sind. Gewiss war es nur die Weise, wie Guénon sich ausdrückte, die meinen Intellekt völlig befriedigen konnte. So sehr ich auch die Schönheit und Tiefgründigkeit der verschiedenen Wege des Christentums, Islams und anderer Religionen verehre, nur die essenzielle Lehre der Nicht-Zweiheit und der Weg der Selbstergründung des Maharshi, der darauf beruht, entsprach meinen Bedürfnissen und meinem Temperament und bot mir völlige Erfüllung.

Zudem sind die Schicksale der Menschen so miteinander verflochten, dass alles „wäre es so gewesen" eine Illusion ist. Wenn ich in England eine Möglichkeit gefunden hätte, wäre ich nicht nach Polen abgetrieben und hätte dann nicht meine Frau getroffen, sie geschnappt und aus dem Chaos fortgebracht, das in Europa entstand. Ich hätte sie nicht zum Arunachala gebracht, zu Füßen des Maharshi, wo auch sie ihre einzige Erfüllung finden konnte, die dieses Leben zu bieten hat.

Zu dieser Zeit akzeptierte ich wie die anderen aus unserer Gruppe Guénons Urteil ungefragt und nahm einfach an, dass es nötig war, das Christentum aufzugeben und weiter weg zu suchen. Ich konnte ein Gefühl des Bedauerns nicht vermeiden. Während alle anderen frei waren, in den Osten zu gehen, um einen Guru zu suchen, da sie unverheiratet und meist begütert waren, hatte ich keine Aussicht, Europa zu verlassen. Doch wie sich dann herausstellte, entwickelte sich alles so, dass ich innerhalb eines Jahres im Osten war, während viele oder die meisten von ihnen noch immer im Westen waren.

Das Schicksal eines Menschen ist kein Zufall. Es ist für ihn nicht belanglos. Von einer Sichtweise aus betrachtet ist es das Ergebnis seiner Gedanken und Taten, ein unausweichliches automatisches System von Konsequenzen, die man Belohnung und Bestrafung nennen kann, und von einem anderen Standpunkt aus betrachtet ist es die Umgebung, die für seine Entwicklung notwendig ist. Was es undurchsichtig macht, ist die falsche Angewohnheit, weltliches Glück oder Wohlstand als den Zweck des Lebens zu betrachten, während die Entwicklung des Menschen oft das Gegenteil benötigt. Es ist deshalb verständlich, dass seine Bestimmung erkennbar segensreicher und bedeutender wird, wenn einmal ein Mensch die Selbstverwirklichung als sein bewusstes Ziel erkannt hat und sich in diese Richtung wendet, selbst wenn sie Not beinhaltet.

Nach vier Jahren am Maritime College verließ ich Polen und ging nach Bangkok, wo ich die Stelle eines Englischlehrers an der Chulalongkorn Universität aufnahm. Die Tatsache, dass ich einen Abschluss in einem Fach gemacht hatte und dann ein anderes Fach lehrte, hat meine akademische Laufbahn erschwert. Das stellte sich in unserem Fall jedoch als ein Segen heraus und verhinderte, dass wir einige Jahre später von den Nazis in Polen oder von den Kommunisten in Litauen gefasst wurden. Alle Mitglieder unserer kleinen Gruppe kamen auf die eine oder andere Weise sicher durch den Krieg. Die niederere Wirklichkeit der Ereignisse bewirkt die höhere Wirklichkeit der Ergründung nicht, aber ist ihr dienlich. Das bedeutet nicht, dass keiner, der sich der Ergründung geweiht hat, sterben kann, bevor er damit zu Ende kommt, sondern dass sein weltlicher Erfolg oder Misserfolge, Reichtum oder Entbehrung, selbst Leben oder Tod so sind, wie es der Fortschritt seiner Suche erfordert.

Ich mochte Siam, wie ich Oxford gemocht hatte. Ich mochte die Siamesen, ein munteres, leichtlebiges, freundliches Volk, und doch barg Siam die nächste große Welle der Enttäuschung für mich, wie Oxford die erste gewesen war. Ich hatte mir von Oxford eine Traumvorstellung aufgebaut, der die Wirklichkeit nicht standhalten konnte. Ich war erfüllt von Guénons Beschreibungen des traditionellen Ostens nach Siam gekommen, nach denen die politischen und sozialen Bedingungen der spirituellen Disziplin dienlich sind, es offene oder geheime Befugnisse für die Hüter der Tradition gibt und die Frage nach der Verwirklichung als Ziel und Zweck des Lebens erkannt wird. Stattdessen fand ich eine Nation vor, die sich überschlug, um sich die materialistische Zivilisation anzueignen, die ich zu verwerfen versuchte, und die das, dem ich mein Leben gewidmet hatte, mit beiden Händen wegwarf, ihm den Rücken zukehrte und zu vergessen versuchte, dass es jemals existiert hatte. Ich hatte bereits zuvor einen Siamesen gekannt, Seni Pramoj, ein Großneffe von König Chulalongkorn, nach dem die Universität benannt worden war. Seni Pramoj war Siamesischer Botschafter in Washington während des Zweiten Weltkriegs und Premierminister [von Thailand] nach dem Krieg und war Denzil Batchelors Zimmergenosse in Oxford gewesen. Er war ein gepflegter, praktischer kleiner Mann, dessen großes Interesse am Leben dem Tennis galt, und der glaubte, Denzils und meine Hauptbeschäftigung gelte der Dichtung und den Ideen. Er war ein typischer Siamese.

Noch bevor meine Suche begann, hatte ich verwandte Seelen in England gefunden, die sich gegen die moderne Zivilisation mit ihren materialistischen Werten stellten, mit ihrer Trennung von der Natur, ihrer Hektik, ihrem Lärm und ihrer Oberflächlichkeit. Aber als ich nach Polen kam, stellte ich fest, dass die Sichtweise von Osteuropa ganz anders war. Dort hatten der Modernismus und die Industrialisierung immer noch ihren Glanz. Das Wort der Verachtung für einen Slum, für etwas Dreckiges und Altmodisches, war „Asien", während der Nationalstolz einer Kohlemine oder Stahlgießerei galt. Wenn ich meinen Standpunkt auch nur erwähnte, sah ich mich dem Verdacht ausgesetzt, ich sei der gerissene Engländer, der die Industrialisierung in seinem Land hatte und die Osteuropäer dazu verleiten wollte, die Rückständigkeit in ihrem Land zu akzeptieren. Denselben Geist sollte ich im Osten vorfinden. In der Tat sollte ich feststellen, dass im Westen bei den vom Überdruss des Materialismus Geplagten eine neue Suche nach spirituellem Sinn aufkam, während der Osten sich kopfüber in die Moderne stürzte.

Ich stellte fest, dass selbst die traditionellen Künste und Wissenschaften, über die Guénon so viel schrieb, im Verschwinden begriffen waren. Die letzte Generation der siamesischen Architekten hatte sich geweigert, Lehrlinge auszubilden, da sie der Meinung waren, dass das Zeitalter der Tradition vorbei sei. Infolgedessen waren die modernen Gebäude im siamesischen Stil wie die Universität, an der ich unterrichtete, bloße Nachahmungen, die von italienischen Architekten geplant wurden.

Es gab zwar die buddhistischen Klöster in Siam, und ich hätte sie womöglich genauer kennengelernt, aber soweit ich aus Gesprächen mit meinen Studenten und Kollegen entnehmen konnte, gab es dort keine besonders starke spirituelle Strömung. Ja, es hatte im Norden einen buddhistischen Mönch gegeben, der als sehr heilig galt und den viele Leute besuchten, aber er war jetzt tot. Nein, es gab niemanden sonst. Übrigens habe ich kürzlich beim Lesen von *The Wheel of Life*, der Autobiographie meines Nachfolgers an der Universität nach dem Krieg, John Blofeld, der Buddhist ist, eine Art Bestätigung gefunden. Er hatte im siamesischen Buddhismus keine lebendige Strömung gefunden, sondern musste nach Sikkim gehen, um einen Guru zu suchen.

Ich fand heraus, dass Guénons Beschreibungen vom Osten idealisiert und doktrinär waren, selbst zu einer früheren Zeit. Heute trafen sie gar nicht mehr zu.

Wir hörten bald von Martin, dass er eine Anstellung als Englischdozent an der Universität von Kairo erhalten hatte. Auch Guénon lebte in Kairo. Martin lernte ihn kennen und wurde allmählich zu einer Art inoffiziellem Sekretär von ihm.

Schon bald schrieb er uns, er habe einen muslimischen Guru gefunden, den Guénon billigte, sei ein Muslim geworden und von ihm eingeweiht worden. Er meinte auch, dass wir wahrscheinlich irgendwann dazu getrieben würden, derselben Religion beizutreten und sogar demselben Guru zu folgen.

Mit Guénons Genehmigung hatte unsere Gruppe seine Bücher übersetzt. Jeder hatte sich eines ausgesucht. Martin übersetzte *Orient et Occident* und ich die Fortsetzung *La Crise du Monde Modern*, das mir als ein schönes, verdichtetes und fundamentales Werk erschien. Ich beendete meine Übersetzung gerade, als sich der Krieg im Osten ausbreitete. Mir wurde gesagt, dass Luzac es unter dem Titel *The Modern Crisis* veröffentlichen würde. Ich habe nie ein Exemplar davon gesehen. Ich wurde durch den Krieg abgeschnitten, und später habe ich mir nicht die Mühe gemacht, eins zu bekommen.

Ein Vorteil, den diese Arbeit mit sich brachte, war, dass wir mit Guénon korrespondieren konnten, der sehr pedantisch war, was die Übersetzung, den Erhalt seiner langen Sätze und sein sorgfältiges Interpunktationssystem betraf. In der Zeitschrift, für die er Beiträge schrieb, hatte er angekündigt, dass er keine persönlichen Briefe beantworten und auch keinen Rat und keine Führung anbieten könne. Vielleicht war das nötig, um eine Flut von Briefen zu vermeiden, in denen er hätte Fragen beantworten und schwierige Punkte erläutern müssen.

Ich nahm die Gelegenheit wahr und schrieb ihm, dass ich enttäuscht sei vom Unterschied der Situation, die ich in Siam erlebte, zu seinem idealisierten Bild vom Osten. Teils bewirkte meine Beschreibung, dass er oder Martin Lings für ihn in der englischen Übersetzung von *Orient et Occident* erklärte, dass die heutigen Länder des Ostens nicht mehr mit seiner Beschreibung des traditionellen Ostens übereinstimmten. Diese Erklärung war jedoch unzureichend. Die Bücher hätten völlig überarbeitet werden müssen, um klar zu machen, dass er nicht den Osten, wie er ist, beschrieb, sondern ein Ideal.

Getrieben von Ungeduld folgte ich Martins Beispiel und wurde ein Muslim. In meinem Fall war das völlig gegen Guénons Ansicht, dass man zuerst einen geeigneten Guru finden sollte, bevor man die Religion wechselt. Ich muss dazu sagen, dass ich indirekt den Guru gefunden hatte, dem Martin folgte und von dem ich wusste, dass Guénon in akzeptierte. Doch besonders angesichts des Krieges wusste ich nicht, wie lange es dauern würde, bis ich in direkt treffen konnte. Wenn ich in der Zwischenzeit einen buddhistischen, hinduistischen oder taoistischen Guru gefunden hätte, hätte mich das in eine peinliche Situation gebracht, wenn ich dann meine Religion zum zweiten Mal hätte wechseln müssen. Hätte ich theoretisch emotionale Unterstützung gebraucht, bevor ich einen geeigneten Guru finden konnte, dann hätte ich sie mir in der Religion, in der ich aufgewachsen bin, gesucht. Tatsächlich jedoch wäre es mir schwergefallen, eine abgestumpfte Frömmigkeit zu beleben, während ich große Unterstützung im Islam fand.

In Bangkok genoss ich gelegentlich Abende mit arabischen Liedern und Gesängen, die mein südindischer muslimischer Freund in einer großen Halle über den Büros eines Kaufmanns veranstaltete. Ein Lied kommt mir immer noch in den Sinn. Übersetzt lautet es: „Ich bitte Gott um Vergebung für das (in mir), was nicht Gott ist. Und alle Dinge sagen: ‚Gott!'" Der erste Satz ist ein Ausdruck reiner Nicht-Zweiheit, der höchsten Identität, die alle Andersheit, alle getrennte Individualität (oder die Illusion davon), die man in sich hegt, als Sünde betrachtet, für die man um Vergebung bittet. Dies ist im tiefsten Sinn die Sünde des Shirk (Götzendienstes), einen „anderen" mit Gott zu assoziieren, die im Islam als die einzige unverzeihliche Sünde beschrieben wird – natürlich, denn wenn sie schließlich überwunden ist, gibt es keinen anderen als Gott und daher auch keine Sünde und keinen Sünder, dem man vergeben könnte. Der zweite Satz beschreibt, wie man den Namen Gottes aussprechen sollte.

Die Männer, die ihre Abende auf diese Weise verbrachten, waren keine Gelehrten oder Männer, die sich der spirituellen Suche widmeten, sondern einfache Kaufleute. Es war verblüffend und sehr erfrischend, die Wärme und Tiefe ihres Glaubens zu spüren und ihre Natürlichkeit zu sehen, mit der sie ihre Religion als eine absorbierende Wirklichkeit und als ständiges Gesprächsthema betrachteten, so ganz anders als die normale westliche Gleichgültigkeit oder aufsässige Rechthaberei, wie wir sie oft bei jenen finden, die religiös sind. Hier kam ich endlich in Kontakt mit dem traditionellen Osten, auch wenn die Standards weit hinter dem zurückblieben, was die Tradition forderte. Theoretisch erkannten sie wenigstens das höchste Ziel, wie das oben übersetzte Lied beweist. In der Praxis erhielten sie eine Einweihung und folgten einer Regel, wenn sie sie auch nicht völlig verstanden und sich ihr nicht vollkommen hingaben. Selbst unter ihnen wurden einige der jüngeren Generation nachlässig im Leben und in ihrer Verehrung.

Ich begann damit, meinen Atem mit meinem Pulsschlag zu harmonisieren. Mit ein wenig Übung ist es leicht, den eigenen Puls innerlich zu fühlen, ohne dass man seinen Finger an irgendeiner Stelle auflegt. Wenn man ihn mit dem Atem harmonisiert, hilft das der Rhythmisierung. Beim Gehen passte ich meine Schritte diesem Rhythmus an. Um die Vibration zu verbessern, hilft es, wenn man still ein Mantra wiederholt, ein endloses inneres Gebet, das mit dem Atem und Herzschlag übereinstimmt, wie etwa „Arunachala Shiva" oder einfach „Om". Im Islam wiederholt man still das Shahada, das islamische Glaubensbekenntnis „Es gibt keinen Gott" (Gott kleingeschrieben) mit dem Ausatmen, „außer Gott" (Gott großgeschrieben) beim Einatmen. So wird jede Ausatmung zur Verleugnung des Egos und jede Einatmung eine Beteuerung des einen Selbst.

Jahre später las ich, dass das eine Form des endlosen inneren Gebets war, was in der einen oder anderen Form in allen Religionen geübt wird. Vielleicht ist das bekannteste Beispiel des beständigen Gebets „Herr Jesus Christus, erbarme dich meiner", das auch in Abstimmung mit dem Atem und Herzschlag gebetet wird. Es wurde von einem anonymen russischen Pilger geübt und in *The Way of the Pilgrim* (Aufrichtige Erzählungen eines russischen Pilgers) beschrieben. Es mag nicht für alle Reisenden oder auf jedem Weg geeignet sein. An diesem Punkt des Wegs war es für mich sehr nützlich. Es hielt einen lebendigen spirituellen Rhythmus aufrecht und half mir, mich gegen die Sünde des Vergessens zu schützen.

Es gibt keine starre Barriere zwischen dem Physischen und dem Spirituellen. Der spirituelle Strom kann während unserer täglichen Aktivitäten als eine Art Grundlage bewahrt werden. Dadurch leidet die Arbeit nicht, sondern wird effektiver, da sie spontaner geschieht. Rhythmische Bewegungen während des Gebets, Verneigungen und Rituale betonen das, und man wird intuitiv das Bedürfnis haben, die Rhythmisierung auch auf den Körper auszuweiten. Tatsächlich ist die geistige, moralische und physische Harmonisierung die dreifache Grundlage der spirituellen Entwicklung. Es stimmt zwar, dass die physische Harmonisierung allein nicht zum spirituellen Wachstum führt, aber auch das geistige Verständnis allein und die moralische Rechtschaffenheit führen nicht dazu. Es ist nötig, die drei zu kombinieren. Auf dem direkten Weg kommt es spontan zur völligen Harmonie, und solche Disziplinen, die dazu führen, können ignoriert werden. Aber auf diesen Weg war ich noch nicht geführt worden.

Anfang 1939 kam die Nachricht, dass zwei aus unserer Gruppe, die einige Zeit durch Indien gereist waren, schließlich einen Guru gefunden hatten. Es ist für mich leicht, mich an das Datum zu erinnern, da es weniger als zwei Wochen nach der Geburt unseres Sohnes war, als mein Sommerurlaub begann. Meine Frau erhob keinen Einwand, dass ich nach Indien ging, da sie wusste, wie viel mir das bedeutete.

Sobald ich in Indien ankam, hatte ich zum ersten Mal in meinem Leben das besondere Gefühl, nach Hause zu kommen. Ich hatte mich in England nie wirklich zuhause gefühlt, sondern wollte immer im Ausland leben. Auch in Polen oder Siam hatte ich mich nicht zuhause gefühlt. Nicht dass ich die Inder bevorzugt hätte – in der Tat fehlte mir in den indischen Läden die freundliche Heiterkeit der chinesischen Ladenbesitzer in Bangkok. Auch waren die Teile Indiens, die ich besuchte, nicht besonders schön. Es war staubig, von der Sonne vordorrte Ebenen, baufällige Dörfer, trostlos geweißelte Häuser. Es war einfach das undefinierbare Gefühl, dass ich hierhergehörte, dass dies mein Zuhause war.

Ich wohnte in der schrecklichsten Sommerhitze in einem Mittelklassehotel in einer heißen, staubigen Stadt mit weißen Mauern. Das Hotel besaß nur ein Stockwerk, verfügte über keine Ventilatoren und war nach europäischem Standard sehr einfach. Ich teilte mir mit zwei Freuden ein Zimmer. Ich hatte sie nie zuvor getroffen, aber sie wurden sofort Freunde und Gefährten auf der Suche. Es gibt den Ausspruch des Propheten: „Im Islam gibt es keine Freundschaft, sondern nur Kameradschaft." Nachts brachten wir und unsere Nachbarn unsere Betten nach draußen in den Hof zum Schlafen – das indische Charpoy, ein leichtes Bettgestellt mit einem Leinengeflecht dazwischen, auf das eine nur wenige Zentimeter dicke Matratze geworfen wird.

Ich passte mich leicht an und mochte die Atmosphäre: meist Geschäftsmänner, keine Frauen, soweit ich sehen konnte. Viele von ihnen waren fromm, die meisten vom Stolz des Islam durchdrungen. Sie zweifelten nie daran, dass er die beste Religion sei. Ist das naiv? Aber glaubt ein christlicher Professor der Vergleichenden Religionswissenschaft oder ein buddhistischer Abt jemals daran, dass seine Religion nicht die beste ist? Und ist das nicht ebenso naiv? Trotzdem unterscheiden sich notwendigerweise die Religionen auf der bedingten Ebene ihrer Dogmen und sozialen Anwendung wie die verschiedenen Seiten eines Berges. Jede von ihnen repräsentiert einen anderen Standpunkt. Deshalb muss jede von ihnen, von ihrem eigenen Standpunkt aus betrachtet, am besten sein und jede andere Religion entweder falsch oder bestenfalls der eigenen unterlegen sein.

Auf der rein spirituellen Ebene sind alle Religionen einer Meinung. Es kann nicht anders sein, da die Wahrheit nur eine ist. Es ist wie ein Berg, dem man sich von verschiedenen Seiten nähert. Das Gelände unterscheidet sich auf jeder Seite, und die Wege führen in verschiede, manchmal sogar entgegengesetzte Richtungen, aber es gibt nur einen Gipfel, und dort treffen sich alle. Heute beginnt diese Sichtweise eine weite Zustimmung zu finden. Es gibt viele Bücher, die dies so erklären oder mit ähnlichen Zitaten der Mystiker verschiedener Religionen illustrieren.

Man muss nur seiner eigenen Religion anhängen oder jede von ihrem eigenen Standpunkt aus betrachten. In der Geschichte wurde meist ersteres getan. Solange man ernsthaft seiner eigenen Religion folgt, ist es völlig unnötig, etwas über die anderen zu wissen. Z.B. wusste der durchschnittliche Christ kaum, dass es eine Religion namens Buddhismus gibt. Warum sollte er sich mit ihm befassen? Heute jedoch, mit der Ausbreitung eines uniformen Modernismus über alle Religionen und über die früher unterschiedlichen Kulturen hinweg, die sie unterstützten, ist solch eine Haltung für die Intelligenten und Suchenden kaum noch möglich. Es ist zu viel über die Existenz und die oberflächlichen Widersprüche anderer Religionen bekannt. Deshalb wird die zweite Haltung für viele nötig: dass man jede von ihrem eigenen Standpunkt aus verstehen und erklären kann. Jene, die behaupten, Autoritäten der Religion zu sein, sollten diesen Prozess ermöglichen und nicht behindern, wie sie es so oft tun. Denn wenn das nicht getan wird, wird der Beobachter mit dem Dilemma konfrontiert, dass Millionen Mitglieder einer anderen Religion beteuern, was seine eigene Religion leugnet, und andersherum. Einfach das Problem beiseite zu schieben und zu sagen: „Wir haben recht und alle anderen unrecht" ist eine zu oberflächliche Haltung für den intelligenten Studenten.

Als Beispiel für das, was ich mit Standpunkt meine: Es gibt ein kluges, gelehrtes Buch von F.H. Hilliard mit dem Titel *The Buddha, the Prophet and the Christ* (Allen & Unwin), das die jeweilige Sichtweise der Anhänger bezüglich der Göttlichkeit der drei Gründer der Religionen untersucht. Es ist unparteiischer und objektiver als die meisten dieser Bücher. Trotzdem muss es unweigerlich die Überlegenheit der Religion betonen, die auf dem Glauben der Göttlichkeit des persönlichen Retters beruht, also des Christentums. Aus islamischer Sicht besteht der wesentliche Unterschied zwischen dem Koran, den Evangelien und dem Pali-Kanon, und die Waage wird zugunsten der einzigen der drei Religionen ausschlagen, die auf der göttlich inspirierten Schrift beruht, und das ist der Islam. Aus buddhistischer Sicht wird zwischen dem edlen Achtfachen Pfad, Jesu Anweisungen an seine Nachfolger und der Shariah des Islam unterschieden, und der Buddhismus hätte den Vorrang, als einzige der drei Religionen zu gelten, dessen Gründer einen klar formulierten Weg vom Leiden zur Seligkeit, von der Unwissenheit zum Licht, vom Samsara zum Nirvana dargelegt hat. Offensichtlich wäre ein wirklich nützlicher und lehrreicher Vergleich einer, der die Gleichwertigkeit der persönlichen Erlösung, der offenbarten Schrift und eines klar ausgewiesenen Weges aufzeigen würde. Dieses Studium müsste die Religionen nicht bewerten, sondern nur die verschiedenen Zugänge aufzeigen.

Ich wurde zum Treffen mit dem Guru (oder Murshid) in den kühlen Säulengang eines alten Steinhauses gebracht, von wo aus ich den staubigen Hof sehen konnte. Er ließ mich einige Minuten warten, bevor er hereinkam, ein kleiner, breiter Mann um die sechzig mit weißem Haar, Bart und glänzenden Augen, mit lebhaftem, aufmerksamem Auftreten und intelligentem Blick. Er trug ein Käppchen, einen Kittel und eine Pyjama-Hose, alles aus schimmernder weißer Baumwolle, frisch gewaschen und gebügelt. Er sah immer so aus. Er stellte allgemeine Fragen über mein Leben, meine Arbeit, meine Umstände und keine über meine Spiritualität. Ich fühlte eine starke Woge der Enttäuschung. Er machte auf mich keinen spirituellen Eindruck. Ich bezog das aber auf meine fehlende Empfänglichkeit – die spirituelle Kraft musste ja da sein, sonst hätten meine Freunde sie nicht bemerkt. Als einer von ihnen nach zwei Jahren vergeblicher Suche von diesem Murshid gehört hatte, stornierte er seinen Fahrschein. Der andere hatte Martins Guru getroffen, fühlte sich aber von diesem mehr angezogen. Keiner hatte Zweifel.

Es waren einige Tage, bevor ich die Einweihung erhielt. Während dieser Zeit war ich einmal allein im Hotel, als zwei unserer Nachbarn zu mir herüberkamen, um mit mir zu sprechen. Sie waren Kaufleute und etwa in meinem Alter. Nachdem wir über die reine Lehre der Nichtzweiheit gesprochen hatten (die so viele indische Muslime mit der Sufi-Lehre eingesaugt haben und so klar wie die Hindus verstehen), wiesen sie mich taktvoll darauf hin, dass ich in meiner Wahl eines Murshid nicht sehr weise gewesen sei, und zeigten mir ein Pamphlet in Englisch von ihrem eigenen Guru. Ich war davon nicht beeindruckt und mochte nicht, wie er seinen Namen so transkribierte, dass er englisch klang. Ich mochte auch nicht, wie sie mich zu einem Guru bekehren wollten. Ich erkannte, dass Rivalität die Grundlage ihrer Warnung war, und ignorierte sie. Ich wollte an meinen Murshid glauben, so wie ich einst in Oxford glauben wollte, dass ich ein tragisch Liebender sei. Einfachheit und Ernsthaftigkeit sind selten natürliche Eigenschaften. Man muss sie erwerben.

Ich wurde nicht nur in einen Sufi-Orden initiiert, sondern in eine Gruppe der großen indischen muslimischen Orden, die mein Murshid alle vertrat. Die spirituelle Übung, die mir gegeben wurde, war von solcher Art, wie sie nur in der Einweihung enthüllt wird. Doch darunter war eine Meditation, über die ich sprechen darf und möchte. Im Koran gibt es den Vers: „Er ist jetzt wie Er war." Ich sollte darüber meditieren. Wenn es allein Gott gibt und wenn Er bleibt, was Er war, völlig unverändert, wenn die Schöpfung der Welt und alles, was sie beinhaltet, Ihn in keiner Weise beschränkt und Ihn nicht im Geringsten berührt, dann ist alles, was sich von Gott unterscheidet, eine Erscheinung, der keine Wirklichkeit innewohnt. Er allein ist das Wirkliche. Deshalb kann das, was meine Essenz oder Wirklichkeit ist, nichts anderes als Gott sein. Ich kann nicht sagen: „Ich bin Gott", aber ich kann sagen: „Ich bin nichts anderes als Gott." Darin besteht ein großer Unterschied, denn ersteres kann das Ego vergöttlichen, das Individuelle in mir, während letzteres seine Existenz verneint. Wenn alles illusorische Anders-als-Gott verleugnet wird, was bleibt dann übrig? Nur Gott, der jetzt ist wie Er war.

Das ist ein gutes Beispiel dafür, wie die Sufi-Heiligen die höchste Bedeutung in den Koran und in die Sprüche der Propheten hineinlesen. Es gab westliche Gelehrte, die das kritisiert und darauf hingewiesen haben, dass die Texte keine solche Bedeutung haben. Das ist absurd. Es will schon etwas heißen, wenn Männer, deren Leben der Suche nach der Wahrheit gilt und von denen einige die Wahrheit erlangt haben, die die Vernunft überschreitet, ihre Arbeit auf eine Grundlage von Irrtum oder Falschheit gebaut haben sollen

und dass der Gründer einer der größten Weltreligionen nicht über die allgemeinverständliche Mauer gesehen und die Botschaft tiefer verstanden haben soll. Das ist Unwissenheit, die die Erkenntnis kritisiert. Die Leute, die die universale Wahrheit nicht begreifen, auch nicht theoretisch, sondern den Sufismus als ein rein philosophisches Gedankengebilde verstehen, können diese Sichtweise akzeptieren, aber nicht jene, die verstanden haben, dass die Wahrheit eine einzige, universelle Wahrheit ist.

Warum wird dann die Wahrheit der Nichtzweiheit im Islam nicht direkt gelehrt wie in vielen hinduistischen und buddhistischen Schriften? Warum sollte es nötig sein, sie in versteckten und symbolischen Sätzen zu suchen? Eine Religion muss von allen Menschen angenommen werden, nicht nur von der spirituellen Minorität, und die jeweilige Adaptionsform benötigt Unterschiede je nach Zeitalter und Gemeinschaft. Die verschiedenen religiösen Traditionen lehren, dass es den Prozess einer Minderung der Spiritualität in der Menschheitsgeschichte gibt. Deshalb ist die jüngste Religion die strengste und allgemeinverständlichste, um die Massen zu halten, was bedeutet, dass ihre höhere Bedeutung in meist kryptischen und symbolischen Formen verborgen ist. Das ist beim Islam der Fall.

Aber wie passt der Glaube an die Existenz des Sufismus vom Beginn des Islam an, ja als seine Essenz, mit dem Beweis der Historiker und Philosophen zusammen, die glauben, er habe sich allmählich entwickelt und sei vom Neo-Platonismus beeinflusst? Es besteht kein Zweifel darüber, dass der Neo-Platonismus einen gewaltigen Einfluss auf die Ausformulierung der sufistischen Philosophie ausübte. Die modernen Philosophen können deshalb nicht anders, als die sufistische Philosophie als ein Abkömmling des Neo-Platonismus zu betrachten, wenn sie einmal den grundlegenden Fehler begangen haben, ihn als Philosophie zu sehen. Natürlich ist er das nicht. Er ist ein Weg, was etwas ganz anderes ist. Einige derer, die lehren oder einem Weg folgen, legen ihn gern philosophisch aus. Aber das ist nicht notwendig. Eine Philosophie zu studieren ist eine ganz andere Art von Handeln als einem Weg zu folgen. Jene Philosophen, die heute die neoplatonische oder sufistische Philosophie studieren, sind keine Sufis und werden auch nicht darin unterrichtet, Sufis zu werden, da sie keinem Sufi-Weg folgen, während von mir, als ich diesen Weg beschritt, nicht erwartet wurde, die neo-platonische oder eine andere Philosophie zu studieren. Kein Schüler des Sufismus muss das. Es wird ein grundlegendes Verständnis der Theorie der Nicht-Zweiheit erwartet, aber das ist einfach. Danach ist Praxis, nicht Theorie nötig.

Selbst wenn die Philosophen ihre Theorien nie formuliert hätten und es keine anderen Texte, Bücher und Theorien gäbe, wäre das Grundverständnis völlig im Shadada enthalten: „Es gibt keinen Gott (god) außer Gott (God)." In der islamischen Tradition wurde das mit vollem Verständnis als eine Waffe benutzt, um den „heiligen Krieg" von Anfang an zu führen. Es ist dasselbe wie der gewaltige Satz aus der Bhagavad Gita: „Es gibt keine Existenz des Unwirklichen und keine Nichtexistenz des Wirklichen." Ob nun Philosophen darüber Bücher schreiben oder nicht, ob sie mit Platon übereinstimmen oder nicht, betrifft den spirituellen Wanderer nicht, dessen Aufgabe nicht darin besteht, darüber zu theoretisieren, sondern es zu benutzen.

Ich war noch nicht lange aus Bangkok zurückgekehrt, als ich von Martin einen Brief bekam, in dem er schrieb, dass sein Guru die Fotos von meinem Murshid gesehen und einige seiner Briefe gelesen hatte. Sie hätten ihm nicht gefallen, und er hielte ihn nicht für einen verwirklichten Mann. Meine Frau hatte sich bereits zuvor dieselbe Meinung gebildet, sobald sie meinen Bericht von dem Guru gehört und sein Bild gesehen hatte. Damit begann ein allgemeiner Briefwechsel unter den Betroffenen, der manchmal erbittert geführt wurde. Mein Murshid offenbarte ein Talent für Beleidigungen, die mich beschämten.

Zwei weitere Mitglieder unserer ursprünglichen Guénon-Gruppe konnten trotz des Krieges nach Indien reisen. Sie trafen ihn und waren nicht von ihm beeindruckt. Martin schrieb, indem er mich an Guénons Lehre erinnerte, dass es zwei Arten von initiatischen Organisationen gibt: die, in der der Guru nur horizontale Authentizität besitzt, das heißt er verfügt über eine gültige Ernennung in einer ungebrochenen Linie von Gurus, und die, in der der Guru auch über die vertikale Authentizität verfügt, d.h. die direkte Verbindung mit der göttlichen Quelle der Einweihung durch Verwirklichung. Die Einweihung beim erstgenannten Guru könne zwar eine gewisse Gnade gewähren, aber nicht zur Verwirklichung führen, da dafür ein verwirklichter Guru nötig sei. Das machte auf mich einen tiefen Eindruck, denn ich war niemals und zu keiner Zeit bereit, das Streben nach dem höchsten Ziel preiszugeben. Ich hielt eine Zeit lang durch, teils aus Loyalität für meinen Murshid, aber hauptsächlich, weil ich nicht zugeben wollte, dass ich mich geirrt hatte. Schließlich gab ich auf, da ich von meinem Fehler überzeugt war.

Jahre später erkannte ich, wie sinnlos der ganze Streit gewesen war, als ich endlich die Bedeutung des Begriffs „verwirklichter Mensch" verstand und feststellte, dass Martins Guru (den ich nie getroffen hatte) erklärte, dass der Guru nicht verwirklicht zu sein brauche, während Martin neuen Aspiranten sagte, dass es keine Hoffnung auf Verwirklichung in diesem Leben gäbe. Dies ist kein reiner Pessimismus, sondern ein Absinken auf die exoterische Ebene. Es bedeutet ein Fehlen des grundlegenden Verständnisses von Nicht-Zweiheit, die für die Ergründung nötig ist, und ist deshalb auf der spirituellen Ebene ein Fehler. Es ist ein Hindernis für die Verwirklichung, da es dem Unwirklichen eine vorübergehende Wirklichkeit verleiht, indem man fragt, wann und ob es zu existieren aufhören kann. Wenn man vergisst, dass „es keine Existenz des Unwirklichen und keine Nicht-Existenz des Wirklichen" gibt, verfällt man dem exoterischen Trugschluss, dass das Unwirkliche existiert, das bei irgendeiner künftigen Gelegenheit vom Wirklichen ersetzt wird. Um es einfach zu sagen: Wenn du sagst, dass du die Verwirklichung in diesem Leben nicht erlangen kannst, behauptest du, was du verneinen solltest – nämlich die Existenz eines Ichs, das sie erlangen kann oder auch nicht – wodurch die Tür zur Verwirklichung geschlossen wird. Die Frage, ob du sie erlangen kannst oder nicht, sollte nicht auftauchen. Sie sollte durch die wahre Frage: Wer ist es, der sie erlangen will? vernichtet werden.

Ich habe das alles damals nicht klar verstanden, war aber entschlossen, nicht auf einem Weg zu bleiben, der nicht ans Ziel führt. Hatte ich irgendeinen Nutzen von der Einweihung, die ich so ungeduldig und schnell erhalten wollte, und all den Übungen, die ich ausführte? Solch eine Frage ist nicht immer leicht zu beantworten. Ein Mann ist krank. Er nimmt Medizin, und es geht im besser, aber ist das so wegen der Medizin oder trotz ihr oder unabhängig von ihr? Es scheint eine zunehmende Tiefe und ein zunehmendes Feingefühl des Verstehens nach der ersten Einweihung zu geben und einen spirituellen Elan nach der zweiten. Man kann sagen, dass mir meine Entschlossenheit und mein Enthusiasmus nützten, die mich zur Suche veranlassten.

Was meinen Murshid betraf, war ich ihm nie aus ganzem Herzen ergeben gewesen. Das machte es mir vielleicht verhältnismäßig leicht, ihn zu verlassen. Andere hatten weniger Glück, da sie an Gurus hingen, die nicht nur unvollkommen waren und denen die Selbstverwirklichung fehlte (darin liegt kein Unheil, solange sie ihre Begrenztheit erkennen), sondern falsch und verblendet. Sie waren irregeführt und führten andere in die Irre. Es ist ein Zeichen der Zeit – der Zeit falscher Christusse und Propheten, vor denen Jesus seine Nachfolger gewarnt hat. Manche sind sehr bekannt und publizieren, andere fast unbekannt. Sie erheben für sich selbst die höchsten Ansprüche oder erlaubten ihren Schülern, das zu tun: Dieser ist Christus, der wiedergekommen ist, dieser ist der fleischgewordene Gott. Wie weit sie selbst verblendet sind und bewusst andere in die Irre führen, ist gewöhnlich schwer zu sagen. Ein Mensch kann jahrelang in Einsamkeit verbringen, Yogaübungen machen, woraus verschiedene Kräfte entstehen können, sowohl innere Kräfte wie Visionen und das Hören von Stimmen als auch nach außen gerichtete Kräfte wie Telepathie und Hypnose. Dann ist das Ego, das vergessen hat, dass es sich selbst opfern muss, das höchste Ziel des Prozesses. Es wird stolz darauf, was es erlangt hat, und hält es für die Verwirklichung. In manchen Fällen wird dieses Vermögen, das während der Übung angesammelt wurde, allmählich aufgebraucht wie bei einem überzogenen Bankkonto, und dem Guru bleibt sein früheres Ansehen erhalten, wenn überhaupt. Aber in anderen Fällen bleibt es bestehen oder wächst sogar noch mit dem Ego. Für ein wachsendes Ego gibt es keine geeignetere Nahrung als die Bewunderung der Schüler. Der Sucher muss sehr vorsichtig sein, nicht nur den Guru zu beurteilen, sondern auch die Reinheit seiner eigenen Motive, denn jedes unreine Motiv kann sich nach außen in einem unvollkommenen Führer zeigen. Und dann wird er nicht in größere Reinheit geführt, sondern auch von den Fehlern des Führers angesteckt und wird in einen schlimmeren Zustand treiben als zuvor. Denn die Eigenschaften des Egos sind durch den psychischen Kontakt so ansteckend wie eine körperliche Krankheit durch den körperlichen Kontakt.

Einige Zeit nach meinem Aufenthalt in Bangkok hörte ich zu lesen auf. Seit ich Guénon entdeckt hatte, habe ich heißhungrig gelesen, aber es kam die Zeit, als ich fühlte: „Ich kenne jetzt die Theorie. Ich brauche Praxis." Es war nicht nur eine Möglichkeit, sondern etwas Tieferes. Ich fühlte eine Aversion gegen Bücher, die mich einst so fasziniert hatten. Das war eine gesunde Eingebung. In fast allen Fällen ist zu Beginn ein theoretisches Verständnis nötig. Es muss mehr oder weniger ausführlich sein, je nach Veranlagung des Suchers und der Art des Weges, dem er folgt.

Von Anfang an fühlte ich mich zum direkten Weg hingezogen, den ich in einem späteren Kapitel beschreiben werde. Da er als Jnana Marga oder Weg der Erkenntnis bekannt ist, nehmen einige an, dass er theoretischer ist als andere Wege, aber das Gegenteil ist der Fall. Was mit „Erkenntnis" gemeint ist, ist nicht Gelehrsamkeit, sondern direktes, intuitives Verstehen. Tatsächlich ist es so: Je direkter der Weg ist, desto weniger verlangt er Theorie. Es sind die indirekten Wege wie Hermetik und Tantrismus, die auf einer ausführlichen Theorie beruhen.

In jedem Fall nützen das Lernen und Wiederlernen nichts, welchem Weg man auch immer folgen mag, wenn der Geist einmal überzeugt ist. Es hilft nicht nur nichts, sondern ist auch einer der Wege, auf dem ein Sucher abgelenkt werden kann, indem er sich von seiner spirituellen Anstrengung abkehrt und der leichteren Alternative der geistigen Anstrengung zuwendet. Nicht nur individuelle Sucher, sondern auch Gemeinschaften verschlechtern sich auf diese Weise. Oft werden Nachfolger von ungelehrten Ekstatikern Gelehrte, aber das bedeutet einen spirituellen Verfall. Dies ist eine Art des Verfalls, der in allen Religionen gefunden werden kann – vom Heiligen zum Gelehrten.

Abgesehen davon, dass es eine leichte Alternative zur spirituellen Anstrengung bietet, kann ein übermäßiges Studium schädlich sein, indem es den Stolz über die Gelehrsamkeit züchtet. Ich habe sogar erlebt, dass Menschen lesen, um die Selbstbefriedigung zu genießen, ein besseres Verständnis zu haben als der Autor selbst.

Der Maharshi war sehr gelehrt, aber er war es ungewollt geworden und ohne dass er das Lernen würdigte. Devotees brachten ihm Bücher, die er lesen sollte, um sie ihnen zu erklären, und sein Gedächtnis war so gut, dass er sich alles merken konnte, was er las. Aber er warnte vor der unfruchtbaren Gelehrsamkeit.

„Welchen Nutzen hat die Gelehrsamkeit für jene, die nicht die Buchstaben des Schicksals (von ihrer Stirn) wischen wollen, indem sie fragen: ‚Woher kommt unsere Geburt, die wir die Buchstaben kennen?' Sie sind auf den Stand eines Grammophons gesunken. Was anderes sind sie, oh Arunachala?

Es sind vielmehr jene, die nicht gelehrt sind, die gerettet werden, als jene, deren Ego wegen ihrer Gelehrsamkeit nicht nachgelassen hat. Die Ungebildeten werden aus dem unbarmherzigen Griff der Selbstverliebtheit gerettet. Sie werden vor der Krankheit von einer Myriade umherwirbelnden Gedanken und Worten gerettet. Sie werden davor gerettet, dem geistigen Wohlstand hinterherzurennen. Sie werden von mehr als nur einem Übel bewahrt." (Die Gesammelten Werke von Ramana Maharshi)

Mit den Ungebildeten meint er natürlich jene mit einem einfachen Geist, nicht die Unwissenden, und mit den Gelehrten jene, die es schätzen, Gelerntes anzusammeln, und nicht alle, die es besitzen.

Einige Jahre lang hatte ich kaum ein Buch gelesen. Bücher ohne spirituellen Wert zu lesen – über Reisen, Fiktion, Politik usw. – hätte mich noch mehr von der Suche abgebracht und sie auf die Ebene eines Hobbies, einer Teilzeitaktivität oder einer Aktivität unter vielen anderen degradiert, auf einen

Aspekt im Leben anstatt auf das Ziel und den Zweck des Lebens selbst. Deshalb habe ich überhaupt nichts mehr gelesen. Bedeutet das nun, dass ich fanatisch war? Nicht mehr als ein Mann, der den Everest besteigen will und nicht gleichzeitig Geige übt. Ich war auf eins gerichtet, nicht fanatisch – und doch nicht genug auf eins gerichtet, oder der Fortschritt wäre größer gewesen. Ich hatte im Prinzip nie etwas gegen das Lesen gehabt und habe andere nicht zu überzeugen versucht, nicht zu lesen. Aber ich hatte ein Ziel im Leben und wollte meinen Geist nicht davon ablenken.

Es wird oft die Frage gestellt, warum die Menschen den Everest besteigen und den Nordpol erreichen, in die Tiefe des Meers hinabtauchen und den Mond betreten oder allgemein das fast Unerreichbare erreichen wollen. Warum erleiden sie in ihrem Versuch alle Arten von Not und sehen dem Tod ins Auge? Die wahre Antwort lautet, dass all diese Begierden blinde physikalische Reflexe des menschlichen Verlangens sind, die höchste Suche nach seiner verlorenen Heimat auf sich zu nehmen, die völlige Freiheit und das vollkommene Glück seines wahren Zustands. Das ist das wirkliche Abenteuer, die fast unpassierbare Straße zum unerreichbaren Ziel. Das Mindeste, was der Abenteurer, der wagt, es zu erlangen, tun kann, ist, sich ganz auf sein Unterfangen zu konzentrieren. Es ist kein Müßiggang.

Als ich wieder zu lesen begann, war es auf eine andere Art und aus einem anderen Grund, wie ich später erklären werde.

Anfang 1941 endete mein ursprünglicher Vertrag mit der siamesischen (jetzt thailändischen) Regierung und wurde durch einen dauerhaften Vertrag ersetzt. Zwischen den beiden Verträgen hatte ich das Recht auf einen sechsmonatigen Heimaturlaub. Wäre nicht Krieg gewesen, wären wir vielleicht weit genug in den Westen gegangen, um von Martins Guru eingeweiht zu werden, aber unter diesen Umständen war das unmöglich. Es stellte sich auch als unnötig heraus, da Martin schrieb, dass sein Guru jetzt einen Vertreter in Indien hatte, der in seinem Namen die Einweihung erteilen konnte.

Wir hatten zu dieser Zeit vom Maharshi gehört und einige seiner Schriften und Fotos erhalten, die uns sehr beeindruckten. Doch einer aus unserer ursprünglichen Guénon-Gruppe war in Tiruvannamalai gewesen, um sich zu erkundigen, und hatte berichtet, dass der Maharshi kein Guru sei und keine Einweihung oder spirituelle Führung gäbe. Dieser Bericht war an uns weitergegeben worden, und es schien sich nicht zu lohnen, dorthin zu gehen. Doch darüber später.

Wir reisten jetzt als eine Familie von fünf Mitgliedern. Wir verbrachten einige Zeit in Rawalpindi, wo wir die belebende Luft und den Duft der Pinien genossen, dann gingen wir hinauf nach Murree, einer schönen Bergstation, dann weiter nach Kashmir, um den Vertreter zu treffen. Ich fürchtete mich, ein Hausboot zu mieten, wie die meisten Besucher von Srinagar es taten, weil meine Kinder klein waren und die beiden Ältesten wieselflink. Wir hätten uns ständig Sorgen machen müssen, dass sie ins Wasser fielen. Doch wir hatten das Glück, ein umwuchertes altes Haus mit einem alten Garten, der sich bis zum Seeufer hinzog, zu bekommen. Es waren schöne Ferien. Als wir eintrafen, wucherte wilder Iris am Straßenrand, und es gab köstliche rote Kirschen in den Läden. Während des Sommers folgte eine Frucht- und Blumensorte auf die nächste. Die beiden älteren Kinder waren in einem wunderbaren Alter – Catherine fünf und Adam zwei – nur Frania war noch zu jung, um sich sehr zu interessieren. Catherine war so intelligent, wie sie entzückend war. Fremde blieben stehen und fragten, wer sie sei. Wenn ich versuchte, sie zu vertrösten, indem ich ihr sagte, dass ich ihr etwas erklären würde, wenn sie älter sei, meinte sie: „Gut, Daddy, aber versuch es jetzt. Wenn ich es nicht verstehe, sage ich es dir." Gewöhnlich verstand sie es. Adam genoss noch das Abenteuer zu gehen und zu sprechen.

Diesmal ging es nicht darum, einen spirituellen Meister zu erkennen, weil der Vertreter keinen Anspruch darauf erhob. Es schien jedoch eine spirituelle Kraft übertragen zu werden. Es schien eine Zunahme an Kraft und Macht zu geben, wie es bei der vorherigen Einweihung eine Zunahme an Scharfsinn gegeben hatte.

9. Kummer

Im September 1942 gingen unsere langen schönen Ferien in Kashmir zu
Ende. Wie ging es weiter? Die Japaner hatten bereits Französisch-Indo-
China (wie es damals hieß) besetzt und schlugen einen aggressiven Ton an.
Thailand konnte gut als nächstes an der Reihe sein. Das Konsulat hatte die
britischen Bürger in Thailand gebeten, auf ihren Posten zu bleiben, um noch
einigen Einfluss dort aufrechtzuerhalten, und hatte tatsächlich verlautbaren
lassen, dass sie abgewiesen werden würden, wenn sie Soldat werden wollten. In jedem Fall entsprach das Leben, das ich dort führte, mehr meinem
Wesen und war deshalb meiner Ergründung förderlicher als zu kämpfen. Es
wurde beschlossen, dass ich zurückkehren sollte, während meine Frau mit
den drei Kindern in Indien blieb. Aber wo? Sie war zwischen zwei Welten.
Auch sie war eingeweiht worden, aber sie war nicht ganz von dem Weg
überzeugt, den wir eingeschlagen hatten, und folgte ihm eher um meinetwillen als um ihretwillen.

Als wir einmal in Bangkok waren, sahen wir einen kleinen, hervorragend
gearbeiteten Stein-Buddha. Er hatte seine Beine gekreuzt, und die sieben-
köpfige Schlange (Naga) war über ihn gebeugt, um ihm Schatten zu spen-
den. Es war eine Figur, die eine seltene Gelassenheit ausstrahlte. Der Preis
war sehr hoch, oder er schien für uns hoch zu sein. Also überredete meine
Frau den Ladenbesitzer, sie uns für eine Woche zu leihen, sodass sie sich
von unserem Nachbarn, einem italienischen Professor für Bildhauerei, etwas Ton besorgen und sich an die Arbeit machen konnte. Was sie herstellte,
war weit vom Original entfernt. Trotzdem war es ein beeindruckendes
Stück. Da sie von der Liebe für Skulpturen gefangen war, machte sie als
nächstes eine Büste von mir. Sie war wirklich ausgezeichnet, sodass wir von
ihr einen Bronzeguss machen ließen. Kurz bevor sie Thailand verließ, erhielten wir einige Fotos vom Maharshi und (das ist der Punkt für die Abschweifung) meine Frau verspürte unmittelbar den Impuls, von ihm eine

71

Skulptur zu machen. Vielleicht war das die entscheidende Überlegung, denn sie war immer noch nicht sicher, in wieweit die Suche echt und in wieweit sie nur eine Schauspielerei war.

Einer aus unserer ursprünglichen Guénon-Gruppe besaß ein Haus in Tiruvannamalai, und als er sie einlud, die Zeit unserer Trennung dort zu verbringen, dachte sie sofort an die Skulptur, und es schien die perfekte Lösung zu sein. Selbst gesellschaftlich war es ideal, da die Leute dort weder modern im Sinn von oberflächlich noch traditionell im Sinn von nicht offen waren.

Wir trennten uns am Bahnhof in Lahore. Meine Frau und meine Kinder reisten nach Bombay und in den Süden, ich nach Kalkutta und Thailand. Ich verbrachte meinen 35. Geburtstag auf der Hinreise und meinen 39. Geburtstag auf der Rückreise in Kalkutta, bevor ich meine Frau und meine Kinder wiedersah.

Catherine war die erste, die Bhagavan sah. Sie ging in die Halle, wo er immer saß, ein kleines, schönes Kind mit lockigen, goldenen Haaren, das in den Händen eine Schale mit Obst hielt, die übliche Gabe. Bhagavan zeigte auf den niederen Tisch neben seiner Couch, wo solche Gaben abgestellt wurden, doch sie missverstand es und setzte sich selbst auf den Tisch, wobei sie die Schale im Schoß behielt. Alle lachten. „Sie hat sich selbst als Gabe für Bhagavan dargebracht", sagte jemand.

Einen oder zwei Tage später betrat meine Frau die Halle und setzte sich. Sofort richtete Bhagavan seine strahlenden Augen auf sie und blickte sie so konzentriert an, dass es eine Schwingung gab, die sie tatsächlich hören konnte. Sie erwiderte den Blick und verlor jedes Zeitgefühl. Der Geist war still wie ein Vogel, den eine Schlange gefangen hat, aber froh über die Gefangenschaft. Ein langjähriger Devotee, der es beobachtete, sagte, dass dies die schweigende Einweihung gewesen sei und dass sie etwa fünfzehn Minuten gedauert habe. Gewöhnlich ist sie viel kürzer, eine Minute oder zwei. Sie schrieb mir, dass all ihre Zweifel verschwunden seien und ihre Einwände keine Rolle mehr spielten. Die Idee, eine Skulptur zu machen, hatte sie beiseitegelegt. Sie erschien ihr als vermessen. Sie hatte vollkommenes Vertrauen. Sie wusste jetzt, dass die Lehre stimmte, und nichts weiter zählte. Sie sagte mir, dass das schönste Gesicht neben dem seinen gewöhnlich aussehen würde, obwohl seine Gesichtszüge nicht schön seien. Seine Augen hatten die Unschuld eines kleinen Kindes zusammen mit seiner unergründlichen Weisheit und unermesslichen Liebe.

Catherine steht am Bildrand

Ramana Maharshi mit Adam

Für sie war dies die Zeit der Gnade und des Staunens, wie es die erste Lektüre von Guénon für mich gewesen war, nur viel lebendiger, da sie den lebenden Meister vor sich hatte. Sie spürte beständig seine Kraft und Führung. Während der Jahre unserer Trennung – die meisten der vier Jahre ohne eine Nachricht voneinander – war sie nicht besorgt, obwohl sie dazu neigte. Als ihr Arbeit angeboten wurde, nahm sie sie nicht an, obwohl sie vorausschauend war. Die Zeit, in die Welt hinauszugehen, kam später. Dies war die Zeit, bei Bhagavan zu sein. Als sie sich einmal von ihm verabschieden wollte, um wegen des heißen Wetters die Kinder auf die Berge zu bringen, traf sie ihn allein an, als er von seinem täglichen Spaziergang vom Arunachala zurückkam, und sagte zu ihm: „Bhagavan, ich weiß, alles, was ich zu tun habe, ist, still zu sein, und alles wird gut sein." Er bestätigte das. Seine Augen leuchteten zustimmend. Es ist bekannt, dass er sagt: „Sei nur still, und ich werde den Rest tun." Aber wie schwer ist es, den Geist still zu halten!

Er war in diesen Jahren sehr freundlich zu ihr und zu den Kindern. Sie kamen zu ihm, zeigten ihm ihre Spielsachen und erzählten ihm ihre Geheimnisse. An einem der jährlichen Feste war sein Sofa ringsherum von einer Art Gitter umgeben, um die Menge daran zu hindern, ihm zu nahe zu kommen. Adam kletterte hindurch, um ihm etwas zu sagen. Er lachte und sagte zu seinen Gehilfen: „Da seht ihr, wie nützlich euer Gitter ist!" Normalerweise vermied er es, Menschen zu berühren oder von ihnen berührt zu werden, aber in der kühlen Jahreszeit, wenn meine Frau die Kinder aus den Bergen zurückbrachte, berührte er hin- und wieder Frania, unsere Jüngste. Einmal hob er sie hoch und trug sie. Er war immer sehr freundlich zu ihr.

Meine Frau war auch für die spirituelle Kraft des Arunachala empfänglich. Noch bevor sie wusste, dass es sich um einen heiligen Berg handelte, träumte sie eines Nachts von einem schrecklichen Gewitter, bei dem der Donner über ihr krachte, der Wind uralte Bäume entwurzelte und der Regen auf das Dach prasselte. Das Dach öffnete sich und enthüllte eine majestätische Gestalt, die Personifikation des Arunachala, die sie gebieterisch auf den Berg rief. Fast täglich ging sie dorthin, um die Kraft der Liebe und des Schutzes zu spüren. Einen Großteil ihrer Meditation übte sie auf dem Berg. Als sie eines Abends auf einem sonnengewärmten Felsen lag, hatte sie eine Vision der ganzen Welt mit ihren Städten und Menschen, die beim Einatmen in ihren Mund gezogen wurden.

Adam, Franja und Catherine

Am 8. Dezember 1941 besetzten die Japaner Thailand. Die Thais leisteten kurz symbolischen Widerstand, unterwarfen sich dann und wurden zu ihren Verbündeten. Wie ich später erfuhr, hatten sie zuvor Singapur um Hilfe gebeten. Ihnen war aber gesagt worden, dass sie sich selber helfen müssten. Ich glaube, es war am 7. Dezember, als das Konsulat verlauten ließ, dass wir das Land verlassen sollten. Doch es war bereits zu spät dafür. Die wenigen, die es versuchten, wurden zurückgebracht, bevor sie die Grenze erreichten. Zudem waren die Banken geschlossen, sodass man unmöglich Geld bekommen konnte.

Um die Ausgaben für Arbeitskräfte zum Aufbau einer zivilen Verwaltung und Truppen, um ein besiegtes Land zu beherrschen, zu sparen, beschlossen die Japaner, dass Thailand ein Verbündeter mit eigener Regierung sein sollte. Ihre Truppen waren sehr diszipliniert und verübten keine Gräueltaten wie in China und Malaysia. Ich nahm mir eine Fahrrad-Rikscha und fuhr an die Universität, aber überall waren japanische Offiziere und Truppen. Auf dem Universitätsgelände sah ich Offiziere, die in den Kanälen (Klongs) fischten, die sich entlang der Straßen Bangkoks erstreckten. Ich konnte meine Arbeit nicht aufnehmen. Also ging ich nach Hause. Nach ein oder zwei Tagen wurden die Europäer unter Hausarrest gestellt. Mit der Zeit wurden sie zusammengetrieben und in ein Internierungslager gebracht. Ich war erst am 11. Januar an der Reihe und einer der letzten. Mein Sold war nicht gezahlt worden, und ich konnte nicht hinausgehen um einen Scheck einzulösen.

Da die Kommunikationswege noch offen waren, hatte ich von meiner Frau einen Brief bekommen, in dem sie mir schrieb, dass Catherine und Adam zu Bhagavan gegangen waren und ihn gebeten hatten, mich sicher zurückzubringen. Er hatte gelächelt und genickt. Von da an habe ich nie daran gezweifelt, dass ich überleben würde. Ich hatte auch von Catherine einen Brief erhalten, einen der bewegendsten, die ich jemals bekommen habe: „Daddy, du wirst Bhagavan lieben. Wenn er lächelt, muss jeder glücklich sein."

Wir wurden in den Universitätsgebäuden der Politikwissenschaft und Sittenlehre untergebracht (nicht in jenem, in dem ich unterrichtet hatte). Es gab einige lange Gebäude am Flussufer, ein Feld, das groß genug war, um darauf Basketball zu spielen, und einen Schotterweg durch den ganzen Campus. Einige Gebäude waren in Zellen aufgeteilt, in denen verheiratete Paare und einige andere Begünstigte wenigstens einen Sichtschutz genossen, obwohl jeder Ton zu hören war. Die meisten von uns hatten ein Bett in gemeinsamen Schlafsälen mit ein wenig Platz auf dem Boden, den wir mit unserem Besitz so gut wie möglich absperrten. Dahinter gab es einen langen Schuppen, wo wir Öfen aufstellten und ein bisschen für uns kochten, obwohl unsere regulären Mahlzeiten gebracht wurden. Es gab auch einen kleinen Laden, in dem man verschiedene Artikel aus der Stadt kaufen oder bestellen konnte. Nach einiger Zeit wurden durch das Schweizer Konsulat Bargeldzuschüsse gewährt. Wir durften ein Komitee und einen Präsidenten für die inneren Angelegenheiten des Camps wählen. Zuerst waren wir völlig überbelegt, aber nach einiger Zeit wurden die Amerikaner, Holländer und einige andere verlegt, und wir waren zuletzt nicht mehr als hundert.

Die Thailänder waren sich immer bewusst, dass unsere Seite den Krieg gewinnen konnte. Deshalb übergaben sie unser Camp nicht den Japanern, und so gab es keine Gräueltaten. In der Tat war eines der Hauptübel die Langeweile. Jeder, der etwas wusste, was die anderen nicht wussten, begann zu unterrichten. Bücher machten die Runde. Amateur-Gärtner bepflanzten die Flächen um die verschiedenen Gebäude und legten Ziergärten an. Gegen Ende zu, als der Sieg und die Evakuierung abzusehen waren, wurde mein Garten für mich zu einem hervorragenden Symbol für das Leben in der Welt. Ich pflegte ihn täglich und wollte ihn vollkommen machen, während ich mich gleichzeitig darauf vorbereitete, ihn im nächsten Moment zu verlassen.

Wir wussten, dass der Sieg nahte, weil eine kleine Gruppe Internierter es riskiert hatte, ein Funkgerät hereinzuschmuggeln, und geschickt genug war, es nicht nur vor den Lagerkommandanten, sondern auch vor den übrigen Internierten zu verstecken, was leider eine nötige Vorsichtsmaßnahme war. Sie ließen die Neuigkeiten so geschickt durchsickern, dass wir nie wussten, woher sie kamen, nur dass sie zuverlässig waren.

Gelegentlich machten die Japaner eine Inspektion, aber der Thai-Kommandant warnte uns immer im Voraus, und alles, was Probleme verursachen oder als zu wenig streng gelten konnte, wurde versteckt oder aus dem Camp gebracht. Bald liebten die Thais die Japaner so wenig wie wir. Obwohl es zu wenig Gewalttaten kam, war ihre Arroganz unerträglich.

Die Thailänder hatten die glänzende Idee, ihr einziges U-Boot zu schützen, indem sie es neben unserem Lager verankerten. Uns gegenüber, am Ufer des Flusses, befanden sich Verschiebebahnhöfe mit Vorräten von Reis, Kautschuk und verschiedenen anderen Waren, und man hoffte, dass unsere Anwesenheit auch diese schützen würde, aber das hat nicht funktioniert.

Thailand sah sich gezwungen, Großbritannien und Amerika den Krieg zu erklären, und es wurde großspurig verkündet, die alliierten Stützpunkte seien zu weit zurückgedrängt worden, um Bangkok bombardieren zu können. Eine Zeit lang war das auch so, doch dann wendete sich das Blatt, und Flotten amerikanischer Flugzeuge kamen zunächst nachts und dann auch tagsüber, wenn die japanischen Jäger sich nicht mehr getrauten, bei einem Angriff aufzusteigen.

Ob das SEATO-Hauptquartier von unserem Lager wusste oder nicht, sie wussten auf jeden Fall von dem U-Boot und den Verschiebebahnhöfen. Einige Male kamen sie herüber und setzten das gesamte gegenüberliegende Ufer mit Brandbomben in Flammen. Das U-Boot wurde nicht getroffen, aber nach ein oder zwei Beinahe-Treffern suchte es anderswo Schutz. Nach der Bombardierung des gegenüberliegenden Ufers sausten die riesigen Jagdbomber über unser Lager hinweg, so tief, dass sie die Dächer abzudecken schienen, wobei ihr unterer Teil von den reflektierten Flammen rot glühte. Mehrere Male, als der Rauch den Fluss bedeckte, fielen auch auf unserer Seite Bomben. Wir hörten ihren tiefen, schweren Aufprall um uns herum. Tagsüber sahen wir, wie sie die Flugzeuge verließen und herabstürzten – immer auf einer bestimmten Geschossbahn. Zweimal fielen Bomben auf das Lagergelände, aber ich war nicht der Einzige, der das Risiko von Bomben dem von Schlangen und Skorpionen vorzog. Es gab viele, die nie unter der Erde Schutz suchten. Die leichten, modernen Gebäude mit ihren vielen Türen und Fenstern hielten den Explosionen besser stand als solidere Konstruktionen es hätten tun können.

Weder habe ich Unterricht gegeben noch an einer der zahlreichen Klassen teilgenommen, aber es war im Lager, als ich Astrologie lernte. Leslie, einer der Internierten, war lebenslang süchtig danach und brachte einen ganzen Koffer mit Büchern von Alan Leo, Carter und anderen mit, wobei auch ein gutes Buch über das fortgeschrittene Horoskop dabei war wie auch gebundene Zeitschriften. Ich unterbrach meine Nicht-Lese-Zeit und ging sie regelmäßig durch, studierte sie und machte mir Notizen. Dazu benötigte ich einige Monate, nach denen ich wieder zu meinem Nicht-lesen zurückkehrte. Es zirkulierten Bücher im Lager, aber ich lieh mir keines aus und las auch keines.

Leslies Interesse war hauptsächlich theoretischer Natur. Er hatte äußerst selten versucht, das Horoskop anzuwenden. Ich wollte es natürlich anwenden, und unter meinem Einfluss begann auch er damit. Wir erstellten im Lager für jeden ein Horoskop, der eines wollte, und einige Internierte, die mit dem Ergebnis zufrieden waren, baten auch um eines für ihre Frauen, Kinder oder andere von außerhalb.

Viele Leute lehnen die Astrologie auf dieselbe doktrinäre Weise ab wie Guénon den Buddhismus ablehnte. Wenn sie mehrere Seiten der Analyse einer Person, die der Astrologe nicht kennt, mit ihrem Charakter, ihrer Begabung und den Grundzügen ihres Schicksals lesen würden, dann würden sie einsehen, dass es sich nicht nur um Spekulationen handelt, wie auch Guénon, hätte er die buddhistischen Texte studiert, eingesehen hätte, dass sie nicht zufällig die wahre Lehre enthielten. Aber sie sind nicht bereit, Beweise in Betracht zu ziehen, so überzeugt sind sie von vornherein, dass die Bewegungen der Planeten im Himmel nicht das Leben der Menschen auf Erden beeinflussen können. Es wäre in der Tat eine ziemlich primitive Definition von Astrologie, würde man sagen, dass sie es können. Die wahre Interpretation ist viel breiter und tiefgründiger, nämlich dass das ganze

Universum eine gewaltige Harmonie darstellt, dass dieselben Kräfte im Makrokosmos und im Mikrokosmos, im Kosmos und im Individuum wirken, dass die Neigungen eines Menschen und die Vorfälle in seinem Leben demselben Rhythmus folgen wie die Bewegungen der Planeten am Himmel, dass, obwohl die Komplexität einen Mathematiker zum Taumeln bringen würde, kein Individuum geboren werden kann, außer in dem Augenblick, wenn die Himmelskörper so stehen, dass sie sein Wesen und sein Schicksal reflektieren.

Es ist ein typisches Missverständnis, das einige Leute im Lager damit argumentieren ließ, dass der Charakter eines Menschen nicht von der Positionen der Sterne bei seiner Geburt abhängen, sondern von seiner Abstammung. Es wird nicht gesagt, dass die Stellung der Sterne den Charakter eines Menschen bildet, sondern ihn anzeigt. Die Abstammung ist eine der Einflüsse, die sie anzeigt. Es kommt oft vor, dass mehrere Familienmitglieder zur selben Tageszeit geboren wurden oder etwa zur gleichen Zeit Geburtstag haben. Beides sind Familienähnlichkeiten, die in einem Horoskop gezeigt werden können, wenn auch nicht die einzigen.

Leslie und ich hatten einen interessanten Fall von Familienähnlichkeit in den Horoskopen. Im Lager gab es zwei Brüder in mittleren Jahren, deren Familien evakuiert worden waren, als noch Zeit dafür war. Der eine bat mich, sein Horoskop zu erstellen, und der andere Leslie. Zufrieden mit seinem Horoskop bat mich der Bruder, für den ich es getan hatte, auch das Horoskop seines zehnjährigen Sohnes zu erstellen, den ich nie gesehen hatte. Ich war darüber verwundert, dass das Horoskop des Jungen keine Ähnlichkeit mit dem seinen aufwies, obwohl ich es ihm nicht sagte. Einige Tage später sah ich, wie Leslie an einem Horoskop arbeitete. Mich wunderte, dass es eine deutliche Familienähnlichkeit zu dem Jungen zeigte. Fasziniert fragte ich ihn, von wem es sei, und er sagte, es sei das der Tochter des anderen Bruders und zeige keine Ähnlichkeit mit dem ihres Vaters. Ich muss dazu noch sagen, dass die beiden Brüder sich ziemlich ähnlich waren. Ich ging zu ihnen und erzählte ihnen, dass ihre beiden Kinder eine starke Familienähnlichkeit besaßen, aber nicht nach ihnen gerieten. „Ja", sagten sie. „Beide geraten nach unserer Mutter, aber wir nicht."

Wenn ich sagte, dass Leslie sich früher hauptsächlich auf die Theorie beschränkte, meine ich damit die Theorie der angewandten Astrologie, aber es gibt auch noch eine tiefgreifendere Theorie, die göttliche oder spirituelle Kosmologie, die in den Symbolen der Sterne geschrieben steht. Jupiter und Saturn sind z.B. die Zwillings-Kräfte der Ausdehnung und Zusammenziehung – Schöpfung und Niedergang des Universums, Tag und Nacht Gottes, Aus- und Einatmen von Brahma. Im menschlichen Leben können sie sich als Wohlstand und Armut, Schwäche und Disziplin, in einer Karikatur als Sir Toby Belch und Malvolio zeigen, und auf der Suche sind sie die komplementären Prozesse der Ausdehnung und des Zusammenziehens, worauf ich mich in einem früheren Kapitel bereits bezogen habe. Ich erarbeitete diese grundlegende Theorie teils aus meinen Studien und teils aus meinem früheren Wissen über die spirituelle Kosmologie und schrieb darüber ein Buch, dem ich den Titel *The Cosmology of the Stars* gab.

Nachdem ich das Lager verlassen hatte und zu Bhagavan gekommen war, gab ich die Astrologie auf. Es tat mir nicht leid, dass ich sie gelernt hatte, aber die kosmologische Theorie ist auf dem direkten Pfad, dem ich nun folgte, unnötig, und es gab keinen Grund, meinen Geist damit zu beschäftigen. Es kann natürlich nicht nur unnötig, sondern auch schädlich sein, wenn man sich zu sehr damit befasst. Ich habe mehr als einen Hindu gekannt (die Hindu-Astrologie befasst sich mehr mit Voraussagen als die westliche Astrologie heutzutage), die sie aufgegeben haben, weil sie zu genau war. Das Vorauswissen von Unglücken, die Personen betrifft, die sie konsultiert haben, war für sie so peinigend, dass es ihren Geistesfrieden zerstörte.

Um zur angewandten Astrologie zurückzukommen: Ich habe nichts gegen Uranus. Er kann tatsächlich ein sehr wichtiger Teil in einem Horoskop sein. Aber es heißt, dass er dafür verantwortlich ist, sogar eine intelligente Person gelegentlich in unvorhersehbare dumme Handlungen zu ziehen, wenn er mit dem Mond in Verbindung steht. Zwei von ihnen habe ich bereits beschrieben. Meine erste dumme Handlung, mein Wegwerfen der Chance auf eine Karriere in Oxford, brachte eine grundlegende Weisheit zutage. Sie war nicht dumm an sich, sondern nur die Art, wie sie ausgeführt wurde. Die zweite dumme Handlung war mein Bekenntnis zum Islam, was sowohl in sich selbst als auch in der Weise, wie sie erfolgte, dumm gewesen war. Trotzdem lag sogar dem Gnade zugrunde, und wenn es auch zu dieser Zeit unnötig gewesen war, sollte es bald nötig werden entsprechend dem Kodex, nach dem ich lebte. Während der Zeit meiner Gefangenschaft siegte Uranus zum dritten Mal, diesmal mit einer Tat völliger Dummheit ohne eine Spur von Weisheit.

Als ich ins Lager kam, trug ich einen Turban, ein langes Gewand und eine Kette mit Gebetsperlen um den Hals. Es war kein Exhibitionismus. Ich ging einfach davon aus, dass die Lagerhaft nicht länger als drei Monate dauern würde, und beschloss, meine Zeit völlig dem Gebet, der Meditation, den Anrufungen und der Lektüre des arabischen Koran zu widmen und mich völlig von der profanen Menge im Lager abzusetzen. Ich kleidete mich so, um meine Entscheidung auszudrücken. Auch bin ich ein zurückhaltender Mensch und bleibe am liebsten unauffällig. Doch die Lagerhaft dauerte drei- einhalb Jahre. Ich zog bald wieder meine normale Kleidung an, mischte mich zum ersten Mal in meinem Leben unter die gewöhnlichen, bescheide- nen Leute und fand heraus, dass ich sie mochte. Das war eine nötige Phase in meiner Entwicklung, in der ich gut machte, was ich in Oxford versäumt hatte. Meine Weigerung, mich unter die Leute zu mischen, war nur teils aus einem enttäuschten Idealismus geschehen. Teilweise war es auch eine Mi- schung aus Schüchternheit und Arroganz.

Etwas, was mich am meisten betroffen machte, war ihre Offenheit. Ich be- ziehe mich nicht nur darauf, dass sie mich akzeptierten, sobald ich bereit war, akzeptiert zu werden (wenn man das auch als Edelmut bezeichnen kann). Während der ganzen Lagerjahre geschah es öfter, dass sich die eine oder andere Person unbeliebt machte, und jedes Mal, wenn die Ursache be- seitigt worden war, nahm das ganze Lager sie wieder in ihren Reihen auf. Natürlich gab es Streit. Es war eine sehr durchschnittliche Gemeinschaft, und ich möchte sie nicht als ideal erscheinen lassen. Einige Frauen ver- schafften sich einen Vorteil, weil sie in der Minderheit waren. Es gab auch Spannungen zwischen den Lager-Politikern, die ins Komitee gewählt wur- den und Dinge bewegen wollten, aber im Allgemeinen herrschte im Lager ein guter Geist.

Etwas anderes, was mir zu schaffen machte, war die vorherrschende Unzu- friedenheit mit dem Leben – ich meine nicht die Umstände im Lager, son- dern mit dem Leben selbst, wie es gewesen war, bevor es zum Krieg kam. Diese Leute waren keine Außenseiter oder erfolglos. Die meisten von ihnen waren zumindest durchschnittlich erfolgreich, hatten einen guten Job, eine Frau, Familie, einen besseren Verdienst als zuhause in England, bequeme

Häuser und Diener und ein erfülltes soziales Leben. Aber es war überraschend, wie viele mir anvertrauten, dass das Leben für sie keine Bedeutung hatte und dass sie zuvor viel getrunken hatten, um zu vergessen und nicht denken zu müssen.

Es ist die Unzufriedenheit mit dem Falschen, das einen Menschen die Wahrheit suchen lässt. Als Bhagavan gefragt wurde, warum man Selbstverwirklichung suchen sollte, antwortete er: „Wer bittet dich darum? Wenn du mit deinem gegenwärtigen Leben zufrieden bist, dann bleib, wie du bist. Aber viele Leute werden unzufrieden. Wenn du das Selbst verwirklichst, vergeht deine Unzufriedenheit."

Es gab auch konkretere Anzeichen der Unzufriedenheit – drei zerbrochene Ehen, vier Fälle von Wahnsinn und ein Suizid. Ein sehr kontaktfreudiger, gutmütiger Mann, ein völlig Extrovertierter würde man sagen, lieh sich Paul Bruntons Buch *A Search in Secret India* von mir, um über den Maharshi zu lesen. Als er es mir zurückgab, sagte er: „Ja, gut, wenn man so etwas wie über Ramana Maharshi liest, macht man entweder nichts damit – oder aber …" Es sah nicht danach aus, dass er irgendetwas damit anfangen würde. Deshalb sagte ich nichts weiter zu ihm und er nicht zu mir. Aber bald nachdem das Lager am Ende des Krieges aufgelöst worden war, hörte ich, dass er sich umgebracht hatte.

Das stärkste Anzeichen von Unzufriedenheit war, dass sieben Internierte sich mit mir zusammentaten und ihr Leben der Suche widmeten, abgesehen von einigen Halbherzigen, die zwar damit sympathisierten, ohne sich aber dem Wagnis zu stellen.

Doch bevor das geschah, ging ich durch eine lange Strecke von Trockenheit und Trübsal, eine dunkle Nacht der Seele, in der ich den Geschmack von Tränen kannte, wenn ich auch nicht weinte. Es schien mir nicht länger, dass ich einer Suche nachging, sondern dass sich ein großer, unpersönlicher Prozess vollzog, der das Lebewesen in Form hämmerte, und das ohne ein Betäubungsmittel. Leiden schien die Essenz des Lebens zu sein und „Leid-Tragender" die Definition des Menschen. Ich war versucht zu verzagen und Gott für einen Tyrannen zu halten, der Seine Geschöpfe quält. Es schien kein Licht, keine Gnade, keine Hoffnung auf Fortschritt zu geben, und doch zurückzugehen und die Suche aufzugeben, war noch unmöglicher. In der Tat kam mir dieser Gedanke nie. Ich klammerte mich verbissen daran und litt. Meine äußeren Lebensbedingungen stimmten gut mit meiner inneren Not überein, verursachten sie aber genauso wenig wie die äußeren Umstände die unaussprechliche Seligkeit verursachen, wenn die Gnade das Herz überschwemmt. Auch bevor ich das Lager verließ, kannte ich Phasen von Gnade, wenn auch nicht in ihrer Fülle. Es gab viel in mir, das ausgebrannt werden musste, und diese Phase grausamen Schmerzes war dem Ausbrennen geschuldet. Selbst zu dieser Zeit wusste ich das, aber trotzdem mochte ich es nicht.

Ich missionierte nicht. Die Liebe zum Argument war eines der Dinge, die mir ausgebrannt worden waren. Ich zog es vor, es so gut wie möglich zu vermeiden. Ich tue das immer noch. Einige kamen von sich aus, andere überzeugten einander. Das war natürlich Missionierung, obwohl ich es nicht selbst tat. Missionierung kann nicht immer verdammt werden, obwohl es besser ist, damit zurückhaltend zu sein. Das spirituelle Verstehen gibt dem Menschen eine Verpflichtung, und wenn er nicht die Ausdauer und Integrität besitzt, sie auf sich zu nehmen, ist er mehr zu tadeln als zuvor. Das meint Jesus damit, wenn er sagt, dass es keine Sünde ist, in der Dunkelheit zu sein, solange es kein Licht gibt, wohl aber, wenn man sich an der Dunkelheit festhält, wenn Licht da ist. Deshalb tut der rücksichtslose Missionar denen keinen Gefallen, die er bekehren will. Deshalb haben Eingeweihte normalerweise ihre Lehre geheim gehalten. Deshalb hat Jesus davor gewarnt, die Perlen vor die Schweine zu werfen. Im Übrigen ist das ein Ausspruch Jesu, der nicht auf jene zutrifft, die das Christentum zu einer äußeren Hülle reduziert haben. Was sind die Perlen, und wer sind die Schweine? Und was gab es, dessen Enthüllung sie fürchten sollten? Sie verkünden endlos jedem, der zuhört, was sie wissen. Wen wundert es andererseits, wenn jene, die die Perlen der Weisheit suchen und denen nur die äußere Schale gegeben wird, die Religion, in der sie unterwiesen werden, für unbefriedigend halten?

Louis Hartz war einer von denen, die zu mir kamen, ein sehr auffälliger junger Mann aus Holland, der aus irgendeinem Grund nicht mit den anderen Holländern evakuiert worden war. Er war klein, mit schwarzen Haaren und lebhaften Augen und war offensichtlich auf der Suche. Mehrmals versuchte er sich mir mit langen Diskussionen anzuschließen, ging dann aber ohne Überzeugung weg. Dann sah ich, wie er mit einem älteren Herrn, der Schulleiter oder Collegeleiter gewesen war, im Lager auf- und abging, und hörte einen Gesprächsfetzen, als sie an mir vorbeigingen.

„Als ich jung war, habe ich die Bibel gelesen, aber natürlich glaube ich jetzt nicht mehr an sie."

Nun gut, Herr Hartz, was genau in der Bibel glauben Sie denn nicht?"

„Alles."

Angesichts einer solch unbesonnenen Antwort kann man sich vorstellen, dass mir nicht der Sinn danach stand, ihm ausführlich etwas zu erklären, und noch viel weniger, mit ihm zu diskutieren. Als er einen oder zwei Tage später zu mir kam und verkündete, er wolle die Wahrheit kennen, sagte ich zu ihm: „Ich werde dir eine Wahrheit sagen. Unendlichkeit minus X ist ein Widerspruch an sich. Wenn man X ausschließt, handelt es sich nicht mehr um Unendlichkeit." Das sah er ein. „Gut, dann betrachte das Unendliche als Gott und X als du selbst. Jetzt geh und denk darüber nach. Komm morgen wieder und sag mir, was du daraus schließt." Das war alles. Mehr erklärte ich ihm nicht.

Als er am nächsten Tag kam, sagte er zu mir, es sei nicht nötig gewesen, darüber nachzudenken. Noch bevor er an seinen Platz im Schlafsaal zurückgekehrt sei, hätte es ihm eingeleuchtet, dass es stimme. Er war reif für das Verständnis, und deshalb war eine einzige Erklärung genug. Zudem war es die richtige Art von Erklärung gewesen, die zu geben ich geführt wurde, weil er wie meine Frau die intuitive Art von Geist hatte, der nicht in der Lage ist, ein ganzes Kapitel über etwas zu lesen, was in einem Satz gesagt werden kann. Er konnte nie Guénon lesen, aber er las immer wieder das Tao Te Ching.

Doch ein hervorragendes anfängliches Verständnis ist kein Garant für eine reibungslose und schnelle Suche. Da die Verwirklichung sich sehr vom mentalen Verständnis unterscheidet, ist jede Beschäftigung mit dem Ego ein Hindernis für den Fortschritt. Der Prozess muss fortgeführt werden, bis das ganze Wesen verwandelt und aller Egoismus vernichtet worden ist.

Die Internierten fanden verschiedenes, womit sie sich tagsüber beschäftigen konnten. Am Abend saßen viele in kleinen Gruppen auf dem Rasen, und wir waren eine unter anderen. Mich durchströmte zu jener Zeit eine gewisse Kraft. Manchmal diskutierten zwei aus der Gruppe einige Punkte und beschlossen, mich danach am Abend zu fragen. Wenn es Abend war, erklärte ich es ihnen spontan, ohne dass sie mir eine Frage gestellt hatten. Einer, der sich uns anschloss, verfügte über eine übernatürliche Veranlagung. Als er das erste Mal in unserer abendlichen Gruppe saß, sah er einen Wirbel von blauem Licht, der uns umkreiste und sich in der Mitte spiralförmig erhob. Grundsätzlich spürte ich, wie ich entsprechend der Bedürfnisse der verschiedenen Leute antworten sollte, was ich sagen und tun sollte.

Das illustriert die Gefahren, die von einem falschen Guru ausgehen. Diese Kräfte sind nicht persönlich. Ich hatte nie bewusst Telepathie geübt und nie blaue Lichter gesehen. Selbst wenn ich es getan hätte, würde es mir nichts bedeuten. Doch auf der Grundlage solcher Geschehnisse kann ein Mensch sich Ansehen aufbauen und damit beginnen, sich als Guru auszugeben. Wenn er die Kraft sich selbst zuschreibt, wird es sowohl ihm selber als auch den Leuten, die er führen soll, schaden.

Glücklicherweise wurde ich nicht von dieser Verirrung angezogen. Bevor das Lager aufgelöst wurde, hatte ich aufgehört, andere zu beeinflussen oder zu führen. Im Lager herrschte eine seelische Krise, als einer verrückt wurde, und die meisten derer, die sich mir angeschlossen hatten, bekamen Angst und zogen sich zurück. Das war, was äußerlich sichtbar war, aber innere Ereignisse sind fundamentaler, und ich spürte zu dieser Zeit, dass die Kraft der Führung mich verlassen hatte. Ich spürte, dass ich nicht länger wusste, was ich tun oder sagen sollte. Ich spürte nicht länger, dass ich Einfluss auf andere hatte, und auch sie nicht. Ich empfand es nicht als einen Verlust und bedauerte es auch nicht. Es war einfach eine Veränderung, da mein Interesse, andere zu führen, zusammen mit der Kraft, dies zu tun, verschwunden war. Ich fühlte vage, dass es ein Übergang vom spirituellen Einfluss des Ordens, in den ich eingeweiht worden war, zu dem von Bhagavan war. Ich fühlte mehr und mehr seine Gegenwart. Er schien zu herrschen und seine Gnade zu schenken. Obwohl ich ihn nur auf Fotos gesehen hatte, stand mir sein Gesicht lebendiger vor Augen und ich konnte es leichter betrachten als irgendeines, das ich jemals gekannt hatte. Ich war damit zufrieden, einfach seine durchdringende Güte zu spüren, ohne meinen Geist damit zu beschäftigen, dass man mir gesagt hatte, dass er kein Guru sei.

Wie ich später entdeckte, ermutigte Bhagavan die Leute nicht, die Rolle des Gurus zu spielen, nicht einmal in so geringem Maß, wie ich es getan hatte. Er verbot es nicht völlig, denn das wäre doktrinär gewesen. Wenn er gefragt wurde, konnte er etwa sagen: „Wenn es einem Menschen bestimmt ist, ein

Guru zu sein, dann wird er ein Guru sein." Er wusste, dass einige seiner Devotees so handelten. Aber im Allgemeinen riet er davon ab. Abgesehen von der direkten und offensichtlichen Gefahr, dem Ego eines Menschen zu schmeicheln und ihn dazu zu bringen, sich als ein verwirklichter Mensch zu betrachten, wenn er es nicht ist, bedeutet es, die Energie nach außen zu richten, wenn der Sucher sie nach innen richten müsste. Wenn es auch den künftigen Fortschritt nicht aufhält, so macht es ihn zumindest schwieriger.

Und was geschah danach? Von all denen, die ich im Lager kennengelernt hatte, wurde nur Hartz nach dem Krieg zu Bhagavan gezogen. In den ersten ein oder zwei Jahren konzentrierte er sich darauf, ein Geschäft aufzubauen und Geld zu verdienen. Dann unterbrach er eine Geschäftsreise von Europa nach Thailand und verbrachte einige Tage in Tiruvannamalai. Es war die heiße Jahreszeit, und ich war mit meiner Familie im Gebirge. Die Kinder gingen in eine Klosterschule in den Bergen, und wir verbrachten dort mehrere Monate im Sommer, sodass wir sie aus dem Internat nehmen und bei uns zuhause haben konnten. Ich ging nach Colombo, um Hartz zu treffen, und wir verbrachten die Nacht im Haus von K. Ramachandra, einem Freund, der immer Devotees von Bhagavan willkommen hieß. Am nächsten Tag flogen wir nach Madras und wohnten bei Dr. T.N. Krishnaswami, einem anderen Devotee. Die Bahnreise von dort nach Tiruvannamalai war umständlich und dauerte einen vollen Tag und eine volle Nacht. Die hervorragende Busverbindung, die es jetzt gibt, gab es damals noch nicht. Deshalb mieteten Hartz und ich uns einen Wagen für die Reise. Er hatte nichts dagegen, den Vorteil zu zeigen, wohlhabend zu sein.

Bhagavan war zu ihm sehr gütig. Dass er von Bhagavan auf dieser Reise ein Foto machen durfte, ist Beweis genug für die Liebe und Ermutigung, mit denen Bhagavan ihn bedachte. Er erhielt die Einweihung durch den Blick, doch obwohl die Devotees ihm sagten, dass dies Bhagavans Art der Einweihung sei, wollte er Gewissheit und sagte: „Ich möchte Bhagavans Einweihung." Bhagavan erwiderte: „Du hast sie bereits." Dies ist der einzige Fall, von dem ich weiß, dass er explizit bestätigte, Einweihung gegeben zu haben.

Andererseits wünschte sich Hartz Gewissheit. Er befürchtete vielleicht, dass seine Standhaftigkeit ins Wanken geraten würde, wenn er ins Leben in der Welt mit all ihrer Ablenkung zurückkehrte. Er bat Bhagavan um eine

Garantie und erhielt die enorme Zusicherung: „Selbst wenn du Bhagavan vergisst, wird Bhagavan dich nie vergessen."

Wenn Bhagavan einmal eine Person angenommen hat, wird sein Schicksal bedeutungsvoller und wird sozusagen beschleunigt. Aus weltlicher Sicht mag das Gutes oder Schlechtes bringen. Für den einen mag Wohlstand für seine Entwicklung nötig sein, für den anderen das Gegenteil. Offensichtlich gehörte Hartz dem letzteren Typ an, denn von dieser Zeit an hatte er geschäftliche Schwierigkeiten, und innerhalb einiger Jahre war sein Geschäft völlig den Bach hinuntergegangen. Er hatte geplant zurückzukommen und wollte sogar ein Haus in Tiruvannamalai bauen, aber er war dazu nicht in der Lage. Wie viele solche Fälle habe ich gesehen, wobei der erste Besuch leicht war, aber eine geplante Rückkehr Jahr um Jahr nicht möglich war. Er ging durch viele Wechselfälle, und jahrelang hörte ich von ihm überhaupt nichts. Doch Bhagavan vergaß ihn nicht.

Und die anderen? Vielleicht folgten einige von ihnen irgendeinem anderen Weg, vielleicht nicht. Ich habe in einem früheren Kapitel bereits darauf hingewiesen, dass das, was Pädagogen „die Prozente des Verlusts" nennen, bei der Suche sehr hoch sind. Jesus warnte davor, als er sagte, dass viele gerufen, aber nur wenige auserwählt sind – ein weiterer seiner Aussprüche, dem das exoterische Christentum keine Bedeutung beimisst. Gerufen zu was oder auserwählt für was? Sicherlich nicht als Mitglied einer christlichen Kirche, oder er wäre offenkundig unwahr. Sie nehmen so viele auf, wie sie können. Für was? Für den Himmel? Das würde die ziemlich düstere Konsequenz mit sich bringen, dass die große Mehrheit der Menschheit in die Hölle gehen würde. Aber sobald man die esoterische Lehre der Suche versteht, wird dieser Ausspruch zu einer Aussage darüber, was geschieht, und stimmt mit dem überein, was alle Religionen lehren. Die Bhagavad Gita sagt dasselbe, nur dass sie betont, dass diejenigen, die nicht gerufen sind, noch zahlreicher sind: „Unter Tausenden strebt vielleicht einer nach Verwirklichung. Unter Tausenden, die nach Verwirklichung streben, erkennt Mich vielleicht einer, wie Ich bin." (7.3)

Es liegt am Sucher selbst. Keiner kann ihm die Arbeit abnehmen. Die letzten Worte des Buddha an seine Nachfolger waren eine Ermahnung, zu streben und ein Licht und ein Zufluchtsort für sich selbst zu sein. Manchmal versuchte ein Devotee, Bhagavan zu einer Aussage zu verleiten, dass seine

Gnade allein genüge, ohne dass er sich anstrengen musste, aber vergeblich. Er sagte einmal: „Wenn der Guru dir einfach Verwirklichung geben könnte, bliebe nicht einmal eine Kuh übrig, die sie nicht erlangen würde." In der Sprache der mittelalterlichen Mythologie kann der Guru das magische Schwert und den Umhang, der unsichtbar macht, geben, aber der Held muss sie benutzen und siegen – oder eben nicht. Es stimmt, dass diese Leute noch keinen Guru hatten, aber wenigstens wussten sie, wo sie suchen konnten. Bevor ich zuerst Guénon las, wusste ich nicht einmal das. Wer hartnäckig ist, wird auf die eine oder andere Weise geführt werden, wenn er auch auf dem Weg schmerzlich geprüft werden kann.

10. Bhagavan Sri Ramana Maharshi

Die Teile in diesem Kapitel über Bhagavans Lehre beruhen hauptsächlich auf *Ramana Maharshi: Seine Lehren*. Es gibt auch Zitate, die aus *Ramana Arunachala* stammen.

Als ich meine Frau nach vier Jahren in Tiruvannamalai traf, war sie verändert. Sie war schon zuvor charakterlich reif gewesen, aber jetzt war auch ihr Verständnis gereift. Sie bat nicht länger um Erklärungen, sondern gab sie selbst. Und da sie dieselben Wahrheiten anders ausdrückte, in der Bhagavans statt in der Guénons, dauerte es einige Zeit, bis ich mich darauf einstellte.

Bhagavan hat sich mir nicht sofort offenbart. Ich spürte seine körperliche Gegenwart viel weniger als ich seine unsichtbare Hilfe im Lager gespürt hatte. Sein Foto war für mich realer und lebendiger gewesen als irgendeine Person, doch jetzt, da ich ihn von Angesicht zu Angesicht sah, spürte ich seine Gegenwart viel weniger. Das hat mich nicht sehr besorgt. Es war für mich vielmehr eine Bestätigung dessen, was ich gehört hatte, dass er kein Guru war.

Ich werde meine Eindrücke schildern, die ich zu einer Zeit niedergeschrieben habe, als sie mir noch frischer in Erinnerung waren.

„Am Morgen meiner Ankunft ging ich in die Ashram-Halle, bevor Bhagavan von seinem täglichen Spaziergang auf den Berg zurückgekommen war. Ich war ein bisschen eingeschüchtert, als ich sah, wie klein die Halle war und wie nahe ich bei ihm sitzen würde. Ich hatte etwas Größeres und weniger Vertrauliches erwartet. Dann kam er herein. Zu meiner Überraschung war ich nicht sehr beeindruckt, viel weniger, als sein Foto mich beeindruckt hatte. Er war nur ein weißhaariger, sehr freundlicher Mann, der etwas steif vom Rheumatismus und leicht gebeugt ging. Sobald er es sich auf der Couch bequem gemacht hatte, lächelte er mir zu, wandte sich dann den Anwesenden und meinem jungen Sohn zu und sagte: ‚Also ist Adams Gebet erhört worden. Sein Daddy ist sicher zurückgekommen.' Ich spürte seine Freundlichkeit, aber das war auch schon alles. Ich war dankbar, dass er um meinetwillen Englisch gesprochen hatte, da Adam Tamil verstand."

Die Veränderung kam einige Wochen später bei einem der großen jährlichen Feste im Ashram. „Zum Fest war eine große Mengenmenge gekommen, und wir saßen im Hof vor der Halle. Bhagavan lehnte auf seinem Sofa, und ich saß in der vordersten Reihe vor ihm. Er setzte sich auf, sah mich an, und seine nahen Augen durchbohrten mich durchdringend, vertraulich, mit einer Intensität, die ich nicht beschreiben kann. Es war, als wollten sie sagen: ‚Du bist unterrichtet worden. Warum hast du nicht verwirklicht?' Und dann Stille, tiefer Friede und unbeschreibliche Leichtigkeit und Glück.

„Danach begann die Liebe für Bhagavan in meinem Herzen zu wachsen, und ich spürte seine Kraft und Schönheit. Am nächsten Morgen, als ich vor ihm in der Halle saß, versuchte ich zum ersten Mal, seine Lehre zu befolge und das Vichara ‚Wer bin ich?' zu üben. Ich dachte, ich hätte mich dazu entschlossen. Ich hatte zunächst nicht erkannt, dass es die Einweihung durch den Blick gewesen war, die mich belebt und meine Einstellung geändert hatte. Ich hatte nur vage von dieser Einweihung gehört und kaum beachtet, was ich gehört hatte. Erst später erfuhr ich, dass auch andere Devotees solch eine Erfahrung gemacht hatten und dass sie auch bei ihnen den Anfang des aktiven Sadhanas (der Ergründung) unter Bhagavans Führung gekennzeichnet hatte."

Zum ersten Mal in meinem Leben begann ich zu verstehen, was die Gnade und der Segen des Gurus bedeuten konnten. „Meine Liebe und Hingabe an Bhagavan vertieften sich. Ich ging mit einem beschwingten Trällern des Glücks in meinem Herzen umher und spürte den Segen und das Geheimnis des Gurus. Ich wiederholte wie ein Liebeslied, dass er mein Guru war, die Verbindung zwischen Himmel und Erde, zwischen Gott und mir, zwischen dem gestaltlosen Sein und meinem Herzen. Mir wurde die gewaltige Gnade seiner Gegenwart bewusst. Selbst äußerlich war er freundlich zu mir. Er lächelte, wenn ich in die Halle kam, und wies mir einen Platz an, wo er mich bei meiner Meditation beobachten konnte."

Doch mit dem Satguru, dem göttlichen Guru, konnte diese einfache Idylle nicht lange fortdauern. Obwohl meine Hingabe nie geringer wurde, hatte sie sich nun mit dem Verständnis verbunden. „Und dann, eines Tages, erwachte in mir eine lebhafte Erinnerung. ‚Die Verbindung mit dem gestaltlosen Sein? Aber er ist das gestaltlose Sein.‘ Ich begann die Bedeutung seines Jnana (seiner Erkenntnis) zu verstehen und warum ihn die Devotees einfach ‚Bhagavan‘ nannten, was ein Name für Gott ist. (Ich sollte besser sagen: ein Wort, das Gott bedeutet.) So begann er mir zu beweisen, was er in seiner Lehre erklärte: nämlich, dass der äußere Guru dazu dient, den Guru im Herzen zu erwecken. Das Vichara, das beständige ‚Wer bin ich?‘ begann äußerlich ein Gewahrsein des Selbst als Bhagavan und zugleich des Selbst im Innern zu erwecken.

Arthur Osborne

Die trügerische Theorie, dass Bhagavan kein Guru sei, hatte sich einfach im Leuchten seiner Gnade verflüchtigt. Zudem bemerkte ich, dass, weit von der Ansicht, seine Lehre sei keine praktikable Führung, sie genau das war. Ich beobachtete, dass er theoretische Erklärungen mied und den Frager zu den praktischen Erwägungen des Sadhanas, des Weges, dem gefolgt werden sollte, hinführte. Es war nur das, was er lehrte!“

Bevor ich weitererzähle, will ich kurz die unterschiedliche Bedeutung der Begriffe Heiliger, Mystiker, Eingeweihter, Yogi und Weiser erläutern. Es wird helfen aufzuzeigen, was wir meinen, wenn wir den Begriff „Bhagavan" benutzen, was das Wort bedeutet, und dass es keine Abschweifung vom Thema ist. Die Begriffe sind natürlich nicht ganz genaue Definitionen und schließen sich gegenseitig auch nicht aus, doch sie beinhalten wirkliche Unterschiede, auch wenn sie sich überschneiden.

Stell dir vor, Leute leben in der ungesunden Atmosphäre am Fuß eines Berges. Sie sind verkrüppelt, unterernährt und krank. Ihnen wird gesagt, dass es auf dem Berggipfel eine wunderbare Hochebene gibt mit Früchten und Blumen, belebender Luft und kühlem, frischem Wasser. Aber der Aufstieg ist anstrengend, und sie müssen ihre Hütten und ihren kümmerlichen Besitz zurücklassen. Deshalb bleiben sie, wo sie sind. Nur einige der Risikofreudigeren, die auf den Berggipfel wollen oder sich einfach der Hitze, der ungesunden Atmosphäre und den Moskitos der Ebene entziehen wollen, sind zu einem Teil den Berg hinaufgestiegen und haben sich am Berg niedergelassen. Die Leute, die unten am Berg wohnen, bezeichnen sie als Bergleute, und doch gibt es große Unterschiede zwischen ihnen. Einige haben einen Bauernhof aufgebaut und geben den Kranken und Bedürftigen unten Obst, Milch und Getreide, während andere in einer Höhle leben und nur ihre unmittelbaren Bedürfnisse befriedigen können. Manche haben sich auf das bewusste Abenteuer eingelassen, den Gipfel zu erreichen, während andere nur von dem Zwang getrieben werden, weiter hinauf in die kühlere Luft und eine schönere, gesündere Umgebung zu kommen, ohne überhaupt zu wissen, dass es einen Gipfel gibt, den man erreichen kann. Selbst einige von denen, die sich mit einem Routenplan auf den Weg gemacht haben, haben ihn beiseitegelegt, sobald sie sich irgendwo am Weg ein Zuhause geschaffen haben, während andere jede angenehme Höhle, zu der sie kommen, nur als einen Rastplatz betrachten, von dem aus sie den weiteren Aufstieg planen.

Die Leute, die als Heilige bezeichnet werden, unterscheiden sich nicht weniger als sie. Sie unterscheiden sich nicht nur auf der Ebene ihrer Verwirklichung, sondern auch, wie sie das Ziel verstehen und in ihrer Hingabe, ihm weiter zuzustreben. Sie unterscheiden sich auch in den Kräften, die sie zeigen, und den Wohltaten, die sie erweisen.

Nur die römisch-katholische Kirche kanonisiert Heilige. In anderen Religionen werden sie einfach anerkannt. Ein Kriterium, das die Kirche verlangt, ist ein Wunder. Es können Kräfte durch einen Heiligen fließen, aber es ist keineswegs nötig, dass er sich dafür interessiert, sie zu zeigen. Auch ist der Besitz von Kräften kein Beweis für die Heiligkeit. Das erkennt die Kirche an. Nicht nur das, auch Jesus selbst warnte vor falschen Propheten, die Zeichen und Wunder wirken.

Die Erwähnung von Kräften zieht eine etwas andere Kategorie in Betracht, die des Yogi oder Eingeweihten (denn der Yogi ist einfach ein Eingeweihter in einen bestimmten Hindu-Weg). Es gibt keine klare Abgrenzung. Ein Heiliger kann ein Mitglied eines Ordens mit Eingeweihten sein, während ein Eingeweihter, der einen höheren Zustand erlangt hat, ein Heiliger ist. Doch die Betonung liegt hier mehr auf den Kräften und Fähigkeiten und weniger auf der Heiligkeit. Der Eingeweihte folgt einer bestimmten Technik, die eine Veränderungen und Entwicklung des Geistes und des Charakters bewirken soll und schließlich zur Seligkeit führt. Das mag auch beim Heiligen vorkommen, aber er kann auch durch die reine Kraft seiner Bestrebung und Hingabe mitgerissen werden, ohne dass er theoretisch weiß, wohin er getragen wird oder wodurch. Im mittelalterlichen Christentum gab es Einweihungs-Wissenschaften (der hermetischen Orden oder der Alchemisten), und in Indien gibt es sie immer noch (die yogischen und tantrischen Wissenschaften), die Kräfte und Fähigkeiten bei einem Menschen entwickeln, die allgemein als übernatürlich bezeichnet werden. Die Reinheit des Charakters und der Motive sind in diesen Wissenschaften von grundlegender Bedeutung, aber unglücklicherweise gibt es auch Leute, die sie ohne das üben und eher Okkultisten als Heilige werden. Ich habe Leute in Indien gesehen, die Wunder wirken konnten, aber es war nichts Spirituelles an ihnen. Der große tibetanisch-buddhistische Heilige Milarepa (dessen Leben Evans-Wentz ins Englische übersetzt hat) erlangte zuerst okkulte Kräfte für seine egoistischen Zwecke, sich an seinen Verwandten zu rächen, die seine Mutter und ihn enteignet hatten. Als er sich einem echten spirituellen Weg zuwandte, musste er schreckliche Entsagungen üben, um sich vor dieser Abirrung zu reinigen. Die Bedeutung von „Einweihung" bewegt sich demnach vom Heiligen bis zum Okkultisten. Ein Großteil der Eingeweihten erzielt überhaupt keine erwähnenswerte Entwicklung als Ergebnis ihrer Einweihung.

Der Begriff „Mystiker" wird auch ungenau verwendet. Sowohl ein Heiliger als auch ein Eingeweihter kann ein Mystiker sein – tatsächlich kann man festhalten, dass der echte Heilige und der erfolgreiche Eingeweihte es sein müssen. Doch es gibt auch Mystiker, die weder Heilige noch Eingeweihte sind. Die Betonung liegt hier eher auf intuitivem Wissen, Visionen oder Ekstase als auf Heiligkeit oder übernatürlichen Kräften. Zudem kann es ein passiver Zustand sein ohne theoretisches Verständnis, praktische Übung des Initiierten und das Streben des Heiligen nach Reinheit. Was zur Charakterisierung festgehalten werden muss, ist die gelegentlich großzügige Gabe der Vision oder Seligkeit, die unverdient kommt. Selbst hier gibt es eine sehr weite Spanne der mystischen Einblicke von der reinen Selbstverwirklichung bis hin zu sinnhaften Visionen und göttlichen Erscheinungen.

Es gibt eine Seite des Berges, auf dem der Aufstieg steil ist, ohne angenehme Höhlen, um sich unterwegs auszuruhen, auf dem aber als Entschädigung dafür der Weg direkt und der Gipfel bereits von unten sichtbar ist und während des ganzen Aufstiegs vor einem liegt. Dies ist der direkte Weg, den Bhagavan lehrt. Auf diesem Weg gibt es keine Stationen. Die Nachfolger Bhagavans neigen zur Ungeduld, wenn sie von Stationen oder Graden der Verwirklichung auf irgendeinem indirekten Weg hören und sagen: „Was bedeutet das alles? Entweder hat ein Mensch das Selbst verwirklicht oder nicht." Diese Haltung ist richtig, was ihren eigenen Weg betrifft, aber nicht notwendigerweise den der anderen, denn es gibt Wege, auf denen der Reisende nicht nach der Verwirklichung des Selbst, das ultimative Ende der höchsten Wahrheit strebt oder jedenfalls nicht direkt. Das Wort „Verwirklichung" meint dann nur das Erlangen eines höheren Zustands, der jedoch ebenfalls vergänglich und illusorisch in der ultimativen Wirklichkeit des Selbst ist.

Obwohl der Reisende auf dem direkten Weg keinen höheren Zustand erlangt, kann er mit flüchtigen Blicken der reinen Selbstverwirklichung gesegnet werden, die jenseits aller Zustände sind und sein ganzes Leben erfüllen und auf es ausstrahlen. Bhagavan bestätigte eindeutig beides, als er von der reinen Selbstverwirklichung und dem direkten Weg zu ihr sprach: dass es keine Stufen der Verwirklichung gibt und dass die Verwirklichung normalerweise nicht dauerhaft ist, wenn sie zuerst erlangt wird. Sie mag in gelegentlichem Aufblitzen kommen, kann aber nicht dauerhaft sein, bis die Vasanas (die inneren Neigungen, die einen dazu treiben, das eine zu wünschen und das andere zu meiden) ausgemerzt sind.

Das weist auf zwei bewusst planbare Aufstiege hin, wie immer man sie auch benennen mag (abgesehen von der gelegentlichen Erhebung des Mystikers und bestimmter Heiliger): die des Menschen, der in Stufen aufsteigt, sich in diesem Leben auf einer höheren Stufe stabilisiert, möglicherweise über höhere Kräfte verfügt, aber keine direkte und oft gar keine theoretische Kenntnis des höchsten Zustands der Selbstverwirklichung besitzt, und die des Menschen, der die höchste Wahrheit der Identität ins Auge fasst, auf sie zustrebt und vielleicht ein gelegentliches Aufblitzen der Verwirklichung erfährt, bis er sie erlangt und bis dahin in keinem höheren Zustand Fuß fasst. Was davon ist vorzuziehen? Die Frage ist unrealistisch, da jeder Sucher dem Weg folgt, der seinem Temperament entspricht und den das Schicksal für ihn zugänglich macht.

Eine andere Frage mag an dieser Stelle gestellt werden: Wie hilft das denen, die unten sind? Um zum Bild vom Berg zurückzukommen: Ist derjenige, der auf dem Berg wohnt, nach unten schaut, und sich nicht zu weit oberhalb der Leidenden in den unteren Ebenen niedergelassen hat, um ihnen helfen zu können, nicht demjenigen vorzuziehen, der ihnen seinen Rücken zugewandt hat und sich auf seinem einsamen Weg zum Gipfel abmüht? Man könnte das glauben, wenn man sich an das Bild hält, aber es ist nicht der Fall. Es wird von Jesu Aussage zunichte gemacht, dass demjenigen, der das Reich Gottes erlangt, alles andere dazugegeben wird. Deshalb ist er es, der die größte Kraft besitzt, anderen zu helfen. Die eigene Selbstverwirklichung ist der größte Segen, den man anderen zukommen lassen kann, während sich paradoxerweise zur selben Zeit herausstellt, dass es keine anderen gibt, denen man Gutes tun kann. Es ist, wie wenn man aus einem Traum erwacht. Zu fragen, was für andere getan werden kann, ist so sinnlos, wie sich darum zu sorgen, was mit den Menschen, die man vergangene Nacht im Traum gesehen hat, geschieht. Und trotzdem ist das Erwachen der beste Weg, um ihnen zu helfen. Beides ist wahr.

Plotin wird normalerweise als Weiser bezeichnet und Meister Eckhart als Mystiker, und trotzdem scheinen beide in dieselbe Kategorie der Reisenden auf dem direkten Weg zu gehören. Theoretisch zeigten beide das vollkommene Verständnis der absoluten Einheit der Selbstverwirklichung, die Guénon die „höchste Identität" nannte. In der Praxis scheinen auch beide ein gelegentliches Aufblitzen der Verwirklichung gehabt zu haben, wie Bhagavan es erwähnt, obwohl aus dem, was beide geschrieben haben, klar hervorgeht, dass sie nicht dauerhaft und unwiderruflich in diesem Zustand waren.

Darin gegründet zu sein, ist möglich, aber sehr selten. So heißt es in der Bhagavad Gita (7.3): „Unter Tausenden strebt vielleicht einer nach Verwirklichung. Unter den Tausendenden, die nach Verwirklichung streben, kennt vielleicht einer Mich so, wie Ich bin." Das bedeutet nicht kennen, wie man einen anderen erkennt, sondern kennen als Sein. Es bedeutet einfach, das Selbst zu verwirklichen, das du immer schon gewesen bist, indem du alles andere, was nicht das Selbst ist, in dir völlig vernichtest, oder besser gesagt, indem du den falschen Glauben, dass jemals etwas anderes als das Selbst in dir war, völlig vernichtest.

Das ist der höchste Zustand. Er überschreitet die Offenbarung, denn wer könnte wem etwas enthüllen? Er überschreitet das Gebet, denn wer könnte zu wem beten? Trotzdem kann der Verwirklichte eine bewusste Rolle auf der Lebensbühne spielen, auf der das Gebet, wie andere Handlungen, erfolgen. Er kann jede Rolle im Leben spielen – die eines Königs oder Einsiedlers, eines Verheirateten oder zölibatär Lebenden, eines Berühmten oder Verborgenen, je nach seinem scheinbaren Wesen und seiner Vorherbestimmung. Ich sage „scheinbar", da er tatsächlich die Natur und das Schicksal überwunden hat.

Solch einer war der Bhagavan, den ich gekannt habe. Er war der einfachste, natürlichste und bescheidenste Mensch. Er war, wie ein Mensch sein sollte, völlig ohne Vorlieben wie ein Kind und zugleich mit einer unbeschreiblichen Schönheit und Weisheit und mit solcher Kraft, dass viele in seiner Gegenwart zitterten und sich fürchteten, mit ihm zu sprechen. Ihn in der dritten Person mit „Bhagavan" anzusprechen, ist weniger unangebracht, als „du" zu einem zu sagen, der uns über die Dualität von „du" und „ich" hinausführt. Wenn er von etwas Allgemeinem sprach und es angebracht war, sagte er auch „Bhagavan". „Selbst wenn du Bhagavan vergisst, wird Bhagavan dich nie vergessen." In den einfachen täglichen Ereignissen spielte er die Rolle eines Individuums, wie ein Schauspieler König Lears Wahnsinn spielen kann, ohne selbst wahnsinnig zu sein und ohne anzunehmen, dass er Lear ist.

Unglücklicherweise verstehen nur wenige im Westen, dass dieser höchste Zustand möglich ist. Um es noch zu verschlimmern, schaffen Philosophen und Theologen, jene, die in der Lage sein sollten, es zu erklären, Verwirrung durch ihr Missverständnis und leugnen es deshalb oder legen es falsch aus. Im Osten gibt es die gegensätzliche Schwierigkeit – dass diese Möglichkeit weithin verstanden wird, aber deshalb auch von jedem, der Schüler um sich versammeln kann, wahllos beansprucht wird.

Bhagavan wurde auch allgemein als „der Maharshi" oder „Ramana Maharshi" bezeichnet. Ein Gelehrte erklärte mir einmal, dass dieser Titel, der aus Maha-Rishi (großer Weiser) zusammengesetzt ist, demjenigen verliehen wird, der nicht nur eine Tradition fortsetzt, sondern auch einen neuen spirituellen Pfad einführt. Das ist sicherlich auf Ramana Maharshi anzuwenden.

Wenn man von spirituellen Menschen spricht, geht es auch um ihre Anerkennung. Es ist nicht selten, dass jemand behauptet, dass er einen spirituellen Menschen erkennen würde, wenn er ihm begegnet. Das ist jedoch nicht immer möglich. Eine hohe spirituelle Verfassung, selbst völlige Befreiung ist nicht immer erkennbar. Es ist natürlich nicht leicht, dafür Beispiele zu geben, weil sie nicht erkannt werden, aber ein sehr einleuchtendes Beispiel ist Jesus, bevor er sich auf seine Mission begab. Nach christlicher Lehre wurde er ohne Erbsünde geboren (was bedeutet, dass er von Geburt an ein Selbstverwirklichter war) und erlangte keinen neuen Zustand, als er „die Aufgabe seines Vaters" wahrnahm. Und dennoch hat er zuvor keinen Einfluss auf andere ausgeübt und war völlig unerkannt. Es gibt nicht nur keinen Bericht von Menschenmengen, die in Scharen nach Nazareth kamen, wie sie in jedem Land und Zeitalter zum Wohnort eines erkennbaren Heiligen strömen, sondern im Gegenteil. Als er mit seinen Schülern dorthin zurückkehrte, waren seine einstigen Nachbarn überrascht und sogar skeptisch, dass sich der örtliche Schreiner als Prophet gemausert hatte. Auch der Maharshi wurde nicht erkannt, als er die Verwirklichung erlangte, sondern erst später, als er begann, andere mit Gnade zu überschütten und als Guru zu wirken.

Der Grund dafür liegt darin, dass die anderen nicht den inneren Zustand eines Menschen fühlen, sondern die Gnade, die durch ihn zu ihnen fließt. So kann wahrnehmbare Gnade durch einen fließen, der nicht die höchste Identität erlangt hat (wie es bei vielen Heiligen der Fall ist) oder selbst durch einen, der überhaupt keinen spirituellen Zustand erlangt hat, und wiederum nicht durch einen, der ihn erlangt hat. Es kann für jene, die unbekannt bleiben wollen, andere spirituelle Wirkungsbereiche geben außer der Führung von Schülern. Wenn das der Fall ist, wird die Anonymität beibehalten.

Bei einem Guru wird die Frage der Anerkennung natürlich nicht auftauchen, da es sozusagen seine Aufgabe ist, als solcher erkannt zu werden. Es ist wichtig, dass er erkannt wird. Wenn ich sage, dass greifbare Gnade durch solch einen Menschen fließen kann, der nicht selbstverwirklicht ist, bedeutet das, dass er andere nicht weiter führen kann als er selbst gegangen ist. Es mag andere und äußere Umstände geben, weswegen die Gnade durch ihn geleitet wird, aber als ein Guru kann er nur so weit führen, wie er selbst gegangen ist. (Und deshalb hat Martin Lings mich vor meinem ersten Murshid gewarnt.) Das war der wirkliche Grund für die Unzufriedenheit Buddhas mit den Gurus, zu denen er vor seiner Erleuchtung ging. Schließlich (wie es dem Begründer eines neuen Weges geschehen kann – und wie es auch dem Maharshi geschah) erlangte er die Erleuchtung ohne einen äußeren Guru. Der Schüler, der seinem Streben keine Grenzen setzt, braucht einen Guru, der das Grenzenlose erreicht hat.

Tatsächlich wird das Erkennen eines Gurus durch die Unreinheiten im Schüler beeinträchtigt, der sich dort Vollkommenheit vorstellt, wo keine existiert, und sie dort übersieht, wo sie existiert. Es gab viele, die den Maharshi nicht als Guru erkannten, und es gab viele, die den Gurus, die nur eine formelle Legitimation, wenn überhaupt, hatten, einen hohen oder den höchsten Zustand zuschrieben.

Die zweifache Möglichkeit, einen verwirklichten Guru zu finden und seiner Religion, welcher auch immer er angehört, zu folgen, schien vielen, die Guénon lasen, damals sehr abwegig. Das ist heute noch viel mehr der Fall, wenn man den schnellen Zusammenbruch der Traditionen, das Austrocknen der spirituellen Flüsse und die Akzeptanz des Modernismus nicht nur im Westen sondern auf der ganzen Welt und in allen Religionen betrachtet. Um Mutlosigkeit zu verhindern, gab Guénon die Versicherung, dass Jesu Aussage, dass jeder, der sucht, auch findet, ein göttliches Gesetz sei, das universelle Anwendung finden würde. Das beinhaltet jedoch, dass es irgendeine Technik geben muss, die auch im gegenwärtigen Zeitalter angewandt werden kann, in dem ein echter Guru so selten zu finden ist und Rechtgläubigkeit für die meisten Menschen nicht mehr praktikabel ist. Guénon schlug nie eine Technik vor oder schien sich der Notwendigkeit einer solchen gewahr zu sein. Die Anwendung, die nötig ist, um dem Bedürfnis des neuen Zeitalters zu entsprechen, ist natürlich eine formlose Führung, auf die ich mich kurz im Kapitel „Abenteuer auf dem Weg" bezogen habe, die das Herz eines jeden Suchers, gleichgültig welcher Religion und unabhängig von einer formellen Einweihung, erreichen kann. Es mag verschiedene solche Strömungen der Führung in der heutigen Welt geben. Sicherlich war eine davon vom Maharshi eingesetzt worden.

Entsprechend der Bedürfnisse auf diesem Weg stellte er die wahre und höchste Bedeutung des Wortes „Guru" wieder her, die im Grund der christlichen Lehre vom „Christus in dir" entspricht. Dies machte seinen Gebrauch des Wortes in gewissem Sinn rätselhaft. Folgender Dialog veranschaulicht, wie die Handauflegung oder Übermittlung eines Mantras durch einen menschlichen Vertreter unnötig wird.

Devotee: „Bhagavan hat gesagt, dass man ohne die Gnade eines Gurus das Selbst nicht erlangen kann. Was genau meint er damit? Was ist dieser Guru?"

Bhagavan: „Vom Standpunkt des Weges der Erkenntnis aus gesehen ist es der höchste Zustand des Selbst. Er unterscheidet sich vom Ego, das du als dich selbst bezeichnest."

Devotee: „Wenn es der höchste Zustand meines eigenen Selbst ist, in welchem Sinn meint Bhagavan dann, dass ich ihn nicht ohne die Gnade des Gurus erreichen kann?"

Bhagavan: „Das Ego ist die Individualität und nicht dasselbe wie der Herr von allen. Wenn es sich mit echter Hingabe dem Herrn nähert, nimmt Er gnädig einen Namen und eine Gestalt an und nimmt es zu sich. Deshalb heißt es, dass der Guru nichts anderes als der Herr ist. Er ist eine menschliche Inkarnation der göttlichen Gnade."

Eine menschliche Inkarnation, ja. Aber er sagt auch, dass der Guru nicht notwendigerweise eine menschliche Gestalt annehmen muss. Seit er gestorben ist, ist die Bedeutung seiner Worte klar geworden.

Es ist offensichtlich, dass diese höchste Definition des Gurus nur in sehr begrenzter Weise auf einen angewandt werden kann, dessen Legitimität von einer menschlichen Ernennung abhängt. In ihrer Fülle kann sie nur auf

Bhagavan, auf den Jivan-Mukta (den Befreiten, der noch im Körper ist) angewandt werden. Bhagavan ist tatsächlich der universelle göttliche Guru.

Auf eine andere Weise ist er auch universell. Einer, der den höchsten Zustand erlangt hat, steht über allen religiösen Formen. Sie sind die Wege, die zum Gipfel hinaufführen, aber er ist der Gipfel selbst und alles andere. Ein Guru führt normalerweise seine Nachfolger auf dem Weg, den er selber gegangen ist, und Bhagavan kam durch einen Akt der Selbstergründung zur Verwirklichung, der mit den hinduistischen Formen oder denen einer anderen Religion nichts zu tun hatte. Das war es auch, was er gelehrt hat. Er kam als Antwort auf die Bedürfnisse unseres Zeitalters und verkündete einen Weg, den Suchende in jeder Religion mit seiner Gnade und Hilfe gehen können, gleichgültig ob sie nun einer formellen Religion folgen oder nicht.

Man könnte nun daraus folgern, dass Bhagavans Einweihung frei und offen gegeben würde. Im Gegenteil, es geschah im Verborgenen. Wäre es öffentlich geschehen, hätte der beständige Zustrom von Besuchern aus Indien und dem Ausland es nötig gemacht, dass Bhagavan gezwungen gewesen wäre, den einen anzunehmen und den anderen abzuweisen. Denn gewöhnlich suchen viele Einweihung, ohne sich der Suche zu verpflichten, sozusagen als ein spirituelles Tonikum. So bewirkte das Verständnis des Suchers oder sein Fehlen die Auswahl, die in einem geheimen Orden von einem Guru getroffen wurde. Die Bereitschaft für eine Einweihung war die erste Hürde. Jene, die nicht vorbereitet waren, wussten nie, dass sie etwas verpasst hatten, und waren deshalb keiner Eifersucht, Missgunst oder Mutlosigkeit unterworfen, wie sie es sonst gewesen wären.

Wenn Bhagavan gefragt wurde, leugnete er nie, dass er Einweihung gab, aber er bestätigte es auch nicht öffentlich. Das einzige Mal, dass ich ihn das tun hörte, war bei Hartz. Manchmal antwortete er, dass die Guru-Schüler-Beziehung aus der Sichtweise des Schülers betrachtet wirklich und für ihn nötig sei, auch wenn der Guru sie nicht bestätigen kann, da es für ihn keine anderen gibt und deshalb auch keine Beziehung. Es muss angemerkt werden, dass Hartz seine Frage so stellte, dass es möglich war, eine bejahende Antwort zu geben, ohne etwas über eine Beziehung auszusagen. Das trifft natürlich nur auf den vollkommenen Guru zu, der immer in einem Zustand der höchsten Identität mit dem Selbst ist.

Auch war die Einweihung und Führung nicht auf Bhagavans Lebenszeit beschränkt. Wäre es so gewesen, hätte sie nur eine zeitlich begrenzte Lösung des Problems der Bedingungen der modernen Welt gebracht. Wenn man ihn fragte: „Besteht der Kontakt mit dem Guru auch nach der Auflösung des physischen Körpers weiter oder nur, solange er lebt?", antwortete er: „Der Guru ist nicht die physische Gestalt. Deshalb bleibt der Kontakt auch bestehen, nachdem die physische Gestalt verschwunden ist."

Als sein Tod bevorstand und einige Verehrer ihn fragten, wie sie ohne seine beständige Führung mit ihrem Sadhana weitermachen konnten, antwortete er mit dem geheimnisvollen Tadel: „Ihr messt dem Körper zu viel Bedeutung zu."

Wenn einer wirklich verstanden hat, was Jivan-Mukta bedeutet, nämlich die beständige, unerschütterliche, bewusste Identität mit dem Selbst, benötigt er keine Versicherung. Er weiß, dass die Gegenwart oder Abwesenheit eines Körpers keinen Unterschied machen kann. „Es gibt bei der Selbstverwirklichung keine Stufen. Es gibt bei der Befreiung keine Grade. So kann es nicht einen Zustand der Befreiung mit dem Körper und einen anderen, nachdem der Körper abgeworfen wurde, geben. Der Verwirklichte weiß, dass er das Selbst ist und dass nichts, weder sein Körper noch sonst etwas, existiert außer das Selbst. Welchen Unterschied macht es für solch einen, ob der Körper da ist oder nicht?"

Und seine Devotees haben in der Praxis gesehen, dass es so ist. Und nicht nur das, auch neue Devotees werden von ihm angezogen und erfahren seine Führung wie zuvor. Viele von denen, die nach Tiruvannamalai kommen, haben ihn nie zu seiner Lebenszeit gesehen. Viele folgen seiner Führung auch aus der Entfernung, da sie nicht kommen können. Es gibt keine Menschenmassen wie zuvor, aber viele davon sind Touristen, die sich nach Segen sehnen. Der Anteil wahrer Devotees ist jetzt höher. Hilfe und Führung haben nicht abgenommen.

Da Bhagavan der universale Guru ist, verkündet er seine Lehre öffentlich. Es war für den Guru üblich, die Trainingsmethode geheim zu halten, auch wenn er offen über die Theorie schrieb. Diese Vorsichtsmaßnahme war nötig, da es illegitim ist und sogar gefährlich sein kann, eine Technik ohne persönliche Berechtigung zu üben. Unter Bhagavans Führung sind jedoch das Verstehen und das Bestreben die einzigen Voraussetzungen und ihr Fehlen das einzige Hindernis.

Einmal fragte ihn ein Besucher: „Kann ich sicher sein, dass es nichts weiter zu lernen gibt, was die Technik der spirituellen Übung betrifft, als das, was in Bhagavans Büchern steht?" Er erklärte weiter: „Ich frage, weil der Guru in anderen Lehrsystemen seinen Schülern einige geheime Techniken erst bei der Einweihung enthüllt."

Bhagavan erwiderte: „Es gibt nichts weiter zu wissen als das, was du in den Büchern findest. Es gibt keine geheime Technik. In dieser Lehre ist alles ein offenes Geheimnis."

Es ist offen und doch geheim, denn obwohl es öffentlich gesagt wird, scheinen nur wenige seine volle Bedeutung zu verstehen.

Die Methode ist die Selbstergründung: Wer bin ich? Manchmal sagte er: „Ob du an die Wirklichkeit der Welt oder Gottes glaubst oder nicht, du weißt, dass du existierst. Deshalb beginne mit dir und finde zuerst heraus, wer du bist."

Wer bin ich? Was ist meine Wirklichkeit? Nicht mein Körper, da er sich beständig verändert, von der Jugend bis zum Alter, von Krankheit zur Gesundheit, aber ich bin immer noch. Zudem sage ich, dass ich einen Körper habe, nicht, dass ich einer bin, und was ich habe ist nicht dasselbe wie was ich bin. Wer ist es, der sagt: „mein Kopf", „meine Hände", „mein Körper"? Auch bin ich nicht meine Gedanken und Gefühle, meine Bestrebungen und Wünsche, meine Vorlieben und Abneigungen, Hoffnungen und Ängste. Das alles bleibt eine Zeitlang bei mir und vergeht dann wieder. Die Gedanken und Gefühle, die ich jetzt habe, unterscheiden sich völlig von denen, die ich vor zehn Jahren hatte. Und dennoch bin ich immer noch. Zudem habe ich nichts davon im tiefen, traumlosen Schlaf, und trotzdem existiere ich. Und ich sage von ihnen ebenfalls: „ich habe", nicht „ich bin". Was bin ich also? Was bleibt übrig, wenn all dieses Nebensächliche fortgenommen wird?

Das alles ist nicht das, was Bhagavan mit Selbstergründung gemeint hat. Es ist eine nützliche geistige Einführung, aber Selbstergründung, wie er sie gelehrt hat, ist keine verstandesmäßige, sondern eine spirituelle Übung. Deshalb muss jede verstandesmäßige oder wörtliche Antwort falsch sein. „Jede

Antwort, die der Geist geben kann, ist falsch." Wenn man eine Antwort gibt, hat man eine spirituelle Übung als philosophisches Rätsel missverstanden.

„Die Ergründung ‚Wer bin ich?' bedeutet, die Quelle des Egos oder ‚Ich'-Gedankens zu finden. Man soll den Geist nicht mit anderen Gedanken beschäftigen wie etwa: ‚Ich bin nicht der Körper.' Die Quelle des Ichs zu suchen dient als Mittel, alle anderen Gedanken loszuwerden."

Es ist auch keine psychologische Studie oder Technik, um seine Fähigkeiten und Neigungen zu erkennen oder seine unbewussten Triebe zu enthüllen, sondern das Selbst hinter dem Ego, das all diese Fähigkeiten und Triebe hat, zu erkennen. „Wie es nutzlos ist, den Abfall zu untersuchen, der aufgekehrt wird, um dann weggeworfen zu werden, so ist es auch nutzlos für einen, der das Selbst erkennen will, die Tattvas (Daseinsprinzipien) aufzuzählen, die das Selbst umhüllen, und sie zu untersuchen, anstatt sie wegzuwerfen."

Es ist auch kein „Ich", das nach einem anderen „Ich" sucht. Es gibt nur ein Selbst in dir, keine zwei.

Einmal fragte ein Besucher: „Ist es nicht komisch, dass ich nach dem ‚Ich' suchen soll? Entpuppt sich die Suche ‚Wer bin ich?' am Ende als eine leere Formel? Oder soll ich mir die Frage endlos stellen und sie wie ein Mantra wiederholen?"

Es wurde ihm geantwortet: „Die Selbstergründung ist gewiss keine leere Formel. Sie ist mehr als die Wiederholung eines Mantras. Wäre sie nur ein verstandesmäßiges Fragen, wäre sie nicht von großem Wert. Ihr Zweck ist, den ganzen Geist auf seine Quelle zu richten. Deshalb ist es keine Angelegenheit, wobei ein ‚Ich' ein anderes ‚Ich' sucht. Noch weniger ist es eine leere Formel, da es eine intensive Aktivität des ganzen Geistes erfordert, ihn beständig in reinem Selbstgewahrsein zu halten. Die Selbstergründung ist das einzige direkte, unfehlbare Mittel, um das bedingungslose, absolute Sein zu erkennen, das du in Wirklichkeit bist."

Wie die Sucher gewarnt werden, keine verstandesmäßige Suche aus der Selbstergründung zu machen, so werden sie auch davor gewarnt, eine ständige Wiederholung wie ein Mantra daraus zu machen und es mit der Meditation „Ich bin Er" zu verwechseln. „Die Selbstergründung unterscheidet sich von der Meditation: ‚Ich bin Shiva' oder ‚Ich bin Er'. Sie betont vielmehr die Selbsterkenntnis, denn du sorgst dich zuerst um dich selbst, bevor du die Welt und ihren Herrn erkennen willst. Die ‚Ich bin Er‘ oder ‚Ich bin Brahman‘-Meditation ist mehr oder wenig mental, aber die Ergründung des Selbst ist eine direkte Methode und ihr überlegen.“

Normalerweise wendet sich der Geist eines Menschen nach außen und schafft oder folgt einem Handlungsablauf oder Gedankenstrom. Stattdessen wird er nun nach innen auf sich selbst gerichtet, indem er fragt: „Wer bin ich?“, nicht um eine Antwort auf die Frage zu suchen, sondern einfach das Gewahrsein oder Ich-bin zu erfahren und nur das in seinem Bewusstsein zu bewahren.

Der Mensch besitzt drei Funktionen: Handeln, Denken und Sein. Sein liegt den beiden anderen zugrunde und ist die nötige Grundlage für sie, trotzdem wird es fast völlig von ihnen überschattet, sodass es sehr selten geschieht, dass ein Mensch seines tatsächlichen Seins, seines reinen Ich-bin gewahr ist. Um ein Gleichnis zu gebrauchen, das Bhagavan oft benützte: Es ist wie eine Kinoleinwand, auf der ein Film gezeigt wird. Die Zuschauer sind sich ihrer nicht gewahr, sondern nur der Bilder, die sich über die Leinwand bewegen. Und dennoch ist sie wirklich, und die Bilder sind nur Schatten auf ihr. Die Leinwand ist unverändert, bevor der Film gezeigt wird, während die Bilder sich auf ihr bewegen und danach, und sie wird von ihnen nicht im Geringsten beeinträchtigt. Ein Feuer im Bild verbrennt sie nicht, und eine Flut macht sie nicht nass.

Es ist das Gewahrsein des Seins, dass kultiviert werden muss. Es wird durch Selbstergründung entwickelt. Tatsächlich ist die Suche danach selbst eine Art der Selbstergründung. Manchmal sagte Bhagavan: „Deine Pflicht ist einfach zu sein, nicht dies oder das zu sein.“ Und deshalb führte er ‚Ich bin, der ich bin‘ als der vollkommene Name Gottes an. Er zitierte auch oft den Satz aus dem Psalm: „Sei still und wisse, dass ich Gott bin.“ Halte den Geist still, frei von Gedanken und wisse, dass „Ich bin“, das reine Sein. Das ist Gott.

Bhagavan gebrauchte den Begriff „Meditation“ für die Übung der Selbstergründung, und dieser Begriff wird in diesem Buch ebenfalls verwendet. Er bedeutet nicht, was das Wörterbuch als „Meditation“ definiert, nämlich über etwas zu meditieren oder sich auf einen Gedanken zu konzentrieren. Er unterscheidet sich von der Sufi-Meditation, die ich früher beschrieben habe, da er nicht denken meint, sondern das Denken aufzuhalten oder zu beruhigen, während man den Geist wachsam auf sich selbst richtet oder auf das reine Gewahrsein des Seins, des Ich-bin.

Die Selbstergründung ist so weit davon entfernt, eine verstandesmäßige Übung zu sein, dass Bhagavan jene, die sie benutzten, ausdrücklich vorschrieb, sich während der Meditation nicht auf den Kopf, sondern auf das Herz zu konzentrieren. Das bedeutet nicht, an das Herz zu denken, es zu visualisieren oder sich vorzustellen, denn das wäre eine verstandesmäßige Übung. Du denkst nicht an die Augen oder visualisierst sie, um zu sehen. Du siehst einfach mit ihnen. Und auf dieselbe Weise beginnt das Gewahrsein einfach damit, sich auf das Herz zu konzentrieren, das alles durchdringt. Sich einfach hinsetzen, sich auf das Ich-sein, das Sein im Herzen zu konzentrieren und sich zugleich zu fragen: „Wer bin ich?" – nicht beständig, sondern nur einmal, um den Geist in dieser Richtung zu halten und den Gedanken nur als Waffe zu wiederholen, um andere Gedanken zu vertreiben, wenn sie sich erheben.

Wenn Bhagavan von der Konzentration auf das Herz sprach, meinte er damit nicht das physische Herz auf der linken Seite der Brust, sondern das Zentrum des spirituellen Gewahrseins auf der rechten Brustseite. Einige der Ashram-Publikationen beziehen sich in diesem Zusammenhang auf den Vers aus Ecclesiastes: „Das Herz des Weisen liegt rechts und das Herz des Narren links." (X.2). Dieses Zentrum ist keines der Yoga-Chakren. Die direkte Methode befasst sich nicht mit ihnen oder der Kundalini-Technik. Folgender Dialog erklärt das:

Devotee: „Bhagavan hat gesagt, dass das Herz der Sitz oder das Zentrum des Selbst sei."

Bhagavan: „Ja, es ist das höchste Zentrum des Selbst. Du brauchst daran nicht zu zweifeln. Das wahre Selbst ist dort im Herzen hinter dem Ego-Selbst."

Devotee: „Wird Bhagavan mir bitte sagen, wo im Körper es ist?"

Bhagavan: „Du kannst es mit deinem Geist nicht erkennen und es dir nicht vorstellen, wenn ich dir sage, dass es hier ist (wobei er auf die rechte Brustseite zeigte). Der einzig direkte Weg, es zu erkennen, ist, damit aufzuhören, es sich vorzustellen, und zu versuchen, du selbst zu sein. Dann spürst du von selbst, dass das Zentrum dort ist. Dieses Zentrum wird in den Schriften Herzenshöhle genannt."

Devotee: „Kann ich mich dessen sicher sein, dass die Alten mit ‚Herz' dieses Zentrum gemeint haben?"

Bhagavan: „Ja, aber du solltest vielmehr versuchen, es zu erfahren, als es zu lokalisieren. Ein Mensch muss nicht herausfinden, wo seine Augen sind, um zu sehen. Das Herz ist da, immer offen für dich, wenn du eintreten willst, immer deine Bewegungen unterstützend, auch wenn du dir dessen nicht gewahr sein solltest. Es ist vielleicht richtiger zu sagen, dass das Selbst das Herz ist. Tatsächlich ist das Selbst das Zentrum und ist überall sich selbst als das Herz oder Selbstgewahrsein gewahr."

Devotee: „Wenn Bhagavan sagt, dass das Herz das höchste Zentrum des Geistes (Spirit) oder Selbst ist, bedeutet das dann, dass es keines der sechs Chakren (yogischen Zentren) ist?"

Bhagavan: „Die Chakren, von unten aufwärts, sind eine Reihe von Zentren im subtilen Nervensystem. Sie repräsentieren verschiedene Stadien. Jedes besitzt seine eigene Art an Kraft oder Erkenntnis. Sie führen zum Sahasrara, dem tausendblättrigen Lotus im Gehirn, wo die höchste Shakti (göttliche Energie) sitzt. Aber das Selbst, das die ganze Bewegung der Shakti unterstützt, ist nicht dort lokalisiert, sondern unterstützt es vom Herzzentrum aus."

Devotee: „Dann unterscheidet es sich von der Manifestation der Shakti?"

Bhagavan: „Es gibt in Wirklichkeit keine Manifestation der Shakti getrennt vom Selbst. Es ist das Selbst, das zu all diesen Shaktis wird. Wenn der Yogi den höchsten Zustand des spirituellen Gewahrseins (Samadhi) erlangt, ist es das Selbst im Herzen, das ihn in diesem Zustand unterstützt, ob er sich dessen bewusst ist oder nicht. Aber wenn sein Gewahrsein im Herzen zentriert ist, erkennt er, dass er immer dieselbe Wahrheit, dasselbe Herz, das eine Selbst ist, der Geist (Spirit), der immer, ewig und unveränderlich ist, in welchem Zentrum oder Zustand er auch sein mag."

Bei einer anderen Gelegenheit erklärte er das noch genauer: „Die Sushumna ist eine Kurve. Sie beginnt im Solarplexus, erhebt sich durch das Rückenmark bis zum Gehirn und biegt von dort abwärts, wobei sie im Herzen endet.

Wenn der Yogi das Herz erreicht hat, wird sein Samadhi dauerhaft. Somit sehen wir, dass das Herz das endgültige Zentrum ist."

(Es ist interessant zu bemerken, dass Lama Govinda in seinem Buch *Foundations of Tibetan Mysticism* ähnlich erklärt, dass auf dem tibetanischen Weg, der durch die Inkantation von „Om Mani Padme Hum" verkörpert wird, der Eingeweihte, nachdem er das höchste Zentrum, das im Gehirn liegt, erlangt hat, zum Herzen herunterkommt, um seine Erfahrung endgültig zu festigen. Leider stellt er sein Wissen als exklusiv dem tantrischen Buddhismus zugehörend dar. Offensichtlich kann aber keine allgemeingültige Wahrheit auf irgendeine Religion oder einen Weg beschränkt werden.)

Der obige Dialog bietet eine technische Erklärung an, warum es auf dem direkten Weg keine Stufen gibt. Es gibt keine allmähliche Entwicklung der verschiedenen subtilen Zentren, von denen jedes seine eigene Art von Kraft und Wahrnehmung hat. Stattdessen gilt die Konzentration von Anfang an dem Selbst, dem alle Kräfte angehören, und dem Herzen, von dem alle Zentren ausstrahlen und unterstützt werden.

Die Selbstergründung ist natürlich keine neue Methode. Da sie die direkteste Methode ist, muss sie auch die älteste sein. In frühen Zeiten war sie jedoch ein Weg für das weltabgeschiedene Streben in der Stille und Einsamkeit. Aber in jüngerer Zeit hat die nachlassende Spiritualität dazu geführt, dass sie nur noch wenig angewandt wurde. Bhagavan hat sie als eine Methode wiederhergestellt, die unter den Umständen der modernen Welt geübt werden kann. Ihre Unabhängigkeit von Lehren und Ritualen, ihre Ursprünglichkeit macht sie möglicherweise universal. Bhagavan passte sie zudem an, indem er sie mit dem Karma-Marga kombinierte, d.h. mit einem Fortschritt durch Tätigkeit. Er hat von seinen Nachfolgern nicht erwartet, dass sie der Welt entsagen, sondern hat es sogar untersagt, wenn sie um sein Einverständnis baten, es zu tun.

„Warum denkst du, ein Haushälter zu sein? Wenn du ein Leben als Einsiedler führst, wird der entsprechende Gedanke, dass du ein Einsiedler bist, dich verfolgen. Dein Geist verfolgt dich, ob du nun weiter als Familienvater lebst oder es aufgibst und im Wald lebst. Das Ego ist die Quelle der Gedanken. Es erschafft den Körper und die Welt und lässt dich denken, du seist ein Familienvater. Wenn du die Welt aufgibst, wird das nur den Gedanken der Familie durch den des Verzichts ersetzen und die Umgebung der Familie durch die des Waldes. Die geistigen Hindernisse sind immer da. Sie nehmen sogar in der neuen Umgebung stark zu. Die Umgebung zu wechseln, hilft nichts. Das einzige Hindernis ist der Geist. Ihn muss man überwinden, sei es zuhause oder im Wald. Wenn du es im Wald tun kannst, warum dann nicht auch zuhause? Warum willst du also die Umgebung wechseln? Du kannst dich auch jetzt anstrengen, in welcher Umgebung du auch bist."

Und wenn man ihn fragte, ob es möglich sei, Samadhi oder spirituelles Gewahrsein während der Arbeit zu erfahren, antwortete er: „Das Hindernis ist das Gefühl ‚ich arbeite'. Frage dich selbst: ‚Wer arbeitet?' Erinnere dich daran, wer du bist. Dann wird dich die Arbeit nicht binden und von selbst weitergehen."

Ebenso bestand er nicht auf einem ehelosen Leben. In der traditionellen hinduistischen Gesellschaft haben alle Familie und sind verheiratet. Nur der Sadhu, der Weltentsager, lebt im Zölibat. Und es ist dieser äußere Verzicht, den er entmutigte. Innere Anhaftungslosigkeit ist wahrer Verzicht.

Manchmal verwendete er das Beispiel des Schauspielers auf der Bühne, der eine Rolle so spielt, wie der Verfasser sie geschrieben hat, obwohl er weiß, dass er nicht diese Person ist. Manchmal verwendete er das Beispiel des Kassierers, der tausende von Rupien gleichgültig ausbezahlt und das effizient tut, da er weiß, dass es nicht sein Geld ist.

Es ist üblich, täglich eine bestimmte Zeit der Meditation zu widmen, z.B. am frühen Morgen oder am Abend, und sich die übrige Zeit während der täglichen Verrichtungen zu erinnern. Zunächst ist dieses Erinnern vorwiegend eine verstandesmäßige und moralische Disziplin

wie etwa: „Wer fühlt sich durch die Aufmerksamkeit geschmeichelt, wen freut dieser Brief, wer ist durch das Handeln von diesem und jenem beleidigt? Wer bin ich?" Nach einiger Übung geht es tiefer und weitet sich in eine machtvollere Meditation aus.

Wenige von Bhagavans Devotees lebten beständig in Tiruvannamalai. Es war (und ist) eher üblich, in der Welt zu leben, einer Beschäftigung oder einem Beruf nachzugehen und nur gelegentlich den Ashram zu besuchen, um sozusagen die Batterien wieder aufzuladen.

Obwohl Bhagavan meist von der Selbstergründung sprach und schrieb, d.h. vom Weg der Erkenntnis, erkannte er ebenfalls den Weg der Liebe und

Hingabe für seine Nachfolger an. Für einige, die diesen Weg gingen, hat er diese enorme Aussage gemacht: „Unterwirf dich mir, und ich werde den Geist niederstrecken." Oder: „Sei nur still, und ich werde den Rest tun." Aber es ist nicht leicht, den Geist zu unterwerfen oder still zu sein.

Diese verschiedenen Wege schließen sich in der Praxis nicht gegenseitig aus, obwohl es theoretisch so aussieht.

Um zu meiner Geschichte zurückzukehren: Während all der Jahre unserer Trennung zweifelte meine Frau nie an Bhagavans Führung. Sie hatte völliges Vertrauen in ihn. Als ich nach dem Krieg wieder bei ihr war und vorschlug, ihm ein Foto von Martins Guru zu zeigen und zu erzählen, dass dies unser Guru sei, war sie entsetzt. „Das kannst du nicht tun!", rief sie. „Wie kannst du Bhagavan sagen, dass jemand anderes unser Guru ist?"

„Aber er selbst ist ja kein Guru", protestierte ich mit unbeholfener Logik, indem ich wiederholte, was man mir gesagt hatte.

„Aber du kannst das nicht tun!", wiederholte sie. „Es wäre schrecklich."

Und ich ließ es bleiben.

Doch obwohl sie sich völlig auf Bhagavan verließ, machte sie weiterhin die Übungen, in die wir eingeweiht worden waren, und fand es nicht nötig, Martin zu schreiben, dass sich etwas in der Gefolgschaft verändert hatte. Denn da ihr die Theorie von Einweihung und Guru und wer er war völlig gleichgültig war und sie dem Ganzen nur halbherzig gegenüberstand bis sie zu Bhagavan kam, war solch ein Verhalten ganz natürlich. Aber konnte ich dasselbe tun?

Ich stellte bald fest, dass ich mit den Übungen, in die ich eingeweiht worden war, nicht weitermachen konnte, da sie einen anderen und weniger direkten Weg vertraten. Sie wurden zu einer schrecklichen Last für mich. Ich zwang mich aus Verantwortungsgefühl, noch einige Zeit damit fortzufahren, und bat dann Bhagavan um seine Zustimmung, sie aufzugeben. Er gab sie, indem er sagte: „Ja, alle anderen Methoden führen zur Selbstergründung."

Es stellte sich für mich nie die Frage, ein Hindu zu werden (selbst wenn das möglich gewesen wäre), da es für mich eine neue Bürde von Formalitäten bedeutet hätte.

Ich fühlte mich deshalb verpflichtet, den Guru, von dem, wenn auch indirekt, die Übungen vorgeschrieben worden waren, zu informieren, da es ein Treuebruch war. Es stellte sich auch die Frage, Guénons Fehler zu korrigieren. Ich verdankte ihm nicht nur, dass er mich aus einem Leben der Unwissenheit zur Suche nach dem Ziel geführt hatte und dabei indirekt zu Bhagavan, sondern ich musste auch alle anderen berücksichtigen, die durch ihn inspiriert worden waren, einen Weg zu suchen, aber aufgrund seines Fehlers den Weg durch sein Schild: „Kein Weg" blockiert finden würden, wie es bei mir beinahe geschehen war.

Es muss daran erinnert werden, dass Guénon völlig gegen die modernen empirischen Denkmethoden war und stattdessen die traditionelle Methode vertrat, die Grundprinzipien zu verstehen und sie auf die aktuellen Umstände anzuwenden. Er hat das gewöhnlich erfolgreich getan, aber ich habe bereits Fälle erwähnt, wo das nicht der Fall gewesen war, weil die Prinzipien zu doktrinär angewandt wurden. Es stellte sich jetzt heraus, dass seine falsche Ansicht, Bhagavan sei kein Guru, ernste Konsequenzen hatte, da sie vermutlich ernsthafte praktische Auswirkungen für jene haben würde, die Führung suchten. Eine Einweihung musste seiner Ansicht nach stets durch streng rechtgläubige Kanäle und auf formelle Weise erfolgen. Bhagavans Einweihung und Führung war nicht formell und folgte nicht der Rechtgläubigkeit irgendeiner Religion. Deshalb gab es nach Guénon keine Einweihung und Führung durch Bhagavan. Es kam ihm nicht in den Sinn, dass die göttliche Gnade, den Bedürfnissen des Zeitalters entsprechend, einen neuen Weg eröffnet haben könnte, da die meisten rechtgläubigen Kanäle ausgetrocknet waren und das Wasser des Lebens, das sie einst lieferten, für fast die ganze Menschheit unerreichbar geworden war. Er wies oft auf das Phänomen hin, dass die Gnade auf eine neue Weise kanalisiert werden kann, damit sie für die Bedingungen eines anderen Zeitalters oder einer anderen Gemeinschaft dienlich ist, aber er gab nicht zu oder nahm nicht wahr, dass dies bereits in seinem eigenen Zeitalter geschehen war. Bevor er solch eine ernsthafte Aberkennung aussprach, hätte er die Angelegenheit prüfen müssen, aber wie er dies auch mit seiner Zurückweisung des Buddhismus nicht getan hatte, tat er es auch diesmal nicht, da es nach Empirismus roch.

Ich beschloss, einen Brief an Martin zu schreiben, den er seinem Guru und Guénon zeigen sollte, in dem ich erklärte, dass Bhagavan ein Guru war und Einweihung und Führung gab. Doch es gab ein großes Hindernis. Wie ich bereits gesagt habe, war einer von Guénons enthusiastischen Anhängern in Tiruvannamalai gewesen und hatte die schweigende Einweihung und Führung Bhagavans nicht verstanden. Er hatte Guénon berichtet, dass es keine gab und dass Bhagavan kein Guru sei. Konnte ich von Guénon erwarten, meine Einschätzung seiner vorzuziehen, besonders da seine Einschätzung Guénons Theorie bestärkte und meine sie widerlegte? Das schien sehr unwahrscheinlich. Ich schrieb deshalb einen Brief mit der eindeutigen Aussage, dass Bhagavan ein Guru war und Einweihung und Führung geben würde. Ich zeigte ihn Bhagavan und bat ihn um Erlaubnis, ihn wegzuschicken. Obwohl er normalerweise keine Bestätigung solcher Art gab, hoffte ich, dass er angesichts der Dringlichkeit in diesem Fall eine Ausnahme machen würde. Er tat es. Er las den Brief sorgfältig durch, reichte ihn zurück und sagte: „Ja, schick ihn weg." Ich schickte Martin den Brief mit einem Nachwort, in dem ich das erklärte.

Bhagavan selbst schrieb keine Briefe. Deshalb konnte ein Brief, der seine ausdrückliche Zustimmung hatte, als eine Nachricht von ihm gelten. Im letzten Kapitel von Guénons *Man and His Becoming According to Vedanta* wird deutlich, dass Guénon verstanden hatte, was mit dem Jivan-Mukta, dem göttlichen Menschen, dem völlig Verwirklichten gemeint ist. Jetzt würde er eine persönliche Nachricht von einem solchen erhalten. Ich hoffte, dass er sie annahm und nicht wie einer jener war, die Jesus verleugneten, weil er nicht in der Gestalt gekommen war, die sie erwartet hatten.

11. Wie ich ein Schriftsteller wurde und aufhörte, einer zu sein

In meiner Jugend wurde ich vom Wunsch gepeinigt, ein Schriftsteller zu werden. Als ich schließlich etwa zwanzig Jahre später einer wurde, geschah es fast zufällig – soweit überhaupt etwas zufällig ist, d.h., ohne dass ich es geplant hatte.

Nach zwei oder drei Jahren in Tiruvannamalai wurde es nötig, dass ich wieder Geld verdiente, und ich nahm einen Job als Assistent des Herausgebers einer Zeitung in Madras, der nächsten Großstadt, an. Somit nahm mein Schicksal die Richtung, die Bhagavan für seine Nachfolger billigte – eine Zeit intensiven Trainings gefolgt von der Übung der Selbstergründung im Leben in der Welt.

Ich nahm einen lebensgroßen Druck von einer der Fotografien Bhagavans, der mit Öl übermalt war, mit. Er war ein Geschenk von einem Devotee, der mit den Jahren eine schöne Sammlung von Bildern von Bhagavan aufgebaut hatte. Bevor ich ging, zeigte ich ihn Bhagavan, der ihn in die Hände nahm und ihn mir zurückgab, wobei er sagte: „Er nimmt den Swami mit."

Solcher Art war die unpersönliche Weise, in der er über sich selbst sprach. Danach hatte das Bild für mich eine besondere Bedeutung. Es ist eines der innigsten und tiefsinnigsten Porträts, wenn auch mit einem weniger gütigen und direkt zugänglichen Ausdruck als einige der anderen.

Ich wandte mich sofort dem Journalismus zu. Ich habe nie die Unverfrorenheit besessen, mich als einen guten Reporter zu bezeichnen, doch glücklicherweise war das nicht nötig. Die Arbeit als Herausgeber lag mir von Anfang an, was mit dem Lehren nicht so war. Ich bezweifle, ob ich davor überhaupt fähig gewesen wäre, ein Buch oder einen Artikel mit Erfolg zu schreiben. Mein Stil war zu subjektiv und abstrakt. Aber mit dem Antrieb, professionell schreiben zu müssen, begann ich sofort, das zu tun. Die Herausgabe von Artikeln, zu entscheiden, welche praxisnah geschrieben und welche Änderungen nötig waren, lehrte mich, auch praxisnah zu schreiben, und das fast ohne Anstrengung. Vielleicht war das eine Übung in der Technik des Schreibens, die mich befähigte, später über Bhagavan und seine Lehre zu schreiben.

Ich überflog die Zeitungen und schrieb Leitartikel, aber vor allem übernahm ich es, den Teil des Sunday Magazine zu entwickeln und eine Seite über Buchempfehlungen hinzuzufügen. Auf diese Weise, nicht als ein Adept, sondern als Kritiker, brach ich meine lange Abstinenz vom Lesen. Auch nachdem ich den Journalismus als Beruf aufgegeben hatte, schrieb ich weiterhin Buchempfehlungen für verschiedene Zeitungen und las deshalb immer noch viel, aber planlos. Ich kaufte oder lieh mir nie Bücher aus den Bibliotheken, sondern las nur, was ich zum Rezensieren bekam. Es waren vor allem Bücher von spirituellem Interesse, und tatsächlich kamen jahrelang die meisten neuen Bücher dieser Art zu mir, aber ich erhielt auch viele andere Bücher über Geschichte, Politik, Zeitgeschehen, verschiedene Bereiche der Philosophie, selbst Reiseliteratur und Romane. Somit wurde ich wieder sehr belesen. Ich las oberflächlich, überflog die Bücher als Kritiker und ließ mich nicht von ihnen beschlagnahmen, sodass sie mich nicht von der Ergründung ablenkten, und deshalb war meine Art des Schreibens, zu der ich taugte, kritisch und analytisch, nicht kreativ. Es hätte mir viel Kummer erspart, wenn ich mich früher im Leben gut genug gekannt und es bemerkt hätte. Wie viele Menschen sind über sich frustriert, weil sie versuchen, etwas zu sein, was sie nicht sind, anstatt das weiterzuentwickeln, was sie sind! „Lieber das eigene Dharma, auch wenn es schlecht getan wird, als das Dharma eines anderen, auch wenn es gut getan wird." (Bhagavad Gita XII,47) Es wird selten gut getan.

Erst jetzt während meiner Zeit im Madras wurde ich ein völliger Vegetarier. Physische Einschränkungen sind natürlich viel weniger von Bedeutung auf dem direkten Weg der Selbstergründung als auf irgendeinem anderen, aber auf was Bhagavan Wert legte, war der Vegetarismus. Das offensichtlichste Motiv dafür ist Mitleid – nicht nur persönliches Mitleid mit den getöteten Tieren – das natürlich auch – sondern darunter liegt ein mehr verstandesmäßiges Mitleid der Gleichgesinntheit, indem man die gleiche Heiligkeit in jedem Leben sieht und nicht einwilligt, dass andere Geschöpfe der ihren beraubt werden, um das eigene aufrechtzuerhalten. Abgesehen davon wirkt der Vegetarismus sowohl auf den Geist als auch auf den Körper. Das Essen von Tieren ist für den spirituellen Fortschritt schädlich. Es lässt eine unerwünschte Vibration oder einen Magnetismus entstehen, und der Geist nimmt die schlechten Eigenschaften auf. Wenn jemand Bhagavan danach fragte, empfahl er immer und definitiv Vegetarismus. Es ist auch charakteristisch für seine Weisheit und Geduld, dass er ihn nicht vorschrieb, wenn jemand nicht fragte. Der Baum bringt die Frucht hervor, nicht die Frucht den Baum. Vegetarismus von oben herab aufzuerlegen, mag dazu führen, dass Unmut unterdrückt wird, der schwelen und zunehmen kann. Es ist deshalb besser, so lange zu warten, bis die innere Entwicklung nach ihm verlangt.

Ich war Zeit meines Lebens ein großer Fleischesser. Ich aß täglich Fleisch, oft in der einen oder anderen Form dreimal täglich, am Morgen, Mittag und Abend, abgesehen von einer kurzen Periode in Oxford, als ich Vegetarier war, da ich Leonardo da Vincis Ausspruch gelesen hatte, dass wir alle Friedhöfe von toten Tieren seien. In Tiruvannamalai aßen wir weniger Fleisch als jemals zuvor, haben aber nicht völlig darauf verzichtet. Als wir nach Madras gezogen waren, gaben wir es auf, zuhause Fleisch zu kochen, aber jeden Dienstag ging ich zur Mittagszeit in die Stadt, um mir meinen wöchentlichen Vorrat an Tabak zu besorgen, und ich aß im Restaurant Fleisch zu Mittag. An einem Dienstag bestellte ich Chicken Pilau, aber als es kam, konnte ich den Gedanken nicht ertragen, es zu essen. Es war kein theoretischer Einwand oder Mitgefühl für dieses Huhn, nur ein innerer Widerwille. Also ließ ich es zurückgehen und bestellte gebratenen Fisch. Am nächsten Dienstag bestellte ich dasselbe, hatte aber auch für den Fisch dasselbe Gefühl und ließ ihn zurückgehen. Ich aß nie wieder Fleisch oder Fisch. Die Meditation lässt eine feinere Vibration entstehen und macht einen irgendwie sensibler, was das Essen und die Umgebung betrifft. Ich hatte den Punkt erreicht, an dem der Vegetarismus zu einer Notwendigkeit wurde.

Eine andere Wirkung der Ergründung ist, dass die Auswirkung der eigenen Taten, seien sie positiv oder negativ, Wiedergutmachung oder ausgleichende Gerechtigkeit, schneller folgen und erkennbarer werden. Jede Tat hat ihre Wirkung („Was ein Mensch säht, das erntet er.") Das ist das Gesetz des Karmas, aber für den spirituell Unwissenden und weltlichen Menschen kann es sich so lange verzögern oder so sehr maskieren, dass die Person selbst es nicht bemerkt. Wenn man bewusst ausgeglichener wird, braucht es viel weniger Unreinheit, um ein Ungleichgewicht zu bewirken, wie eine empfindliche Maschine durch ein kleines Hindernis aus dem Takt gerät, das der schwereren, plumperen Maschine nichts ausmacht. Auch die Auswirkungen folgen schneller und auf erkennbarere Art.

Meine Mittagessen am Dienstag in der Stadt waren bald nicht mehr nötig, da ich mit dem Rauchen aufhörte. Seit Oxford war ich ein starker Pfeifenraucher. Sogar im Internierungslager in Thailand konnte ich mir die meiste Zeit Pfeifentabak besorgen, und wenn es keinen gab, rauchte ich burmesische Stumpen oder dicke thailändische Zigaretten, die in Bananenblättern gewickelt waren.

Nach einiger Übung bewirkt die Meditation eine Art Gewahrseinsstrom, der physisch als eine Vibration gespürt werden kann. Zuerst spürt man ihn nur während der Meditation und nur im Herzen, im Kopf und dazwischen, aber allmählich wird er durchdringender und konstanter und bildet eine Art Unterströmung zum Leben und den Handlungen. Rauchen ist auch eine Art Unterströmung. So spürte ich, dass es eine störende und unreine Unterströmung war, nachdem die meditative Vibration erwacht war. Ich hatte bereits zuvor zweimal das Rauchen aufgegeben. Beide Male begann ich sechs Monate später wieder damit. Doch diesmal war es endgültig. Ich wartete nicht einmal, bis der Tabak in meinem Beutel aufgebraucht war. Ich schenkte ihn mit dem restlichen Tabak und all meinen Pfeifen einem jungen Journalisten, der sich für einen Pfeifenraucher hielt, vielleicht weil es ihn britisch aussehen ließ. Ich rauchte nie wieder oder hatte ein Bedürfnis danach.

Dieser Gewahrseinsstrom, von dem ich spreche, kann man nicht direkt als Freude bezeichnen, und doch würde man ihn nicht für jede erdenkliche Freude eintauschen wollen. So verblasste die Frage, die sich mir stellte, als ich zum ersten Mal die Ergründung aufnahm: ob ich dazu bereit war, alle Freuden, von denen ich wusste, dass sie wirklich sind, für Freuden zu opfern, die wirklich sein können.

Meine Frau war nicht immer bei mir in Madras. Die Kinder gingen noch in den Bergen zur Schule und erwarteten, dass sie die heißen Monate mit ihnen dort verbrachte, und sie wollte auch einige Zeit in Tiruvannamalai verbringen. Wir hatten Schwierigkeiten mit der Unterkunft. Jetzt ließ sie dort ein Haus bauen, während ich in Madras war. Sie hatte den starken Glauben, dass wir schließlich in Rente gehen und uns dort niederlassen konnten, obwohl es zu dieser Zeit nicht danach aussah. Sie beauftragte keinen Architekten und zeichnete keine Entwürfe, sondern sagte dem Maurer immer, was er als nächstes tun sollte. Und doch wurde daraus ein reizendes kleines Haus, schön und kompakt, ein Palast in Größe eines Puppenhauses.

Ich habe anderswo die Geschichte von Bhagavans langer und schmerzhafter Krankheit erzählt und wie er gestorben ist (s. Ramana Maharshi und der Weg der Selbsterkenntnis) und will mich hier nicht wiederholen. In den Jahren 1949 und 1950 wollte meine Frau, wie andere Devotees, Tiruvannamalai nicht länger als nötig verlassen. Ich kam gelegentlich an den Wochenenden und in meinem Urlaub. Ich war da, als eine der drei Operationen erfolgte. Sofort danach wurde Bhagavans Sofa auf die Veranda der Apotheke getragen, wo die Operation stattgefunden hatte. Er sah erschöpft aus. Ich ging die wenigen Stufen zu ihm hinauf. Er wusste nicht, dass ich in Tiruvannamalai war, und als ich vor ihm stand, hellte sich sein Gesicht mit einem strahlend schönen Lächeln auf. Ich stand da, sah ihn an und war überwältigt von der unverdienten Gnade.

Wir waren da, als er im April 1950 den Körper verließ. Danach wollte jeder weg. Der Ort war verlassen. Ich konnte noch einige Tage bleiben, dann war mein Urlaub vorbei. Meine Frau blieb. Keiner von uns spürte Trübsinn oder ein Vakuum. Der ganze Ort strahlte seine Gegenwart aus. Nie war die Vibration des Friedens so durchdringend und mächtig gewesen. Er hatte gesagt: „Sie sagen, dass ich fortgehe. Aber wohin kann ich gehen? Ich bin hier." Dieses „hier" ist universal, das unendliche Hier und Jetzt des Geistes, aber es bedeutet auch Tiruvannamalai, wie es zu Lebzeiten seines Körpers gewesen war. Allmählich begannen auch andere es zu spüren und kamen zurück, und der Ort füllte sich wieder. Neue Devotees fühlten sich ebenfalls angezogen, sowohl aus Indien als auch aus dem Ausland, und diese Bewegung setzte sich fort.

Arunachala

Der Berg Arunachala mit seiner Stadt Tiruvannamalai zu seinen Füßen ist eines der ältesten spirituellen Zentren in Indien. Es wird besonders mit dem direkten Weg der Selbstergründung und der stillen Einweihung, die damit in Zusammenhang steht, in Verbindung gebracht. Tatsächlich ist es das traditionelle Zentrum Dakshinamurtis, Shivas, der als jugendlicher Guru die alten Schüler in Schweigen lehrte. Deshalb wurde Bhagavan hierhergezogen und ließ sich hier nieder, und deshalb schrieb er Lieder für Arunachala als eine Gestalt, die Shiva, der gestaltlose Gott, angenommen hat. Vielleicht ist Arunachala deshalb auch weniger bekannt als die anderen Zentren wie Benares und der Berg Kailash. Der direkte Weg der Selbstergründung war weniger zugänglich und verbreitet als die anderen indirekten Wege. Doch jetzt, nachdem Bhagavan ihn wieder hergestellt und vereinfacht hat, damit er dem Geist unserer Zeit entspricht, ist Arunachala wieder zu einem aktiven spirituellen Zentrum geworden. Bhagavan hat gesagt, dass Arunachala das Zentrum der Welt sei. Die Leute, die hierherkommen, spüren eine Macht und Schönheit und eine gewaltige Vibration des Friedens.

Nach seinem Tod schrieb ich viele Artikel über Bhagavan für meine Zeitung und andere. Der Ashram wollte als ein Zeichen dafür, dass er immer noch blühte, dass weiterhin publiziert wurde. Ich sammelte diese Artikel und bearbeitete sie als Kapitel eines Buches, das ich *Ramana Arunachala* betitelte. Ich gab es dem Ashram zur Veröffentlichung, ohne ein Honorar zu verlangen. So erschien fast zufällig mein erstes Buch.

Es gab bereits eine offizielle Biografie über Bhagavan [*Self-Realization* von Narasimha Swami], aber sie ging nur bis 1936 und war in einer blühenden indischen Nachahmung der viktorianischen Wortfülle geschrieben. Ich wurde gefragt, ob ich sie überarbeiten und auf den aktuellen Stand bringen konnte. Zunächst war ich damit einverstanden, aber als ich mich an die Arbeit machte, fand ich, dass so vieles geändert werden musste, sowohl im Stil als auch an der Struktur, dass nur übrig blieb, ein neues Buch zu schreiben. So kam es dazu, dass ich mein zweites Buch schrieb: *Ramana Maharshi und der Weg der Selbsterkenntnis*. Die erste Hälfte beruht hauptsächlich, wenn auch nicht ausschließlich, auf der früheren Ashram-Biografie. Bevor sie für die Veröffentlichung fertig war, erzählte jemand Gerald Yorke von Rider & Co. von ihr. Er schrieb mir und schlug vor, es in England herauszubringen, sodass es eine größere Öffentlichkeit erreichte und Bhagavan und seine Lehre auch außerhalb Indiens bekannt machte. Ich stimmte sofort zu und gab das Buchhonorar dem Ashram.

Riders veröffentlichte damals eher zweitrangige okkulte Bücher, und mir gefiel es nicht, dass sie eine Biografie über Bhagavan herausbrachten. Aber Yorke las für sie die Manuskripte und versuchte, das Niveau zu heben. Ein oder zwei Jahre später wurde er der Manager des Verlags, und mit der Hilfe anderer aus seinem Team erreichte er es, dass der Verlag einer der besten mit Büchern von wirklichem spirituellem Interesse wurde und ein Verlagshaus, mit dem die Zusammenarbeit in jeder Hinsicht angenehm war. Mein Briefwechsel mit Yorke dauert an, und er war immer freundlich und hilfsbereit. Mehrmals konnte ich Leute an ihn verweisen, wenn sie mir aus England schrieben und nach der Möglichkeit eines spirituellen Anschlusses fragten.

1950, bevor das Buch veröffentlicht wurde, schickten wir Catherine und Adam, unsere zwei ältesten Kinder, nach England, um dort ihre Ausbildung zu beenden.

Unter anderen Umständen wäre das mein letzter Job gewesen. Doch so war es nötig, 1952 zu gehen. Ich hatte ein Angebot für eine Stelle zu besseren Konditionen als Schuldirektor eines Gymnasiums in Kalkutta bekommen. Mit Adam in England, für den ich zahlen musste, war das eine Erwägung wert. Catherine war bei meinen Eltern. Sie war mit der Schule fertig und kehrte Ende 1952 zu uns zurück, aber Adam war noch in der Schule und sollte dann die Universität besuchen.

Nachdem ich die Zeitung verlassen hatte, zögerte die Schulverwaltung und verschob meine Einstellung. Es war bereits 1953, als wir nach Kalkutta zogen. So folgte der letzte Job, den ich übernahm, dem Muster meiner ganzen beruflichen Karriere – jede nachfolgende Anstellung war nicht nur ein neuer Job, sondern auch eine andere Art von Job, und jede dauerte vier Jahre.

Ich fand die Arbeit interessant. Die Arbeit als Schulleiter unterscheidet sich von der eines Lehrers. Es handelt sich v.a. um Organisation und Verwaltung. Und auch diesen Job fand ich hilfreich für meine Entwicklung, nämlich der Entwicklung der Entscheidungskraft und organisatorischer Fähigkeiten, die bis jetzt nicht zum Vorschein gekommen waren. Hört es sich seltsam an, wenn man von der Arbeit als Hilfe für die Entwicklung des eigenen Charakters in seinen späten Vierzigern spricht? Doch so war es. Es gibt zwei Erklärungen: eine persönliche und eine allgemeine. Die erste ist, dass ich insgesamt spät reif wurde, die letzte, dass jemand, der Ergründung übt, nicht mit den Jahren erstarrt, sondern sich immer in Entwicklung befindet.

Die beiden untersten Klassen waren schwach besucht, als ich die Schule übernahm. Als ich fünf Jahre später ging, waren es mehr als doppelt so viele Schüler.

Auch Catherine nahm in Kalkutta eine Arbeit an. Anfang 1955 heiratete sie und ging mit ihrem Mann nach Peshawar, der dort arbeitete.

Seit ich nach Indien gekommen war, hatte ich von einem seltsamen Heiligen namens Sai Baba gehört, der nicht nur kein Buch geschrieben, sondern auch keines gelesen hatte. Er lebte in einer Moschee und wurde dort von Hindus verehrt. Er sorgte dafür, dass seine hinduistischen und moslemischen Schüler friedvoll miteinander lebten. Er wirkte unbekümmert viele Wunder und rechtfertigte sie mit dem wichtigen Ausspruch: „Ich gebe den Leuten, was sie wollen, damit sie beginnen, das zu wollen, was ich ihnen geben will." Er wurde zornig und beschimpfte seine Schüler oder schlug sie sogar, und trotzdem war er voller Liebe. Er forderte Geld (etwas, was ein Heiliger in Indien nie tut), verteilte es unter den Armen und erbettelte selbst seine Nahrung. Er starb vor langem, 1918, in der kleinen Stadt Shirdi nahe Bombay, wo er gelebt hatte, und trotzdem fand ich seine Büste oder sein Porträt in Madras im Süden in einem Haushalt, in einem Laden nach dem anderen, mit brennenden Räucherstäbchen davor.

In viererlei verschiedener Hinsicht schien er ein Vorgänger von Bhagavan zu sein, indem er die spirituelle Übung auf die Umstände der modernen Welt anpasste. Wie Bhagavan gab er keine formelle Einweihung. Wie Bhagavan hatte er Schüler, die verschiedenen Religionen angehörten. Wie Bhagavan ermutigte er sie nicht, der Welt zu entsagen. Und schließlich führte er auch nach seinem leiblichen Tod seine Schüler und zog neue Schüler an. Wenn man von seinen Devotees die vielen Geschichten seiner Erscheinung im Traum oder einer Vision oder in physischer Gestalt und sein wundersames Eingreifen bei Krankheit oder Unheil hört, gibt es seit 1918 darin keine Beschränkung. Dieselben Dinge geschehen danach wie zuvor und ebenso häufig.

Er hatte vermutlich ein größeres Gefolge in Indien als irgendein anderer Heiliger, ist aber im Westen fast unbekannt, vielleicht da er keine Philosophie oder schriftliche Lehre übermittelt hat. Es gab kein lesbares Buch über ihn in Englisch, und ich spürte oft die Notwendigkeit dafür. Ich habe sogar darüber in einer indischen Zeitschrift einen Artikel verfasst. Ich sandte ein Exemplar davon zu Yorke in der Hoffnung, dass er jemanden für diese Aufgabe finden würde. Ich spürte, dass die Biografie eines Heiligen, dessen Leben so lebendig und seltsam war, von jemandem mit einem lebendigeren Stil als dem meinen geschrieben werden sollte. Doch ich sah schließlich ein, dass ich es selber tun musste, wenn es getan werden sollte. Also schrieb ich mein nächstes Buch: *The Incredible Sai Baba*. Es wurde von Orient

Longmans in Kalkutta, der Filiale von Longman Green im Osten, veröffentlicht. Durch eine Absprache veröffentlichte es auch Riders zum Verkauf in England. In dieser Zeit war ich Schulleiter in Kalkutta.

Jetzt, da das geliebte Gesicht nicht mehr unter uns weilte, begann meine Frau schließlich an der Skulptur zu arbeiten. Sie spürte, dass sie eine Statue von Bhagavan anfertigen sollte. Der Ashram hatte öfter eine in Auftrag gegeben, aber das Ergebnis war immer erbärmlich gewesen. Man kann die Gesichtszüge vermessen, aber den Ausdruck eines göttlichen Mannes wiederzugeben, benötigt Liebe und Verständnis. Meine Frau besorgte sich Ton und begann mit der Arbeit an einer Büste. Sie arbeitete über ein Jahr lang an ihr und war nie ganz damit zufrieden. Immer wieder veränderte oder perfektionierte sie etwas. Schließlich hatte das Gesicht einen schönen Ausdruck, das an den lebenden Bhagavan erinnerte, aber die Stellung des Kopfes und der Schultern stimmte noch nicht. Dann ging sie für einige Wochen nach Tiruvannamalai, und die Büste trocknete und zerbrach. Das Gesicht fiel in einem Stück ab, während der Rest in Stücke zerbrach. Wir nahmen das als ein Zeichen und machten nur von dem Gesicht einen Gipsabdruck.

Ich hatte nicht die Absicht, schreibsüchtig zu werden und ein Buch nach dem anderen zu schreiben. Doch es gab zwei weitere Bücher, von denen ich wollte, dass sie geschrieben wurden. Beides waren Ideen, die ich seit meiner Internierung im Kopf hatte, das heißt beides waren Vermächtnisse aus der Zeit, in der ich unter Guénons Einfluss stand, und betrafen eher zufällige Themen als den Weg und seine Methode. Ich hatte in den Jahren vage gehofft, dass ich einen Gelehrten treffen würde, dem ich sie übertragen konnte, doch nicht daran gedacht, sie selber zu schreiben. Ich sah jetzt, dass sie nicht geschrieben werden würden, wenn ich es nicht tat, und da ich inzwischen eine Verbindung zu zwei Verlegern hatte, beschloss ich, es zu tun. Ich war mit den Themen so vertraut, dass es eher ein Aufschreiben als ein Schreiben war. Trotzdem wird eine Idee erst lebendig, wenn sie in eine Form gegossen wird, und ich hatte viel zu tun – eine Arbeit, die ich anregend fand.

Das erste Buch, das ich schrieb, hatte den Titel *The Rhythm of History* und wurde von Orient Longmans in Kalkutta veröffentlicht. Ich war kein Historiker, der zu entscheiden versucht, was dieser Rhythmus ist, sondern wollte nur darauf hinweisen, dass, wenn die Geschichte der verschiedenen Zivilisationen der Menschheit überhaupt einem einheitlichen Muster folgt und dieses Muster keinem gegenseitigen Einfluss oder Fortschritt zugeschrieben werden kann, es eine Bedeutung oder Harmonie geben muss, die ihr zugrunde liegt. Sie kann keine Abfolge reiner Zufälle sein. Dass es solch ein Muster gibt, ist klar, wurde aber von den Historikern meist übersehen. Ich begann mit der erstaunlichen Übereinstimmung der Gründung oder Wiedergründung von Religionen und Zivilisationen um das 5. Jh. v. Chr. – Lao Tsu und Konfuzius in China, Buddha und Mahavir in Indien, vielleicht Zoroaster in Persien, Ezekiel und Deutero-Isaiah und die Rückkehr der Juden aus der babylonischen Gefangenschaft, Pythagoras in Griechenland, die Gründung des Römischen Reiches, alles fast zur gleichen Zeit. Zwischen dieser Zeit und der Zeit Jesu entstanden großen Reiche, die der Vermengung und dem Austausch der neuen kulturellen Muster dienten, wenn sie auch nicht dazu gegründet worden waren – das Reich Alexanders des Großen, das sich von Griechenland bis nach Indien ausdehnte, das Reich von Asoka in Indien, die Vereinigung in China durch die Chin, gefolgt von der Han-Dynastie mit ihrer Schirmherrschaft für den Taoismus und Konfuzianismus. Die nächste Welle ist die gleichzeitige Unterwanderung des jungen Römischen Reichs und des Westens durch das Christentum und des jungen Han-Reichs und des Ostens durch den Mahayana-Buddhismus. Dann fielen alle klassischen Zivilisationen in dunkle Zeiten, Zeiten der Unruhe und der staatlichen Ohnmacht. Daraus erwuchsen allmählich erkennbare mittelalterliche Typen der Zivilisation – in China, in Indien, im Islam, im Christentum, überall. Auch die Renaissance war ein weltweites Phänomen. Nur im Westen siegte sie, während sie in allen östlichen Zivilisationen durch gegenreformationsartige Strömungen unterdrückt wurde. Sie kam im jetzigen Jahrhundert an ihr Ende durch die einheitliche Akzeptanz der modernen, materialistischen, mechanischen, zweckmäßigen Art der Zivilisation, die keine spirituellen Gründungen hervorbrachte.

Es wurde natürlich viel detailreicher beschrieben, aber es war ein dünnes Buch. Es wäre besser gewesen, wenn es zweimal so dick oder noch dicker geworden wäre und mehr Gelehrsamkeit als Grundlage gehabt hätte, aber ich hatte nicht die Veranlagung eines Forschers. Es sagte mehr über die Ankunft eines zehnten Avatars, als ich es jetzt für klug halte in Anbetracht der Reife der Welt. Ob das nun so ist oder nicht, es mag eine bereits verunsicherte Zeit verunsichern, darüber zu sprechen, und somit mehr Schaden anrichten als gut ist.

Das nächste Buch war *Buddhism and Christianity in the Light of Hinduism* und wurde von Riders veröffentlicht. Obwohl ich Guénons Verurteilung des Buddhismus widerlegte (durch Schlussfolgerung, aber ohne direkt auf seinen Standpunkt hinzuweisen) war es doch sehr von seiner Lehre beeinflusst, wie auch meine ganze Sichtweise es war.

Äußerlich gibt es eine außergewöhnliche Parallele zwischen dem Buddhismus und dem Christentum. Beide lockerten das strenge Gesetz und vereinfachten es, indem sie eine neue Art von Religion, die auf Liebe und Mitgefühl des Gründers basiert, gründeten. Beide waren ursprünglich Religionen, die Verzicht lehrten, die Ehelosigkeit bevorzugten und natürlicherweise zum Mönchtum führten. Beide erwiesen sich für die Menschen, unter denen sie verkündet wurden, als inakzeptabel, stellten aber eine Art „Exportvariante" der älteren Religion dar, die von den Nachbarvölkern angenommen werden konnte, die die geistige Fülle ihrer eigenen Religionen verloren hatten.

Andererseits scheinen sie sich in ihrer jeweiligen Lehre gegenseitige auszuschließen, sodass man versucht ist anzunehmen, dass, wenn die eine wahr ist, die andere falsch sein müsse, würden nicht beide Lehren Seite an Seite im Hinduismus existieren und als rechtgläubig gelten. Der Buddhismus lehrt Nicht-Zweiheit und die Vernichtung des Individuums im Nirvana. Das Christentum lehrt Zweiheit und das Weiterleben eines gereinigten Individuums in einem offiziellen Himmel. In Wirklichkeit hatte ich mir zuerst ein Buch vorgestellt, das einfach den Buddhismus mit dem Christentum vergleicht. Erst später kam es mir in den Sinn, dass beide Lehr-Typen im Hinduismus zusammen existieren, die Nicht-Zweiheit und die Zweiheit, Erkenntnis und Verehrung, und beide als gültig anerkannt sind und manchmal sogar vom selben Guru gelehrt werden, je nach den Bedürfnissen und dem Verständnis der Schüler, was es viel einfacher macht, zu erklären, wie beide gleichermaßen gültige Wege sind.

In diesem Buch ist der Bezug auf die Lehre von Avataren ein nötiger Teil des Themas. Heute gehen wir sehr locker mit dem Wort „Avatar" um, aber genau genommen gibt es zehn Avatare in einem ganzen Zyklus des Manvantara, d.h. in einem adamitischen Kreislauf. Der siebte ist Rama, dessen Geschichte im Ramayana erzählt wird. Der achte ist Krishna, und sein Evangelium, die Bhagavad Gita. Die Aufgabe des zehnten, der noch kommen wird, ist die Vollendung dieses Zyklus und die Eröffnung eines neuen, was dem zweiten Kommen Christi entspricht. Der neunte Avatar wird traditionell als ein „fremder Avatar" beschrieben. Es wird allgemein angenommen, dass er bereits erschienen ist. Manchmal wird er mit Buddha identifiziert, manchmal mit Christus. Meine Theorie besagt, dass der neunte Avatar aus zwei Gründungen einer bekehrenden Religion besteht, die auf Liebe und Mitgefühl des Gründers basiert, in Gestalt des Buddhismus und Nichtdualismus im Osten und dem Christentum und der dualistischen Verehrung eines persönlichen Gottes im Westen.

Nachdem ich *Buddhism and Christianity* beendet hatte, beschloss ich, kein weiteres Buch mehr zu schreiben bis zu der Zeit, wenn ich eines nur über die Führung auf dem Weg der Ergründung schreiben konnte und spüren würde, dass ich es legitim tun konnte. Wie ich bereits erklärt habe, ist äußere Aktivität auf Bhagavans Weg nützlich, aber es sollte eine distanzierte Aktivität sein, die den Geist ruhig an der Oberfläche arbeiten lässt, während darunter der Strom der Meditation weiterfließen kann. Dagegen sind Handlungen mit Emotionen schädlich, da sie den Geist nach außen richten, ihn an die Handlung fesseln und dadurch den spirituellen Fortschritt verhindern. Solch ein Handeln mag von verschiedener Art sein, aber drei davon sind besonders gefährlich und besonders verlockend. Zwei von ihnen habe ich bereits erwähnt: Lesen und den Guru spielen. Schreiben ist das Dritte.

Nicht das Lesen an sich ist schädlich, sondern darin einzutauchen, außer die Lektüre dient als spirituelle Erinnerung und wendet den Geist in die richtige Richtung. Die Art von distanziertem kritischem Lesen, wie ich es tat, blieb ein oberflächliches Tun und konnte nicht schaden.

Ähnlich schadet es nicht, wenn man Hilfe und Rat auf dem Weg gibt, wenn es nötig ist, aber einer, der sich verantwortlich für das spirituelle Wohl anderer fühlt, wendet seinen Geist nach außen, verstrickt ihn in Sorge und Angst und behindert damit seinen eigenen Fortschritt.

Das Schreiben ist normalerweise auch eine Tätigkeit, der sich ein Mensch ganz hingibt und die somit seinen spirituellen Fortschritt behindert. Ich spürte, dass ich es unterlassen sollte.

Dasselbe kann man lehrhafter ausdrücken. Es sind nicht die Handlungen, die das Sadhana oder das spirituelle Streben behindern, sondern die Vasanas, die tiefsitzenden Wünsche oder Neigungen, die Handlungen entstehen lassen. Tatsächlich wird Sadhana manchmal einfach als die Beseitigung von Vasanas verstanden, denn sie sind es, die den Geist nach außen wenden, einen in unnötige Aktivität stürzen und das Bewusstsein am Ende dieses Lebens in die Wiedergeburt ziehen. Oberflächliche oder routinierte Arbeit, die die Vasanas nicht nährt, ist harmlos. Nur emotionale Handlungen sind gefährlich. Das erklärt auch, warum unvernünftiger Asketismus (nicht jeder Asketismus muss unvernünftig sein) seinen Zweck verfehlt. Er greift die Handlungen an, die die Vasanas hervorbringen, anstatt die Vasanas selbst, die nach anderen Auswegen suchen oder im Dunkeln wachsen und nagen. Intelligente Selbstdisziplin, sei es Asketismus oder nicht, greift die Vasanas selbst an. Selbstergründung, die direkteste und wirkungsvollste Methode, tut nicht einmal dies. Sie vernichtet die Illusion des Egos, das die Vasanas hat. Eingeschränktes Handeln ist, als würde man einen Baum töten wollen, indem man seine Blätter und Früchte pflückt. Die Vasanas anzugreifen ist, als würde man die Äste abbrechen. Selbstergründung ist, als würde man den Baum fällen.

Das Schlimmste, was man tun kann, ist, zu versuchen, die Vasanas zu vernichten, indem man sie befriedigt. Das hat die gegenteilige Wirkung und ist, wie wenn man ein Feuer löschen will, indem man Öl hineingießt. Es kann trotzdem geschehen, dass man schließlich ein mehr oder weniger harmloses Überbleibsel eines Vasanas austreibt, indem man ihm nachgibt. Ich glaube, es war Sri Ramakrishna, von dem die Geschichte erzählt wird, dass er sich einmal einen Seidenschal und eine goldene Kette gewünscht hat. Also bat er darum. Er setzte sich ans Ufer des Ganges und trug sie. Dann sagte er: „Jetzt ist mein Wunsch erfüllt worden." Er legte beides ab und warf sie in den Ganges. Es ist möglich, dass auf ähnliche Weise das Schreiben dieser Bücher den Rest meines Dranges zu schreiben auslöschte. Doch hätte ich weitergeschrieben, wäre die Flamme neu entfacht.

Zur selben Zeit und aus demselben Grund, als ich mit dem Schreiben aufhörte, hörte meine Frau mit dem Malen auf. Sie hatte zuvor nicht gewusst, dass sie malen konnte. Tatsächlich war in ihren jungen Jahren die Musik ihre große Leidenschaft gewesen, der sie ihr Leben gewidmet hätte, wenn die Umstände dafür günstig gewesen wären. Doch in Kalkutta nahm Frania, unsere jüngste Tochter, Kunstunterricht, und um sie zu ermutigen und ihre Schwierigkeiten herauszufinden, begann auch meine Frau mit dem Malen und fand heraus, dass sie begabt war.

Die Osbornes im Speisesaal des Ramanashram

Als wir nach Tiruvannamalai zurückkehrten, begann sie, alles mit den Augen eines Malers zu sehen – die Berge und Wolken, die Bäume und Blumen waren für sie herrliche Anordnungen von Linien und Farben. Besonders wollte sie Arunachala, unser Haus und unseren Garten malen und die Bilder den Leuten schicken. Anfangs beschloss sie, den Garten von unserer Veranda aus zu malen, mit der Hecke voller blühender Kakteen am Gartenende und Arunachala, wie er sich dahinter erhob. Frania war zu dieser Zeit auf einer Kunstschule in England. Sie hatte Farben für ihre Mutter zurückgelassen, aber sie waren nicht dazu geeignet, und einige waren eingetrocknet. Meine Frau wollte jedoch ihr Projekt nicht aufgeben und beschloss, Wachsmalstifte zu benutzen. Sie hatte bereits ein oder zwei schöne Bilder in Kalkutta mit Wachsmalstiften gemalt. Als sie anfangen wollte, bekam sie eine Nagelbettentzündung am Finger und musste aufhören. Als das heilte, hinderte sie etwas anderes daran. Als das Bild schließlich fertig war, zerriss es eine Ratte in der Nacht, um daraus ein Nest für ihre Jungen zu machen. Wir fassten das alles als ein Zeichen auf, dass sie ihre Energie nicht mit Malen verschwenden sollte. Die Führung des Haushalts war keine Ablenkung für die Meditation, Malen schon.

Das bedeutet nicht, dass ich ein Puritaner bin und mich gegen Kunst und Literatur wende. Es hängt davon ab, was die Alternative ist. Wenn die Alternative ein oberflächliches oder materialistisches Leben ist, sind Kunst und Literatur eine Veredlung davon. Aber wenn die Alternative eine direktere spirituelle Anstrengung ist, sind sie eine Ablenkung. Am Beginn einer Religion (wie z.B. im Taoismus, Buddhismus, Christentum und Islam) werden Kunst und Literatur normalerweise missbilligt oder ignoriert, weil der machtvolle Wind, der dann bläst, die Menschen direkt der spirituellen Anstrengung zutreibt. Aber wenn die weiße Flamme zum gefärbten Glimmen abgekühlt ist, können Kunst und Literatur nicht nur verdammt, sondern als Mittel dazu gefördert werden, den Geist der Menschen von weltlichen Werten auf spirituelle Werte zu richten und sie allmählich von der harmonischen Gestalt zum Gestaltlosen zu führen. Deshalb entstand in den mittelalterlichen Perioden der Religionen ein Reichtum von religiöser Kunst – die mystische Kraft der taoistischen Malerei, die Skulpturen des Mahayana-Buddhismus, die gotischen Kathedralen des Christentums, die Dichtung der Sufi-Heiligen und die schnurartigen Arabesken des Islam. Aus demselben Grund werden die verschiedenen Formen der Kunst und Literatur nicht nur gefördert, sondern auf einigen indirekten spirituellen Wegen als Übungstechniken gebraucht. Aber auf dem direkten Weg der Selbstergründung sind sie ein Hindernis.

Bevor ich mit dem Schreiben aufhörte, hatte ich immer noch zwei Bücher zum Herausgeben und eines zum Überarbeiten. Doch das war eine Arbeit, die mit Distanz getan werden konnte. Zudem beinhaltete die Herausgabe ein beständiges Vertieftsein in die Schriften und Worte Bhagavans und war deshalb nützlich und eine Inspiration auf dem Weg und kein Hindernis. Bhagavan hat nur wenig geschrieben – zwei Erläuterungen in Prosa und zwei in Dichtung sowie einige gelegentliche Gedichte und die „Fünf Hymnen für Arunachala". Sie alle waren ins Englische übersetzt worden, und der Ashram hatte sie als eigene kleine Bücher gedruckt. Seit dem Tod von Bhagavan habe ich versucht, den Ashram davon zu überzeugen, sie in einen Band zusammenzufügen, sodass daraus ein Buch wurde, das dick genug für die Buchhändler war, um es auf Lager zu halten, und für die Zeitungen, um davon Notiz zu nehmen. Kurz nachdem ich *Buddhism and Christianity* beendet hatte, sagte der Ashram-Präsident zu mir, dass sie beschlossen hatten, es zu tun, und baten mich, es herauszugeben. Es wurde von Riders als *The*

Collected Works of Ramana Maharshi (Ramana Maharshi: Die Gesammelten Werke) herausgegeben, während der Ashram auch eine Ausgabe zum Verkauf in Indien herausbrachte.

Abgesehen von den Schriften Bhagavans gab es noch verschiedene Sammlungen von Gesprächen mit ihm und von dem, was er sagte. Die zwei größten sind die *Talks with Sri Ramana Maharshi* (Venkataramiah, Munagala: Gespräche mit Ramana Maharshi) und das zweibändige *Day by Day with Bhagavan* (Mudaliar, Devaraja: Tagebuch der Gespräche mit Ramana Maharshi). Beide sind in Form von Tagebüchern geführt, enthalten deshalb viele Wiederholungen und sind nicht nach Themen sortiert. Ich dachte deshalb, dass es für den allgemeinen Lesers nützlich sei, Teile aus den verschiedenen Gesprächsaufzeichnungen und den anderen Büchern zu nehmen und sie nach Thema zusammenzustellen. Es waren auch herausgeberische Kommentare nötig, die erklärten, wie die verschiedenen Texte zusammenhingen, aber sie wurden in moderatem Umfang erstellt und in einer anderen Schrifttype gedruckt, sodass sie auf den ersten Blick von den Worten Bhagavans unterscheidbar sind. Dieses Buch mit dem Titel *The Teachings of Ramana Maharshi in His Own Words*" (Osborne, Arthur: Ramana Maharshi: Seine Lehren) wurde wiederum von Riders und dem Ashram veröffentlicht.

Die einzige andere Aufgabe, die übrig blieb, war die Überarbeitung von *The Cosmology of the Stars*, das Buch das ich im Internierungslager über die Philosophie, die der Astrologie zugrunde liegt, geschrieben hatte. Es gab zwar keinen Grund, sich darum zu kümmern, aber ich habe einen ordnungsliebenden Geist und mag keine losen Enden zurücklassen. Deshalb zog ich das Manuskript aus dem Schrank, wo es lag. Zu meiner Überraschung gab es nur wenig, was inhaltlich überarbeitet werden musste, aber es musste völlig neu geschrieben werden, um den arroganten und aggressiven Ton, den mein damaliger Stil hatte, als ich unter Guénons Einfluss stand, zu beseitigen. Ich schickte es zu Yorke, aber er beschloss, vielleicht mit vollem Recht, dass es einen zu geringen Absatz für solch ein Buch geben würde, und so wurde es nicht veröffentlicht.

12. Kurze Ewigkeit

An einem Junimorgen 1956 um 6 Uhr früh ereignete sich das erste Erwachen zur Wirklichkeit. Ich war allein im Zimmer, als ich aufwachte und mich im Bett aufsetzte. Meine Frau und Frania schliefen im Zimmer nebenan, und Catherine war bereits verheiratet und hatte uns verlassen. Ich war einfach mein Selbst, das anfangslose, unveränderliche Selbst. Ich dachte: „Nichts hat sich verändert." In der Theorie verstand ich bereits, dass es nichts neues ist. Was ewig ist, kann nicht neu sein. Was neu ist, kann nicht ewig sein. Die einzige Beschreibung ist die, die Bhagavan gegeben hat: „Es ist, wie es ist." Nur jetzt erfuhr ich es. Es gab keine Erregtheit, keine Freude oder Ekstase, nur eine unermessliche Zufriedenheit, den natürlichen Zustand, die Ganzheit des einfachen Seins. Da war der Gedanke: „Es ist unmöglich, sich zu langweilen." Der Geist schien eine dunkle Leinwand zu sein, die das wahre Bewusstsein ausgeschlossen hatte und jetzt aufgerollt und weggeschoben worden war.

Natürlich ist es paradox, vom Geist zu sagen, dass er aufgerollt war, und zugleich von Gedanken zu reden, die mir kamen. Ähnlich sagt man vom Geist eines Verwirklichten wie Bhagavan, dass er tot ist, aber er hat Gedanken. Es scheint völlig normal zu sein, wenn es geschieht. Vielleicht wäre die beste Erklärung, dass der Geist als ein aktives Zentrum, das Ideen, Vorstellungen, Pläne, Sorgen, Hoffnungen und Ängste hervorbringt, zu funktionieren aufhört, wobei der Geist als ein Spiegel, der reines Gewahrsein in Gedanken verdichtet, immer noch funktioniert.

Der Gedanke oder das Empfinden, dass es unmöglich sei, sich zu langweilen, mag zu solch einer Zeit banal erscheinen, aber tatsächlich war es fundamental. Es ist der Geist, der Handlung ersehnt und sich gelangweilt fühlt, wenn er sie nicht bekommt. Das Selbst ist vom Handeln unberührt und bleibt in seinem makellosen Zustand einfachen Glücks.

Von meinem Fenster an der Ecke der Park Street aus sah ich die Dächer der Häuser mit Krähen, die zwischen ihnen kreisten. Wiederum gab es ein Paradox, nämlich das Gefühl, dass das alles zur selben Zeit sowohl wirklich als auch unwirklich war. Über dieses Paradox wurde viel gesprochen, weil es in der Lehre des Zen betont wird. Es ist das, was Tennyson versuchte, in einer Zeile von *The Princess* auszudrücken, in der es heißt: „Und alle Dinge waren und waren nicht."

Ich kann nicht sagen, wie lange die Erfahrung dauerte. Jedenfalls war sie solange zeitlos und deshalb ewig. Unmerklich schloss sich der Geist wieder darüber, aber weniger opak, denn ein strahlendes Glück hielt an. Ich badete, rasierte mich, zog mich an und ging dann ins Wohnzimmer, wo ich mich niedersetzte und die Zeitung vor mir aufschlug als würde ich sie lesen, sodass keiner das Strahlen sehen konnte. Das Glück war zu groß, um zu lesen. Ich pulsierte zu sehr vor Glück. Das Nachglühen dauerte mehrere Wochen an und verblasste allmählich. Warum wollte ich das Strahlen verbergen? Warum rief und tanzte ich nicht vor Freude? Ich vermute, weil ich das mürrische Temperament des Steinbocks unter der überschwänglichen Oberfläche des Schützen habe und mich davor scheue, Gefühle zu zeigen.

Etwa um dieselbe Zeit hatte auch meine Frau einen Blick auf die Verwirklichung. Es war eine große Hilfe und Stütze, zusammen auf dem Weg zu sein, und unsere Erfahrungen stimmten oft überein. Auch Frania hatte etwa achtzehn Monate später solch einen Blick.

Der Geburtstag Bhagavans fällt entweder auf den späten Dezember oder frühen Januar, je nach Mondphase. Zu diesem Anlass luden uns tamilische Devotees, die in Kalkutta lebten, zu einer Feier auf die Dachterrasse ihres Hauses ein. Es mussten etwa hundert Leute dort zusammengekommen sein. Am Vortag hatte ein Treffen mit Reden in einem öffentlichen Gebäude stattgefunden, aber an diesem Abend wurden nur religiöse Lieder gesungen. Ich konnte an dem schönen und gelassenen Ausdruck in Franias Gesicht sehen, dass sie eine besonders gute Meditation genoss. Später erfuhr ich, dass es mehr als das gewesen war. Was sie beschrieb, war offensichtlich echt. Sie wusste zu wenig von der Theorie, sodass sie es nicht hätte ausdrücken können, wenn es nicht geschehen wäre.

Danach schrieb sie es nieder. „Ich bin weder der Geist noch der Körper – und habe mich im Herzen gefunden, das Ich, das den Tod überlebt. Da war atemberaubende Freude im Gefühl ‚ich bin', die größtmögliche Freude, die völlige Freude über das Sein. Man kann sie nicht beschreiben – der Unterschied zwischen dieser Freude und dem völligen Glück des Geistes ist größer als der zwischen dem dunkelsten Elend und der vollsten Erhebung des Geistes. Allmählich – schnell – schien sich mein Körper vom Herzen aus auszuweiten. Er verschlang das ganze Universum. Ich spürte nichts mehr. Das einzig Wahre war Gott (Bhagavan, Arunachala). Ich konnte mich nicht als ein Staubkörnchen in dieser Weite identifizieren noch andere Leute – da war nur Gott, nichts als Gott. Das Wort ‚Ich' bedeutete nichts mehr. Es bedeutete das ganze Universum – alles ist Gott, die einzige Wirklichkeit."

Wie diese Offenbarung der Wahrheit eines an Jahren und in der Meditationserfahrung so jungen Menschen zeigt, ist ein Aufleuchten der Selbstverwirklichung nicht unbedingt ein Zeichen des Fortschritts auf dem Weg oder zumindest in dieser Lebenszeit. Wenn es ein Gemeinplatz ist, zu behaupten, dass Leute das Aufleuchten des höchsten Zustands nicht erleben können, die kein Verständnis dafür haben und es nie gesucht haben, dann lautet die Antwort, dass der höchste Zustand der natürliche Zustand ist, der wahre Zustand eines jeden Mannes und einer jeden Frau, wenn sie ihn nur erkennen würden. Deshalb ist es nicht erstaunlich, dass es gelegentlich ein Aufleuchten gibt. Erstaunlich ist dagegen, dass es so weitgehend ignoriert wird und die meisten Leute zufrieden oder etwas unzufrieden durchs Leben gehen, begrenzt durch den Beweis der physischen Sinne und des rationalen Geistes, und glauben, das sei alles, was es gibt, blind für die Wirklichkeit, blind für ihr eigenes Selbst.

Es gibt drei Möglichkeiten. Die erste ist, dass die Selbstverwirklichung aufleuchtet, ohne dass die Leute theoretisch wissen, was es bedeutet und dass es die höchste Identität ist. Sie folgen keinem spirituellen Weg und wissen nicht einmal, dass es einen Weg und ein Ziel gibt. Tennyson, den ich bereits zitiert habe, war ein Beispiel dafür. Er hat es lebhaft in einem privaten Brief beschrieben: „… eine Art Wach-Trance, die ich oft seit meiner Kindheit hatte, wenn ich ganz alleine war. Dies geschah in der Regel dadurch, dass ich meinen Namen zwei- oder dreimal in aller Stille vor mir selbst wiederholte, bis sich auf einmal, gleichsam aus der Intensität des Bewusstseins der Individualität heraus, die Individualität selbst aufzulösen und im grenzenlosen Sein zu verschwinden schien. Das ist kein verwirrter Zustand, sondern der allerklarste, der sicherste, der sonderbarste, den es geben kann, völlig unbeschreiblich, in dem der Tod fast eine lachhafte Unmöglichkeit ist. Der Verlust der Persönlichkeit (wenn es so ist) ist keine Auslöschung, sondern das einzig wahre Leben. … Ich schäme mich für die schwache Beschreibung. Habe ich nicht gesagt, dass dieser Zustand völlig unbeschreiblich ist?“

Das Wort „Wach-Trance“ ist unglücklich, denn es gibt nichts Tranceartiges darin. Im Gegenteil, es ist „das Allerklarste, das Sicherste“, die Verwirklichung einer reinen, unbestreitbaren Wirklichkeit, des eigenen wahren Zustands.

Es wurden Anthologien solcher Erfahrungen veröffentlicht, und wer will, kann sich auf sie beziehen. Es wird sich jedoch bei genauerem Studium zeigen, dass keinesfalls alle Erfahrungen ein Aufleuchten der tatsächlichen Selbstverwirklichung bedeuten. Verbreiteter sind solche, die man als dazwischenliegend bezeichnen kann, d.h. man erfährt die göttliche Gnade oder das übernatürliche Wunder von Gottes Schöpfung. Es gibt viele solche Erfahrungen bei Mystikern und Reisenden auf verschiedenen Wegen. Doch der Reisende auf dem direkten Weg sucht sie nicht. Er sucht nur das Selbst, das die Erfahrung macht.

Die zweite Möglichkeit, an die ich denke, ist das Aufleuchten der Selbstverwirklichung als Einweihung in einen Weg oder als Ermutigung, ihn weiterzugehen, wie bei Frania. Das kann auch bei einem Menschen geschehen, der keine Kenntnis darüber hat, sodass der Unterschied zu der ersten Möglichkeit eher dynamisch oder funktionell ist als statistisch und mehr in der Wirkung der Erfahrung als in der Erfahrung selbst liegt. *The Following Feet* von Ancilla (Longmans, London, 1955) ist die Beschreibung eines Lebens, das von solch einer Erfahrung geprägt wurde. Das Erlebnis wird vortrefflich folgendermaßen beschrieben:

„Es war, als hätte ich mich in meinem Geist vom Zentralort wegbewegt, als wäre ich immer auf einem Thron eines mittleren Bewusstseins gesessen und hätte meine Angelegenheiten verwaltet und wäre jetzt von ihm heruntergestiegen. Es war positiv, und ich kann es gedanklich nicht wiederholen. Es hatte die Stille der Demut, die mit überraschter Freude erstrahlte. ...

Dann, genau als hätte die Bewegung aus dem Zentrum meines eigenen Bewusstseins eine Maschine in Gang gesetzt, geschah es. Wie kann ich es erklären? Ich kann nur Verneinungen benutzen.

Ich sah nichts, nicht einmal Licht. Ich hörte nichts, keine Stimme, keine Musik, nichts. Nichts berührte mich, und ich war mir auch keines Lebewesens bewusst, sei es sichtbar oder unsichtbar. Aber plötzlich, einfach, still war ich nicht da. Und doch war ich da. Es dauerte einen Moment, doch es war ewig, da es keine Zeit gab.

Und ich wusste so sicher wie ich weiß, dass ich versuche, es niederzuschreiben, so sicher wie ich weiß, dass ich lebe, esse, gehe und schlafe, dass diese Welt, dieses Universum genau so ist, wie wir es sehen, hören, kennen, und zugleich völlig anders. Es ist so, wie wir es sehen, weil wir zu ihm gehören. Und zugleich ist es völlig anders. …

Aber das war keine Ahnung, sondern eine vollkommene Erfahrung. Trotzdem weiß ich nicht, auf welche Weise die Erde anders erschien. Sie war materiell nicht anders. Sie hatte immer noch eine Gestalt, Farbe, Gutes und Schlechtes, Tiere und Leute, aber sie wurde anders wahrgenommen, als ein Ganzes, vielleicht als ein spirituelles Wesen. Und sie erfüllte mich mit Ehrfurcht, ernster Freude und Gewissheit, da ich für immer wusste, dass es sie gab und nichts anderes und dass alles gut war. Das war die Antwort auf alle Fragen. Ich hatte keine Vision von Gott oder irgendeiner Person, keine Vision von Christus oder eines spirituellen Lebewesens. Trotzdem war es alles, was es gibt, und da war kein Gott und ebenso auch nicht kein Gott. Es war ganz und geistig. Keine Worte können es beschreiben. Alles, was ich sagen kann, ist, dass die Ganzheit mit dem Teil von mir verwandt ist, die ich Geist (spirit) nennen möchte, als wäre mein Geist ein Teil davon und könnte nie getrennt von ihm existieren.

Wie lange das Erlebnis dauerte, kann ich nicht sagen, aber ich glaube, es war nur ein Augenblick. Als es aufhörte, fühlte es sich so an, als hätte es lange gedauert und gleichzeitig, als hätte es in diesem Augenblick keine Zeit gegeben. Diese Zeitlosigkeit war der deutlichste Eindruck." (S. 20 f.)

Es ist bemerkenswert, dass sie als Nachklang dieser Erfahrung genau dasselbe fühlte wie ich, als ich zum ersten Mal Guénon gelesen hatte: „Jetzt weiß ich es. Es stimmt alles, und ich habe es schon immer gewusst." Dieses Empfinden, das man es immer schon gewusst hat, aber nicht gewusst hat, dass man es wusste, ist ein wichtiges Merkmal, das zeigt, dass es sogar am Anfang des Weges nichts Neues gibt. Die Wahrheit wird nicht entdeckt, sondern erkannt.

In einem Fall wie diesem muss das, was ich in einem früheren Kapitel über die verschiedene Manifestation von höheren und niederen Neigungen gesagt habe, besonders intensiv angewandt werden. Die Einführung in den Weg, die so prachtvoll ist, kann das Beste aus einem Menschen herausholen und ihn in neuer Schönheit erstrahlen lassen, aber da das Gleichgewicht ein natürliches Phänomen ist, können in der Folge seine niederen Neigungen auftauchen, die eine Zeitlang eine große Spannung in ihm auslösen und für jene, die mit ihm verbunden sind, schmerzvoll sind, bevor er ein zeitweiliges Gleichgewicht erreicht und den Kampf zwischen den beiden Mächten aufnimmt.

Die dritte Möglichkeit ist die des Suchers nach der Verwirklichung. Bhagavan warnte seine Nachfolger, nicht zu erwarten, dass die Selbstverwirklichung sofort dauerhaft sein wird. Er erklärte, dass es Zeit und Anstrengung koste, sie zu stabilisieren und die Vasanas oder niederen Neigungen loszuwerden, die einen zurückziehen, selbst wenn man momentane Lichtblicke hat.

Wenn es für den Reisenden ungerecht erscheint, dass andere offensichtlich in reichem Maße das erhalten, wofür er sich so lange vergeblich abgemüht hat, ist auch das eine Gelegenheit für die Selbstergründung. Wer ist es, der sich vergeblich abmüht? Wer bin ich? Mutlosigkeit ist ein Fehler und daher ein Hindernis für die Verwirklichung, wie ich es bereits im achten Kapitel erklärt habe, da es bedeutet, das Unwahre als wahr zu akzeptieren, d.h. ein scheinbar erfolgloses Ego.

Selbst wenn man von einer niederen individuellen Warte darauf schaut, ist es keine Ungerechtigkeit, da keiner, der nicht reif dafür ist, die Verwirklichung erfahren kann, ob er seine Reife nun in diesem Leben oder in einem früheren erlangt hat. Wenn die Sonne aufgeht, erblühen nicht alle Knospen, sondern nur die, die bereit dafür sind. Es bringt nichts, die Sonne der Ungerechtigkeit anzuklagen. Alles, womit man sich befassen sollte, ist, fähig und bereit zu werden. Darin, nicht weniger als in weltlichen Angelegenheiten, muss man der Aufforderung der Gita folgen: sich darum zu kümmern, das Richtige zu tun, ohne nach der Belohnung zu greifen. Unabhängig von sichtbaren Ergebnissen sollte diese Lebenszeit für die spirituelle Entwicklung genutzt werden, zur Reifung für die Verwirklichung dieser ultimativen Identität, die immer besteht, ob sie nun verwirklicht wird oder nicht. Tatsächlich ist die einzig wirkliche Tragödie in diesem Leben, wenn man es bedeutungslos lebt und nicht auf das spirituelle Bemühen ausrichtet.

Ein Blick der Selbstverwirklichung kann als Durchbruch durch die Gefängnismauern des Egos betrachtet werden. Wenn das geschieht, liegt das nicht beim Sucher. Was an ihm liegt, ist die beständige Arbeit der Erosion, des Abtragens der Mauern, bis sie zuletzt so dünn wie Papier sind und bereit, einzustürzen. Der Geist muss völlig gesättigt sein vom Verständnis der Nicht-Zweiheit – dass es nur das eine Selbst gibt. Es genügt nicht, es für eine Theorie zu halten.

Selbst dieses geistige Eindringen ist nur eine Vorbereitung auf die beständige Praxis der Selbstergründung, die allmählich den Bewusstseinsstrom auslöst. Obwohl die Sonne der Wahrheit noch nicht aufgegangen ist, unterscheidet sich der Zustand solch eines Menschen sehr von dem, der blind durch den Traum des Lebens stolpert und seine Erscheinungen für die Wahrheit hält. Er unterscheidet sich sogar von einem, der gelegentlich zu einem Blick der Wirklichkeit erwacht, die er nicht versteht. Es ist ein voller, lebendiger, gesegneter Zustand, in dem das Leben, das ganze Leben, Schönheit und Bedeutung besitzt, und doch wäre paradoxerweise der Verlust des Lebens keine Tragödie, da die Wirklichkeit das spirituelle Gewahrsein ist und nicht das physische Leben.

Das ist auch tatsächlich der Grund, warum es relativ unbedeutend ist, was jede Religion über das Leben nach dem Tod lehrt, was nur Philosophen und Theologen interessieren kann. Das Judentum und der ursprüngliche Taoismus sagen nichts zu diesem Thema, während Buddha es ablehnte, Fragen darüber zu beantworten. Deshalb streiten sich Gelehrte ernstlich darüber, ob sie an ein Überleben glauben oder nicht. Vom spirituellen Gesichtspunkt aus betrachtet ist der Tod nicht wichtig. „Es gibt keine Existenz des Unwirklichen und keine Nicht-Existenz des Wirklichen", weder vor noch nach dem Tod. Wenn das Ego jetzt nicht existiert, existiert es auch nach dem Tod nicht. Wenn ein illusorisches Ego jetzt zu existieren scheint, wird es auch nach dem Tod zu existieren scheinen. Was man tun sollte, ist, jetzt zur Wirklichkeit zu erwachen, in diesem Leben, und dann, so sagt Bhagavan, kann der Tod keinen Unterschied mehr machen. Eine weitere Veränderung ist nicht möglich.

13. Ruhestand

Während unseres Aufenthalts in Kalkutta verbrachten wir gewöhnlich die Sommerferien in Tiruvannamalai. Die Reise dauerte jeweils eine Woche hin und zurück, und so blieb uns nur ein Monat dort, manchmal weniger, und das in der heißesten Jahreszeit, aber es lohnte sich. Wir genossen jeden Tag. Obwohl man überall meditieren kann, ist in Tiruvannamalai ein lebendiger Friede spürbar, der sehr belebend ist. Einmal verbrachten wir unsere Ferien in Kalimpong im Himalaja, aber die Atmosphäre war im Vergleich leer und kraftlos. Wir besuchten Shantiniketan in West-Bengalen, wo Tagore gelebt und seine Universität gegründet hat, spürten aber keine lebendige Gegenwart von ihm.

Insgesamt reisten wir wenig und haben nur wenige Swamis oder heilige Orte aufgesucht. Solange die Kinder in den Bergen zur Schule gingen, verbrachten wir natürlich die heiße Jahreszeit bei ihnen, und später, als ich arbeitete, wurden wir fast in jeden Ferien nach Tiruvannamalai gezogen. Jedenfalls hatten wir wenig Antrieb zu reisen und zu erkunden. Wen hätten wir nach Bhagavan noch sehen sollen? Wir begannen auch, dasselbe für Arunachala zu empfinden.

Nicht dass die Besuche von heiligen Männern und heiligen Orten zu missbilligen sind. Sie können zweifelsohne von Vorteil sein, obwohl, wie ich bereits gesagt habe, der Besucher den Verstand walten lassen und sorgfältig beurteilen sollte, ob alles so heilig ist, wie es angepriesen wird. Für einen, der unter den Einfluss Bhagavans gekommen ist, der den richtigen Guru gefunden hat, wird es jedoch unnötig.

Wir trafen den Dalai Lama, als er 1956 als Staatsgast nach Kalkutta kam. Ein bengalischer Verleger hatte mich dazu überredet, über das Leben des Buddha auf einfache Weise zu schreiben, sodass es als Schul- oder College-Lektüre gebraucht werden konnte. Da der Besuch des Dalai Lama stattfand, als das Büchlein gerade fertig geworden war, hatten wir die Idee, ihn zu bitten, ein kurzes Vorwort dafür zu schreiben. Ich bin froh, dass wir es getan haben, da es uns die Gelegenheit verschaffte, ihn zu treffen. Ich empfand ihn als eine sehr schöne Person. Abgesehen vom Charme seines Verhaltens machte er den Eindruck von wirklicher Kraft und Integrität. Uns wurde ein privates Gespräch bewilligt. Er war liebenswürdig und wollte wissen, welchem Weg wir folgten. Wir konnten es ihm nicht richtig erklären, aber ich gab ihm ein Exemplar von *Ramana Maharshi and the Path of Self-Knowledge* und auch das kleine Buch über Buddha. Am nächsten Tag gab der Übersetzer es mir zurück und sagte, dass man es dem Dalai Lama in Übersetzung vorgelesen habe. Er hatte es gut gefunden, ein kurzes Vorwort hineingeschrieben und es mit seinem offiziellen Siegel versehen.

Ich erhielt auch ein Vorwort vom Panchen Lama, aber bei ihm spürte ich überhaupt keine spirituelle Gegenwart. Er war einfach ein junger Mann auf einem wichtigen Posten. Sobald ich ihm gesagt hatte, dass der Dalai Lama ein Vorwort hineingeschrieben hatte, sagte er, er würde es auch tun.

1960 traf ich den Dalai Lama erneut in Madras, als er durch Südindien reiste und nicht länger ein Herrscher war, sondern ein Flüchtling. Er sah abgemagert und bedauernswert aus, aber der Charme seines Verhaltens war ihm erhalten geblieben, und er machte denselben integren Eindruck.

Im Übrigen gelang es dem Verleger nicht, die Schulverwaltung der indischen Staaten dazu zu bringen, das Buch über Buddha in ihren Schulen oder Colleges einzuführen, trotz des Vorworts. So wurde aus weltlicher Sicht betrachtet nichts aus dem Unterfangen. Ich beschloss, dass es nicht richtig war, meine Zeit und Energie an gewinnsüchtiges Schreiben zu verschwenden.

Als wir einmal in Madras waren, kam Swami Ramdas dorthin und besuchte das Haus eines Freunds. Meine Frau ging zu ihm, ich nicht. Er machte einen guten Eindruck, war freundlich, offenherzig, besaß aber nicht die Würde von Bhagavan. Er war eine einfache, kindliche Person, der in jedem die potenzielle Schönheit sah und jeden als eine Manifestation Gottes betrachtete. Er war stets erfüllt von der Gnade Gottes. Er hatte viele begeisterte Nachfolger, auch einige Devotees von Bhagavan. Einer von ihnen, ein Freund von uns, fragte ihn einige Jahre nach Bhagavans Tod, warum er nicht in Tiruvannamalai bleiben würde. Er antwortete: „Würdest du eine Kerze in denselben Raum stellen wie die strahlende Sonne?" Ich korrespondierte mit

Ramdas über einen Satz in seinem Buch „World is God" (ein Bericht über seine Weltreise 1954), in dem er sagt, dass Bhagavan keine Schüler hatte. Er erklärte mir, dass er das sicher nicht gemeint habe. Er wisse, dass wir Bhagavans Schüler seien, und verdanke seine Erleuchtung der Gnade Bhagavans. Er wollte nur sagen, dass Bhagavan keine formelle Einweihung gäbe. Später war er so freundlich, für mich ein Vorwort zu *The Incredible Sai Baba* zu schreiben.

Anandamayi Ma, eine berühmte Heilige aus Nordindien, kam einige Jahre, nachdem Bhagavan den Körper verlassen hatte, nach Tiruvannamalai, aber wir waren in den Bergen und verpassten sie. Sie verneigte sich vor dem Grab und sagte: „Er ist das Meer, und wir sind die Flüsse, die ins Meer münden."

Während meiner Sommerferien 1957 arbeitete ich an *Buddhism and Christianity in the Light of Hinduism* in Tiruvannamalai und war sehr beeindruckt von der Aufteilung der Sucher in den frühen buddhistischen Texten in Nicht-Wiederkehrer, Einmal-Wiederkehrer, Zweimal-Wiederkehrer usw., je nachdem ob es sich um die letzte Inkarnation handelte, die nötig war, oder ob eine oder mehrere Wiedergeburten nötig waren, um das Karma zu beenden und Nirvana zu erreichen. Ich sah darin eine Ähnlichkeit für meine Rückkehr in die Welt, um meinen Lebensunterhalt zu verdienen, um dann wieder nach Hause, nach Tiruvannamalai gezogen zu werden. Ich wiederholt oft: „Möge ich ein Einmal-Wiederkehrer sein" in dem Sinn, dass ich nur noch einmal nach Kalkutta zurückkehren musste und dann für immer in Tiruvannamalai bleiben konnte, um mich hier niederzulassen. Nur in diesem Sinne gebrauchte ich die Phrase, denn ich hatte nie willentlich in Betracht gezogen, nochmals wiedergeboren zu werden. Als einmal während einer Krankheit in Madras meine Lebenskraft zu versagen schien, war mein letzter Gedanke: „Lass mich gehen oder bleiben, aber lass mich nicht zurückkommen!" Tatsächlich ist die Vorstellung zurückzukommen, die Vorstellung, dass ein Ego zurückkommt und wiedergeboren wird, ein Herunterbrechen auf eine gemeinverständliche Ebene. Es ist derselbe Irrtum, auf den ich mich in Kapitel 8 bezogen habe, dem Unwirklichen eine vorübergehende Existenz zuzuschreiben und zu vergessen, dass es „keine Existenz des Unwirklichen und keine Nicht-Existenz des Wirklichen gibt."

Das war kein Gebet. Tatsächlich habe ich, nachdem ich zu Bhagavan gekommen bin, nie mehr um etwas gebetet, außer manchmal um größere

Energie und Entschlossenheit für die Suche – und dieses Gebet ist ein Teil der Suche selbst. Nicht dass ich etwas gegen das Bittgebet sagen möchte. Wenn ein Mensch sich physisch und geistig anstrengt, um seine Wünsche zu erreichen, ist es nur vernünftig, sich auch spirituell anzustrengen. Aber der Mensch, der dem direkten Weg der Selbstergründung folgt, bemüht sich, das Ego zu vernichtet, das die Wünsche hat. Wie also kann er gleichzeitig um die Erfüllung dieser Wünsche bitten? Es wäre widersprüchlich, seine eigenen Bemühungen zu untergraben, wie hoch und selbstlos die Wünsche auch sein mögen. Er lässt die Dinge einfach kommen wie sie wollen und fragt, wer es ist, zu dem sie kommen.

Selbst der Weg der Hingabe und Unterwerfung lässt keinen Raum für Gebet im Sinn von Bitten, wenn er so aufrichtig ist, wie Bhagavan es verlangte. Bitten bedeutet, dass man sich nicht unterwirft. Wenn man sich völlig dem Willen Gottes unterwirft, ist das einzige Gebet, das übrig bleibt: „Dein Wille geschehe." Und da man weiß, dass Gottes Wille immer geschieht, ob man nun darum bittet oder nicht, ist selbst das überflüssig. Alles, was man sagen kann, ist: „Ich gebe mich Dir hin. Mach mit mir, was Du willst." Und jenseits davon kommt sogar die Haltung: „Es gibt nichts zu unterwerfen. Alles gehört Dir. Ich unterwerfe nur meine falsche Vorstellung, die ich habe, dass es mir gehört." Aber so wie mit Kunst und Literatur ist es eine Frage nach der Alternative. Wenn die Alternative das Verlassen auf das Ego ist, auf die Gelegenheit, weltlichen Einfluss oder andere Leute, dann ist es besser zu beten. Man muss, um der Gerechtigkeit zu genügen, auch hinzufügen, dass viele Devotees von Bhagavan zu ihm beten und dass ihre Gebete beantwortet werden.

Meine beständige Wiederholung „Möge ich nur ein Einmal-Rückkehrer sein" kam einem Gebet schon sehr nahe, obwohl es formal kein Gebet war und nicht als solches beabsichtigt war. Als wir nach Kalkutta zurückkehrten, hatte ich das beständige Gefühl, dass wir nicht mehr lange dortbleiben würden, obwohl ich mir nicht vorstellen konnte, wie sich etwas verändern sollte. Dann, weniger als einen Monat vor den nächsten Sommerferien, war es, als ob Bhagavan das Kaleidoskop nahm, es schüttelte und alle Teile an ihren Platz fielen. Adam bekam einen Platz an der Universität mit einem Stipendium, das seine Ausgaben deckte. Frania machte ihren Schulabschluss und verließ die Schule. Sie wollte kein College besuchen. Meine Gesundheit verschlechterte sich und erschwerte mein berufliches Leben. Die Schule zahlte mir einen Bonus und eine Pension. Es wurde in die Wege geleitet, dass mehrere Zeitungen mir Bücher nach Tiruvannamalai zur Besprechung schicken würden – plötzlich war die Rente möglich.

Mein ganzes Berufsleben war mit dem häufigen Wechsel und der Unsicherheit unbefriedigend gewesen, was nur eine natürliche Auswirkung meiner Zurückweisung von Sicherheit und Status war, als ich in Oxford war. Und trotzdem konnte ich mich jetzt mit einundfünfzig in den Ruhestand zurückziehen, während viele erfolgreichere Männer, im weltlichen Sinn von Erfolg, noch viele Arbeitsjahre in ihrem Beruf vor sich haben.

Im April 1958 packten wir und verließen Kalkutta für immer. Wir dachten, dass wir dort kaum jemanden kannten, aber unser Zugabteil war voller Blumen, als unser Zug hinausdampfte, und am Bahnsteig stand eine Menge, um uns zu verabschieden. Das war am 12. April. Als wir uns am Morgen des 14. April Madras näherten, war der Bahnhof beflaggt, und Festlichkeit lag überall in der Luft. Wir erfuhren, dass das tamilische Neujahrsfest auf den 14. April fiel. Wir verbrachten den Tag bei Freunden und blieben die Nacht in Madras. Wir verließen Madras am 15. April abends und kamen früh am nächsten Morgen in Tiruvannamalai an. Auch im Ashram war es festlich, als wäre es für unsere Ankunft gedacht. Es stellte sich heraus, dass der Todestag Bhagavans (ursprünglich der 14. April, der aber nach den Mondphasen wie das westliche Ostern berechnet wird) dieses Jahr am 16. April gefeiert wurde. Auf diese Weise war unser Nachhausekommen verheißungsvoll. Als die Leute uns wie üblich fragten, wann wir wieder zurückkehren mussten, konnten wir antworten: „Überhaupt nicht mehr."

Endlich waren wir nach Hause gekommen. Kein anderer Ort war für uns zur Heimat geworden außer dieser. Wir waren spirituelle Wanderer gewesen, und dies hatte sich in einem nomadischen Leben auf Erden ausgedrückt. Gdynia, Bangkok, Madras, Kalkutta, das alles waren vorübergehende Wohnorte gewesen. Nirgendwo hatten wir Wurzeln geschlagen und uns zuhause gefühlt. Selbst unser früherer Aufenthalt in Tiruvannamalai hatte etwas zeitlich Begrenztes gehabt, besonders da wir wussten, dass wir wieder in die Welt hinausmussten, um ein berufliches Leben aufzunehmen, und teils, weil wir Schwierigkeiten hatten, eine dauerhafte Unterkunft zu finden, bevor unser eigenes Haus gebaut worden war, sodass wir in weniger als drei Jahren drei verschiedene Unterkünfte hatten. Wir führten ein enges

Familienleben, aber jetzt waren zwei unserer Kinder in die Welt hinausgegangen, und das dritte sollte bald folgen. Wir hatten einige Freundschaften geschlossen, aber keine Bindungen hergestellt, denn der Reisende kann nur Bekanntschaft mit anderen Pilgern auf dem Weg schließen, und das sind nur wenige.

Die Rente bedeutete kein Leben für Hobbies und leichte Arbeiten, sondern mehr Hingabe, mehr beständige Anstrengung. Es ist tatsächlich für einen, der der Suche nachgeht, gefährlich, sich zu früh aus dem Leben der Welt zurückzuziehen. Wenn der Geist noch nicht in der Lage ist, den ganzen Tag der Suche zu widmen, ist es besser, einigen oberflächlichen Aktivitäten wie einer beruflichen Arbeit nachzugehen. Fehlt es daran, wird er Erholung in Trivialitäten, Tagträumereien, Vorstellungen oder Gelehrsamkeit suchen oder in eine falsche Art Halbschlaf, Halb-Trance fallen. Auf irgendeine Weise wird sein Eifer beeinträchtigt werden.

Bhagavan war gütig zu uns. Meine Frau konnte den Tag zwischen Hausarbeit und Meditation aufteilen, während ich eine Beschäftigung in meinen Buchbesprechungen und der Herausgabe der *Collected Works* und *The Teachings* fand. Als sich allmählich diese Beschäftigung verringerte, gab es Tage oder sogar eine ganze Woche, in denen es keine äußere Aktivität für den Geist gab, und mir war es die meiste Zeit möglich, im Gleichgewicht mit dem Strom des Gewahrseins zu bleiben, der äußeren Dinge bewusst, aber mit fast nicht aktivem Geist, weder sich über seine Inaktivität ärgernd noch in Trivialitäten oder erzwungene Aktivität versinkend. Trotzdem erforderte es zunächst eine beständige Bemühung und war sehr ermüdend.

Abgesehen von unserem eigenen Sadhana oder unserer spirituellen Anstrengung fanden wir es auch in anderer Hinsicht gut, dass wir hier waren. So viele Besucher kamen aus verschiedenen Ländern nach Tiruvannamalai und oft zum ersten Mal, und sie erwarteten, einige Bewohner vorzufinden, die ihnen von Bhagavan erzählen und seine Lehre erklären konnten. Viele freundeten sich mit uns an oder blieben bei uns. Sie schrieben über ihren Wunsch zurückzukehren. Selbst wenn das nicht möglich war, markierte der Besuch oft eine Station auf ihrem Weg.

Etwa zwei Jahren nach meiner Rente begann ich zum ersten Mal, mein ganzes vergangenes Leben objektiv zu sehen, als würde es einer anderen Person oder einer früheren Geburt angehören. Und nicht nur das, sondern es nahm

Gestalt in meinem Geist an, Wort für Wort, als ob ich es jemandem erzählen würde, und es reichte bis in die Kindheit zurück. Das war ein Gewinn für die Suche, da vieles enthüllt wurde, was bis jetzt verborgen war. Trotzdem beschäftigte es mich so stark, dass es meiner Meditation im Weg stand. Trat ich von meiner Entschlossenheit zurück, keine Bücher mehr zu schreiben? Es war bereits in meinem Kopf geschrieben, und es war nicht die Art von Büchern über ein Thema, dem ich entsagt hatte. Es war ein Buch über die Suche selbst, wenn auch nicht so, wie ich es mir vorgestellt hatte. Ich wandte mich wiederholt davon ab, aber es ging mir nicht aus dem Kopf. (Dann erinnerte ich mich, was Bhagavan über eine der Fünf Hymnen für Arunachala gesagt hatte: dass die Anfangsworte auftauchten und, obwohl er sie verwarf, indem er sagte: „Was habe ich mit diesen Wörtern zu tun?" immer wieder zurückkamen, bis er sie niederschrieb.) War es ein Buch, das geschrieben werden musste? Um das herauszufinden, schrieb ich das erste Kapitel, wobei ich kaum nachdachte, einfach Wort für Wort, wie es mir in den Sinn kam. Sofort verließen meine Gedanken diese Phase meines Lebens und kamen nicht mehr zurück, sondern konzentrierte sich auf die nächste. So schrieb ich auch das nächste Kapitel, Kapitel für Kapitel, bis ich das ganze Buch geschrieben hatte, von dem ich dachte, dass es hier enden würde. (Ich muss zugeben, dass ich es allerdings danach fast ein Jahr lang überarbeitete und erweiterte.) Doch die Frage, ob es veröffentlicht werden sollte oder nicht, ob es legitim war, mein persönliches Leben anderen aufzuerlegen, blieb. Ich arbeitete noch einige weitere Jahre daran, strich hier und da etwas und fügte hier und da etwas hinzu, bis das, was übrig blieb, tatsächlich eine Geschichte über die Suche war. Und zu dieser Zeit entdeckte ich, dass das Buch noch nicht fertig war, sondern weitere Kapitel haben sollte.

14. Fortdauernde Suche

Natürlich war das Buch nicht fertig, da die Suche immer noch andauerte. Der Erfolg trat immer noch wellenförmig ein. Die Wellen waren jetzt erkennbarer und folgten schneller aufeinander, während die Gedanken dazwischen kürzer und weniger tief und düster waren. Trotzdem waren keine Tiefpunkte mehr tolerierbar. Selbst ein Tag oder ein Teil des Tages ohne den Bewusstseinsstrom war wie ein Stoß in eine unterirdische Zelle ohne Sonnenlicht und frischer Luft, ohne Bewegungsfreiheit. Die Zeit war gekommen, dass die Vorstellung einer anderen Lebensweise undenkbar geworden war.

Nach etwa drei Jahren begann eine Reihe großer Wellen. Jede begann am Höhepunkt und flachte sich allmählich ab. Dann war es nötig, beharrlich daran festzuhalten, bis die nächste Welle kam. Jede bewirkte eine neue Art des Zugangs, man könnte fast sagen, eine neue Enthüllung, um am Ende nicht verloren zu gehen, sondern als ein neuer Strang in die Ganzheit der Meditation einzugehen. Solche Stufen folgen nicht nur aufeinander, sondern können auch fortschreiten.

Der folgende Bericht wurde Stück für Stück geschrieben wie ein Tagebuch. Deshalb verändert sich die Perspektive bis zu einem gewissen Grad wie der Weg, der höher den Berghang hinaufführt.

Zuerst kam eine Welle der Konzentration auf das reine Sein. Bhagavan hat gesagt, dass es nicht nötig sei, sich darüber bewusst zu sein, ob man ein Mann, eine Frau, ein Vater, Sohn, ein Geschäftsmann oder Bürobediensteter ist, sondern einfach zu SEIN. Und jetzt war es plötzlich leicht, wie wenn Flutschleusen sich vor dem dürren Land öffnen. Es geschah natürlich und ohne Anstrengung. Wie kann es eine Anstrengung bedeuten, sich selbst zu sein? Man kann nicht anders, als unbeobachtet in Gedanken abzuschweifen oder ein dringendes Problem zu wälzen, das gar nicht so dringend wäre, wenn man einen Besucher zum Reden oder ein Buch zum Lesen hätte oder einfach nur müde ist. Der einzige Weg ist durchzuhalten. Mit Beharrlichkeit kann der Geist auf diese Weise gestärkt und diszipliniert werden, und seine intuitiven Kräfte können sich entwickeln.

Diese Praxis des Selbstgewahrseins ähnelt der buddhistischen Übung der Geistesgegenwärtigkeit. Was immer du auch tust, sei aufmerksam während des Tuns. Wenn du dich rasierst, dann rasiere dich. Spekuliere nicht darüber, welche Briefe mit der Morgenpost kommen werden. Wenn du isst, dann iss. Lies nicht die Zeitung, und unterhalte dich nicht.

Diese beiden Erfahrungen sind keine Alternativen zur Selbstergründung, können sie aber ergänzen. Während die Selbstergründung eine konzentrierte Anstrengung ist, wenn du alleine bist, am Morgen und Abend, kann dies unbeobachtet jederzeit geübt werden.

Um zu meiner Geschichte zurückzukehren: Einige Wochen später, als die Kraft dieser Meditation nachgelassen hatte, wachte ich eines Morgens langsam auf. Um genauer zu sein, kehrt das Bewusstsein, ohne sofort auf den Ich-Gedanken fokussiert zu sein, wieder zurück. Man sieht auf der einen Seite die Traumsequenz, die man soeben hinter sich gelassen hat, und auf der anderen Seite die Wachsequenz, die bald kommt.

Man kann nicht anders als sich selbst zu sein. Nur die rastlosen Gedanken verwickeln einen in einem Kokon von vielfältigen Sorgen. Jetzt, ganz plötzlich, aber mit allmählich verminderter Kraft und Klarheit, war es mir möglich, über die folgenden Wochen das einfache Sein zu fühlen, das einfache Ich-bin. Es war nicht nötig, dafür in einer bewegungslosen Haltung zu sitzen. Es konnte erweckt werden, oder es kam jederzeit spontan, ohne dass es erweckt wurde, während ich saß, ging, sogar redete, wenn ich am Morgen das Frühstück zubereitete oder am Nachmittag den Tee. (Diese leichteren Aufgaben hatte ich übernommen). Mein Tag begann mit Meditation von fünf bis sechs am Morgen. Dann stand ich auf, badete, werkelte bis sieben im Garten herum und frühstückte. Von acht bis fast neun Uhr saß ich im Ashram bei der Meditation während des Singens der Veden. Dann wartete ich dort auf die Post, die zwischen neun und halb zehn kam.

Wie ich in Kapitel 10 erklärt habe, hat der Mensch drei Zustände oder Funktionsweisen: Handeln, Denken und Sein. Von ihnen ist Sein offenbar die grundlegendste, da er nicht handeln oder denken kann, wenn er nicht zuerst existiert, während er immer existiert, ob er denkt und handelt oder nicht – wie z.B. im Tiefschlaf. Und dennoch bedecken das Denken und Handeln so sehr das Sein, dass er sich dessen gewöhnlich nicht gewahr ist.

Ich will hier einschieben, dass das Gewahrsein der Existenz eine sehr nützliche spirituelle Übung ist, die täglich geübt werden kann. Wenn du in deinem Sessel sitzt oder im Bus oder in der Schlange wartest, sei dir einfach deiner selbst gewahr. Du musst deine Augen nicht schließen, denn du kannst auch deine Umgebung bemerken – kein Grund für Druck oder Anspannung. Tatsächlich ist es eher eine Entspannungs- als eine Konzentrationsübung. Es gibt nur eine Bedingung: dem Geist sollte man nicht erlauben, von seinem Gewahrsein in irgendeinen Gedankenstrom abzuwandern. Du kannst z.B. die Uhr auf dem Regal sehen und sie ticken hören, du solltest aber nicht daran denken, dass du für sie zu viel gezahlt hast, oder dich fragen, ob Tante Jane sie mag oder ob du vergessen hast, sie aufzuziehen. Wenn ein klarerer Fokus für die Aufmerksamkeit benötigt wird, ist dein eigener Atem der geeignetste. Versuche nicht, ihn zu regulieren oder ihn in einen Rhythmus zu zwingen, sondern beobachte ihn einfach.

So einfach diese Übung auch ist, sie mag am Anfang nicht leicht sein, weil der Geist rastlos wie ein Affe ist und sich der Ruhe auf jede Weise entgegenstellt. Es ist wie ein Treiben auf der Oberfläche des Bewusstseins, ohne es zu berühren.

Bhagavan hat gesagt, dass der Zustand, dem man zustreben soll, wie eine Art Wachschlaf ist. Er kann im Augenblick zwischen Wachen und Schlafen erfahren werden. Ich verlängerte diesen Zustand so weit als möglich. Während der folgenden Wochen war das die Art, wie ich meditierte, besonders natürlich, wenn ich aufwachte (während des Einschlafens fand ich es schwieriger), aber auch während des Tages – ein Zurückziehen in das unpersönliche Bewusstsein, die Ereignisse auf seiner Oberfläche dahindriften zu sehen. Paradoxerweise ist dieser „Schlafzustand" auch der wahre Wachzustand – „Schlaf", weil er von keiner Differenzierung gestört wird (obwohl es im Bewusstsein geschieht und nicht, wie im physischen Schlaf, in der Dunkelheit), „wachen", weil man wirklich gewahr ist, trotz der beiden Hüllen der Illusion, des Traums in der Nacht und der scheinbaren Wachwelt bei Tag.

Einige Wochen später hatte auch diese Form der Meditation ihren Elan verloren, und eines Morgens, kurz nach dem Aufwachen, behauptete sich ein altes Vasana wieder. Es heißt, dass das letzte, was geht, das sexuellen Verlangen ist. Wütend und enttäuscht über das Wiederaufleben dieses Vasanas wandte ich mich der Selbstergründung zu. „Es kann kein Vasana geben, solange es nicht jemanden gibt, der es hat. Wer ist es, der dieses Vasana hat? Wer bin ich?"

Doch diesmal war der Gebrauch der Selbstergründung als eine Waffe unnötig. Als ich mich um acht Uhr an diesem Morgen wie üblich vor das Grab Bhagavans im Ashram setzte, um während des Singens der Veden zu meditieren, kam mir der Gedanke: „Warum beschäftigst du deinen Geist mit einer physischen Vereinigung, während du ihn zu der universalen, spirituellen Vereinigung wenden kannst?" Da überkam mich eine Flut der Gnade und brachte eine Meditation über alle Dinge in Gang, die vom Einen ausgehen, wie der Atem eines Menschen sich ausbreitet, wenn er in die eisige Luft ausatmet, und zugleich ein Verlangen zurück zur Einheit mit dem Einen.

Ein Gedanke? Meditation? Welches Wort kann man finden, eine innere Sicherheit auszudrücken, die nicht klar definiert ist wie eine Theorie und so weit davon entfernt ist, rein gedanklich zu sein, dass sie eine Welle der Freude und ein Kribbeln im Körper mit sich bringt, das bis in die Zehen und Fingerspitzen reicht? Nicht „Verwirklichung", denn das sollte man am besten für den höchsten Zustand der verwirklichten Einheit aufsparen. Wenn die modernen Philosophen stolz darauf sind, dass sie weitergekommen sind als die Heiligen und Philosophen früherer Zeiten, die den Glauben vor die Vernunft stellten, missverstehen sie die Bedeutung des Wortes „Glaube". Sie halten Glaube einfach dafür, etwas für wahr zu halten, weil es einem gesagt worden ist, während es wenigstens in einigen Fällen eine innere Gewissheit bedeutet, die wirklich die Vernunft überschreitet, wie ich sie zu beschreiben versuche.

Selbst als diese Meditation begann, wusste ich, dass sie trotz ihrer Großartigkeit auf einer niederen Ebene als die Selbstergründung oder die beiden zuvor erwähnten Zugänge ist, da sie die Existenz von „all dem" voraussetzt. Trotzdem, so sagte ich mir, war sie nützlich, da sie das Element von Prem (Liebe) und Ananda (Seligkeit) hinzufügte, die bisher in meinem Sadhana ziemlich gefehlt hatten. Zudem diente sie dem direkten Zweck, den sexuellen Impuls zu zerstören. Wie auf einer früheren Stufe von Sadhana der Wunsch nach Rauchen verschwand, sobald der wahre Ersatz dafür aufgetaucht war, so war es jetzt damit.

Wenn man fragt, warum diese Meditation über die Vereinigung als „richtig" gilt und die über die physische Vereinigung als „falsch", lautet die einfache Antwort: Was auf dem spirituellen Weg die Illusion eines separaten Individuums erhärtet und verstärkt, ist schädlich, was immer es schwächt oder vernichtet, ist förderlich.

Das zweite Gebot im Juden- und Christentum – den Nächsten zu lieben wie dich selbst – ist der Folgesatz des ersten – Gott aus ganzem Herzen zu lieben, denn nur wenn du dich nach dem Einen sehnst und alle Lebewesen gleichermaßen als Ausstrahlungen des Einen oder seine Manifestation siehst, fließt gleiche Liebe zu ihnen.

Der Meditation über die Einheit wohnt viel Fülle und Macht inne. Alle Ereignisse in deinem Leben sowie auch jene, die noch kommen, alle Menschen, die du gekannt hast, du selbst unter ihnen, alle geschichtlichen Epochen, die Zeitalter der Geologen, die unergründlichen Welten der Astronomen, alles dehnt sich vom Brennpunkt in dir aus. Und das alles ist keine langweilige irdische Einheit, sondern eine helle, weißglühende Flamme. Vielleicht können auf diese Weise Kräfte und Erfahrungen erlangt werden. Bei einem, der dafür veranlagt ist, können sie ungesucht kommen. Es ist besser, sie zu vermeiden.

Dies war einige Wochen lang mein Sadhana, und dann wachte ich eines frühen Morgens wiederholt auf oder halb auf und rief mir in Erinnerung, dass ich meinen Geist aus dem Fluss der Träume wegziehen und in der Meditation festigen musste. Als ich schließlich aufwachte, erkannte ich, dass dasselbe auch auf die Folge der Geschehnisse während des Tages zutraf. All das, wie auch darüber nachzudenken, darüber zu schreiben, der Versuch, daraus zu erwachen, ist ein Strom von Träumen. Man muss ihn aufgeben und den Geist auf die Meditation richten. Das wurde jetzt mein Zugang.

Es ist eine wundervolle Waffe gegen ablenkende Gedanken, gegen Bedauern und Wünsche, nicht den Verlauf des Traumes ändern zu wollen, sondern einfach aus ihm zu erwachen.

Das Selbst, das ich bin, träumt mich – das individuelle Ich – und diese ganze Welt wie auch die anderen Individuen und ihre Welten. (Das ist die Bedeutung der Geschichte von Krishna, der zugleich jede seiner 16.000 Frauen umarmt, jede in ihrem eigenen Zimmer des Palastes.) Was getan werden muss, ist, sich zu fügen, das Leben zu nehmen, wie es kommt, die Dinge geschehen zu lassen, während man gleichzeitig danach strebt, aus dem allem aufzuwachen. Ein Traum kann nicht als Traum erkannt werden, solange er für wirklich gehalten wird und es deshalb kein Erwachen gibt.

Tatsächlich ist das Einzige, was nötig ist, durch jedes Mittel das Empfinden, ein individuelles Wesen zu sein, zu beseitigen. Allmählich veränderte der Versuch aufzuwachen dies im Laufe von zwei Tagen. Es gibt Bewusstsein, aber kein Ich, das bewusst ist. Es gibt Handlung, aber keinen, der handelt.

Der Geist ist wie eine Mühle, der die Gedanken, die wir ohne Unterbrechung in ihn einfüllen, zu einen beständigen, wenn auch sich stets verwandelnden Fluss zermahlt, wie die Art von Strom-des-Bewusstseins-Romane, die James Joyce schrieb. Es spielt keine Rolle, wie ernst oder trivial sie sind, solange er beständig gespeist wird. Und in der Nacht kaut er in Träumen das Futter wieder, mit dem er tagsüber versorgt wurde. Fast all diese Energie ist verschwendet. Sie verhindert die Konzentration und macht den Geist nicht wirklich klar. Und all das basiert auf der Annahme, die man zu zerstören versucht, nämlich die eines individuellen Wesens, das entscheidet und handelt. Also begann ich, anstatt die Gedanken zurückzuhalten, mich zu weigern, die Mühle mit irgendetwas zu füttern, und nur das reine Bewusstsein zurückzubehalten – und natürlich die Beobachtung, wie die Dinge geschahen. Der Geist durfte sich mit allem beschäftigen, das Gedanken benötigte, sobald es auftauchte, aber nichts gedanklich vorwegnehmen oder es wiederholen, wenn es vorbei war. Ich staunte, wie einfach das war und welche Erleichterung es brachte, und fragte mich, warum ich es nicht seit langem systematisch tat. Dann kam mir jedoch in den Sinn, dass es ohne die vorherige Meditation nicht möglich gewesen wäre. Solange der Geist nicht gut unter Kontrolle gebracht wird, verabscheut er ein Vakuum. Auch jetzt stellte sich die Übung nicht als leicht heraus, nachdem sich die Welle der Gnade, die immer einen neuen Zugang begleitet hatte, legte. Andererseits stellte es sich spontan ein, ohne Anstrengung.

Und das Ergebnis? Keine Langeweile, wie einige vermuten würden. Langeweile ist im Geist. Sie ist tatsächlich die Verteidigung des Geistes gegen alles, was einem Vakuum nahekommt. Vielmehr war da eine große Euphorie. Es war keine Art Vision oder Erfahrung, denn das würde die Zweiheit von Erkennendem und Erkannten bedeuten oder korrekter die Dreiheit aus Sehendem, Sehen und Gesehenem, während reines Bewusstsein die Einheit jenseits davon ist. Dieser Fluss von nutzlosen, endlosen Gedanken ist so sehr ein Hindernis für die Meditation wie die Anhaftungen. Auf diese Weise wird der Geist beruhigt.

Der Geist ist von Natur aus weiblich, d.h. passiv und aufnahmefähig. Stattdessen macht er sich männlich und stellt sich vor, dass er schöpferisch ist. Dabei setzt er ein fiktives Ego voraus. Er wird so beschäftigt und so anhaltend nach außen auf seine vorgestellten Schöpfungen gerichtet, dass er für die höheren Wahrnehmungen, die er eigentlich aufnehmen sollte, blind wird. Die Aufgabe ist, das wieder richtig zu stellen, von der Schöpfung einer Illusion zur Wahrnehmung von Eindrücken der Wirklichkeit.

Es ist sehr schwierig für den Geist zu verstehen, dass er nichts tun muss, um die Verwirklichung zu erlangen. Tatsächlich ist er selbst das Hindernis und muss nur damit aufhören, sich einzumischen. Deshalb sagte Bhagavan, dass man die Unwirklichkeit nur als unwirklich erkennen muss, und die Wirklichkeit ist verwirklicht. Es ist der Geist, der die Unwirklichkeit erschafft. Der Koran schreibt wiederholt vor, keinen Unfug im Land zu treiben, und das Tao Te King sagt, dass, die Leute desto glücklicher und wohlhabender sind, je weniger der Herrscher regiert. Die Bedeutung ist dieselbe: der Geist ist der Herrscher oder der Unruhestifter. Er muss nur stillgehalten werden, und unser Wesen, das Königreich, wird sich in seiner ganzen makellosen Reinheit entfalten.

Der Zweck der Meditation ist, den Geist zu stabilisieren und ihn daran zu hindern, wie ein Affe herumzuspringen und zu schwatzen, indem er an einem Gedanken festhält. Wenn du seine Aktivität ohne den einen Gedanken aussetzen kannst, ist es noch besser. Wenn er zu widerspenstig wird, ist der beste Weg, ihn unter Kontrolle zu bringen, entweder Selbstergründung zu üben, beständig zu untersuchen, ob er wirklich existiert oder nicht, und was es ist, das existiert, oder zu vertrauen und sich zu unterwerfen, indem man selbst zurücktritt, still ist und dem Unbekannten die Regie überlässt. Das meint Jesus mit dem Aufgeben des eigenen Lebens um seinetwillen. Wer seinen bewussten Geist um Jesu willen, des Geistes (Spirit), des Unbekannten willen aufgibt, wird ihn finden. Aber derjenige, der an ihm festhält, um ihn zu bewahren, wird ihn verlieren.

Dieser Zugang dauerte über acht Wochen an und wurde dann von einer eintönigen, langweiligen, aber notwendigen Technik ersetzt, die nicht durch eine neue Gnadenwelle einsetzte wie die früheren Zugänge, sondern durch einen Traum.

Ich träumte, dass Bhagavan um meinetwillen in mein Haus kam, aber als ich mit ihm gehen wollte, sah ich ein schwaches Feuer in der Einfahrt draußen. Ich wusste, dass ich es zuerst löschen musste, da ich Angst hatte, dass der starke Wind Funken zum Haus tragen und ein Großbrand entfachen könnte. Das Feuer war natürlich das Ego, das aus Vasanas – Wünschen, Interessen, Anhaftungen – besteht. Der Traum war befriedigend, da es nur eine Glut war und kein Brand und nicht im Haus, sondern draußen. Doch ich war trostlos darüber, dass es überhaupt ein Feuer zum Löschen gab.

Deshalb begann ich direkt mit den Vasanas zu kämpfen, oder ich hoffte auf eine Säuberungsaktion, indem ich sie aus ihren Verstecken jagte und auf sie losging – alle Wünsche und Anziehungen, alle Gedanken, wie gering auch immer, darüber, was geschehen würde (da die Zukunft genauso sicher existiert wie die Vergangenheit), jedes Nachdenken über Bücher, die ich gelesen hatte – es war ein Zustand beständiger Wachsamkeit. Die Heiden waren schwach und zerstreut, als die Israeliten das Heilige Land in Besitz nahmen, aber sie hätten vernichtet werden sollen. Da das nicht erfolgte, wurden sie stark und später zu einer Bedrohung. Das ist eine hervorragende Allegorie über die verbleibenden Vasanas. Sie sind die Glut, die sich später zu einem Feuer entfachen kann.

Das war im November 1961. Im vorangegangenen Winter hatte ich an einer schweren Bronchitis gelitten, die die Lunge verstopfte und Erstickungsanfälle verursachte, und eine Zeit lang galt meine Genesung als zweifelhaft. Ich wurde durch die homöopathische Behandlung meiner Frau geheilt. Aber ich war immer noch kurzatmig und anfällig für einen Rückfall. Ich erlitt tatsächlich einen Rückfall – vielleicht wegen meiner Sorglosigkeit, weiterhin bei offenem Fenster zu schlafen, als die kühlen Nachtwinde einsetzten.

Trotzdem war es eine gute Gelegenheit, die Vasanas anzugreifen, indem ich mir keine Gedanken über die Folgen machte.

Was bleibt übrig, wenn man sich von den Vasanas abkehrt und das Ego, das sie hat, verleugnet? Nur die Erfahrung des Seins mit dem Geist als Diener, der Eindrücke bemerkt, aber kein unabhängiges Lebewesen, das die Vergangenheit wiederbelebt oder die Zukunft vorwegnimmt. Aber es benötigte ständige Bemühung und Wachsamkeit, um diesen Zustand aufrechtzuerhalten. Das war jetzt besonders so, weil es keine neue Welle der Gnade gab, während meine Lebenskraft durch die Krankheit geschwächt war und der ganze Tag ohne eine Aufgabe war – keine Bücher kamen, um besprochen zu werden, keine Arbeit irgendeiner Art, und ich fühlte mich nicht gut genug, im Haus oder im Garten mitanzupacken. Drei Tage lang tauchten alte Vasanas wieder auf, solche, von denen ich geglaubt hatte, dass sie seit langem tot waren – selbst das Bedauern über meine jugendlichen Torheiten und meinen Verlust der Karriere in Oxford.

Am nächsten Tag war ich in der Lage, zum ersten Mal seit meiner Krankheit wieder in den Ashram zu gehen. Ich betrat die Alte Halle, wo ich so oft vor Bhagavan gesessen hatte. Ich setzte mich am selben Platz vor seinem Sofa nieder, auf dem jetzt sein lebensgroßes Bild ruht, und wartete auf eine Antwort. Ich war verwirrt und entmutigt über diesen neuen Gegenangriff, aber entschlossen, ihm nicht nachzugeben. Da kam mir folgender Gedanke als Antwort in den Sinn: „Das ist wie der Überfall der alten Vasanas, den Buddha während seiner Nachtwache unter dem Bodhi-Baum vor seinem endgültigen Erwachen erlebt hat."

Mit einem klaren Verständnis der Bedeutung fühlte ich mich besser. Physisch hustete ich die alten Ablagerungen auf meiner Lunge ab. Spirituell wurden die alten Vasanas aus meinem Geist beseitigt.

Ich fand heraus, dass es gleichermaßen möglich war, unpersönliches Gewahrsein aufrechtzuerhalten oder den Geist seine Trickkiste auspacken zu lassen. Beides war anziehend, aber es war möglich, sich für das Gewahrsein zu entscheiden und daran festzuhalten.

Es kam kein neuer Zugang mehr. Es war jetzt keiner mehr nötig, da das einfache Sein, das unpersönliche Gewahrsein möglich war. Es wurde ein direkter Kampf mit den Gedanken. Einige, die mächtigen, emotionsgeladenen, brachen hervor, und ich musste ihnen direkt die Stirn bieten und sie zurückschlagen. Andere, subtilere, schlängelten sich wie Schlangen ein und packten zu, bevor sie beobachtet werden konnten. Es war ein ständiger Kampf hin und her. Tag und Nacht setzte er sich fort. In der Nacht ist die Verteidigung geschwächt, und ich wachte auf und fing den Geist ein, der durch eine nutzlose Reihe von Träumen schweifte. Es gibt den klaren, lebhaften, symbolischen Traum, der ein nützlicher Indikator für den Zustand, in dem man sich befindet, sein kann, aber es gibt auch die endlosen, wertlosen, verwirrenden Traumfolgen, die nur die Gedanken des Tages und die Impulse verbildlichen. Das war es, mit dem ich kämpfte. Ich wachte auf und zog meinen Geist zur Stille zurück. Es mochte nötig sein, eine Weile lang in Meditation zu sitzen, um den Unfug zu beenden. Mit Anstrengung wurde die Kontrolle gefestigt, und das Abschweifen im Traum hörte auf. Auch während des Tages erlosch das Aufbegehren der Vasanas.

Der wahre Zustand ist Sat-Chit-Ananda – Sein-Bewusstsein-Seligkeit. Schließlich verschmelzen sie in eines. Tatsächlich sind es drei Aspekte desselben. Es gab bereits die Erfahrung des Seins und des unpersönlichen Gewahrseins, aber noch nicht die Glückseligkeit, die den Geist aus eigenem Antrieb in diesen Zustand zieht und ihn dort mühelos verweilen lässt, und zwar jenseits aller Gegenreize, die ihn nach außen ziehen könnten.

Es gibt Fälle auf dem hingebungsvollen und ekstatischen Weg, bei denen der Aspekt der Seligkeit zuerst entsteht. Trotz der intensiven Freude ist dies gefährlicher und weniger befriedigend. In die Zeiten der Freude sind Zeiten von dunklem Leid eingestreut, wenn das Gesicht des Geliebten verborgen ist. Der heftige Wechsel und die leidenschaftliche Sehnsucht können sogar ein irrationales Verhalten verursachen oder den Geist überfordern. Deshalb ist es bei den Sufi-Meistern ein Gebot, dass der Weg der Nüchternheit dem der Trunkenheit vorzuziehen ist. So machtvoll ein Meister wie Ramakrishna auch war, so war er doch verrückt, als er anfangs in Ekstase verfiel.

An diesem Punkt bekam ich plötzlich Angst und wich zurück. Dies ist eine Versuchung, die unverzüglich beseitigt werden muss, oder sie kann das Streben des ganzen Lebens beeinträchtigen. Es ist, wie wenn ein Mensch sich durch einen dunklen Wald oder auf einen felsigen Berg quälen muss. In seiner Bedrängnis und beständiger Gefahr sucht er die himmlische Stadt, doch wenn schließlich ihre Außenmauern aufragen, die von ihm nur durch eine schmale Schlucht getrennt sind, fürchtet er sich zu springen und wendet sich ab. Fortan sitzt er teilnahmslos am Wegesrand oder wandert ohne Ziel umher, kann zu dem Zustand der spirituellen Unwissenheit, die sein Ausgangspunkt war, nicht mehr zurückkehren, hat aber auch keine Entschlusskraft, nach vorne zu gehen. Es gibt viele solche Hilflosen.

Es gibt eine Gezeit in den Angelegenheiten der Menschen,
die, mit der Flut genommen, zum Glücke führt.
Wird sie verpasst, ist die ganze Reise ihres Lebens
an Untiefen und Elend gebunden.
Auf solch einem vollen Meer schwimmen wir jetzt;
und wir müssen die Strömung nehmen, wenn sie uns dient,
sonst verlieren wir die Chance.

(Shakespeare, Julius Cäsar, 4. Akt, 3. Szene)

Doch es muss hinzugefügt werden, dass diese deprimierende Aussicht (wie ich es bereits zweimal in diesem Buch über die vielen, die gerufen, aber nicht auserwählt sind, gesagt habe) nur in der begrenzten Sichtweise auf dieses Leben deprimierend ist. Tatsächlich ist der ganze Lauf der Lebensfolgen eine Reise, die durch viele Windungen und Wendungen, Schluchten und kahle Abhänge, sumpfige Dschungel und durstige Ebenen zum Ziel der höchsten Seligkeit führt, die das wahre Wesen des Menschen ist. Es ist eine Pilgerreise, die viele Tage dauert, und jeder Tag davon ist ein Leben. Ein ganzer Tag mag verschwendet werden. Ein Mensch mag wegen

verlockende Beeren den Abhang hinunterklettern, die sich als sauer oder giftig herausstellen, nachdem er sie gepflückt hat. Oder er trödelt herum und erreicht bei Einbruch der Nacht keine Unterkunft mehr. Aber der Weg bleibt unausweichlich. Er hat nur die nächste Tagesreise mühsamer gemacht.

Die Entdeckung, dass das Leben eine Pilgerreise ist, dass es ein Ziel hat und deshalb bedeutsam ist, ist ein großer Segen, aber das bedeutet nicht notwendigerweise, dass das Ziel in diesem Leben erreicht wird. Die Anzahl der Tage, die immer noch nötig sind, hängen teils vom Abstand zum Ziel ab, teils von der Energie, mit der der Pilger nach vorne drängt. Solch ein Fortschritt ist nicht vergeblich, auch wenn er müde wird und sich vor dem Ende des Tages erholt. Wenn er erwacht, ist er auf der Reise des nächsten Tages viel weiter. Dies wird ausdrücklich in der Bhagavad Gita garantiert: „Derjenige, der vom Yoga abfällt, wird in einem reinen und glücklichen Haus wiedergeboren. Oder er kommt sogar in eine Familie weiser Yogis, obwohl solch eine Geburt in dieser Welt sehr schwer zu erreichen ist. Dort erlangt er die göttlichen Errungenschaften seiner früheren Inkarnationen und strebt dann wiederum nach dem vollen Erfolg." (VI, 40-43)

Aber was ist mit den Bedenken des christlichen und muslimischen Lesers, die nicht an die Reinkarnation glauben, sondern an ein Leben nach dem Tod im Himmel oder in der Hölle? „Daran glauben" ist ein unbefriedigender Ausdruck. Es ist besser, zu verstehen. Es gibt tatsächlich ein Leben nach dem Tod im Himmel oder in der Hölle auf einer relativen Ebene, wie der Buddhismus und der Hinduismus es ebenfalls lehren. „Das alles ist so wirklich, wie du selbst wirklich bist", antwortete Bhagavan auf eine Frage. Dies ist der Zustand, in dem die Seele gutes oder schlechtes Karma erntet, wie sie es für sich im irdischen Leben bestimmt hat. Aber nachdem es abgearbeitet wurde, kommt sie zurück, um ihren Lauf fortzusetzen, in einem neuen Leben neues Karma zu erschaffen, gutes oder schlechtes, und auf der Ebene zu beginnen, auf die sie in ihrem vorigen Leben aufgestiegen oder abgefallen ist.

Für jemand, der intuitiv die höchste Wahrheit der Einheit verstanden hat, ist es keine Sache des Glaubens oder der Argumentation. Es folgt daraus natürlicherweise, dass der endgültige und ewige Zustand kein Zustand der Vielfalt und Verschiedenheit sein kann. „Am Anfang war nur Gott." Darüber sind sich alle einig. Das ist die ewige Wahrheit. Abgesehen davon hat alles, was ins Sein gerufen wurde, einen Anfang und ist deshalb nicht ewig. Was einen Anfang hat, muss auch ein Ende haben, sei es der Himmel, die Erde oder die Hölle. Es ist dieses Ende, das bewusst erlangt wird und deshalb reine Glückseligkeit ist, das das Ziel ist, auf das der Pilger zustrebt. Wenn jemand sagt, er will es nicht erlangen, weil es bedeutet, die Individualität aufzugeben, antwortet Jesus ihm schonungslos: „Wer sich an sein Leben klammert, wird es verlieren." Und in jedem Fall ist das, woran sie sich klammern, eine Illusion, und eine Illusion ist nicht ewig. Früher oder später, wenn auch nicht in diesem Leben, werden sie es verstehen. Aber sie können sich viel Leid auf dem Weg schaffen.

Moderne christliche Schriftsteller haben viel über „die Frage des Leids" auf der menschlichen Ebene argumentiert. Diese Frage ist auf dieser Ebene tatsächlich nicht zu beantworten, wenn ein verehrungswürdiger alter Mann namens Gott seine Kinder für einige Jahre aus keinem bestimmten Grund auf die Erde schickt, sie dann zurückruft und sie ewig belohnt oder bestraft, Jahrhundert um Jahrhundert, Millionen von Jahren und Äonen, länger als die aufzeichenbare Zeit, je nachdem, wie sie sich hier benommen haben. Wenigstens sollte man erwarten können, dass er sie während des kurzen Augenblicks des schicksals-schaffenden Lebens glücklich sein lässt. Aber von einer höheren Sichtweise aus betrachtet verblasst die Frage und verschwindet.

Da das Leben einen Zweck hat, nämlich das Erreichen des höchsten Ziels, ist der Maßstab nicht die Menge an Freuden, die man erlangt hat, oder an vermiedenem Leid, sondern der Abstand, den man auf das Ziel zugereist ist oder sich davon entfernt hat, d.h. die Entwicklung von guten oder schlechten latenten Eigenschaften, die einen Menschen besser oder schlechter als zuvor dastehen lassen. Der wahre Maßstab für Erfolg oder Misserfolg im Leben ist der Zustand, in dem ein Mensch ist, wenn seine Zeit kommt, es zu verlassen. Offensichtlich verursacht es dem Menschen Leid, wenn er sich von seinem Lebenszweck abkehrt, d.h. gegen seine wahre Natur handelt. Wenn er ihm folgt, wird das Leiden beseitigt. Man findet in keiner Religion Heilige, die über ihr Leid jammern. Tatsächlich ist ihre offensichtlich gemeinsame Eigenschaft Glück und Zufriedenheit, auch wenn sie krank oder arm sind oder an anderen Nöten leiden. Auch ist der Egoist nicht wirklich glücklich, selbst wenn seine Umstände glücklich erscheinen. Die vier Grundwahrheiten, auf denen der Buddhismus beruht, treffen genau den Kern. Es gibt Leid (der Zustand der spirituellen Unwissenheit). Es gibt eine Ursache für das Leid (das Festhalten an der vergänglichen und scheinbaren Wirklichkeit und das Ignorieren des Zwecks des Lebens). Es gibt Befreiung vom Leid (indem man das Unwirkliche aufgibt und sich dem Wirklichen zuwendet). Und es gibt einen Weg, diese Befreiung zu erlangen (die Ergründung).

Eine letzte Erklärung, um ein anderes Hindernis zu beseitigen, das die Theoretiker unnötigerweise gegeneinander aufstellen: Wie passt diese Lehre über einen Weg, den man viele Leben lang geht, mit der buddhistischen Lehre von Annata zusammen, dass es kein Ego gibt, das Himmel oder Hölle erfahren, wiedergeboren werden oder den Weg beschreiten kann? Hindu-Lehrer sagen dasselbe. Wenn Bhagavan eine Frage zur Wiedergeburt gestellt wurde, antwortete er etwa: „Finde heraus, ob du geboren wurdest." Der wesentliche Punkt der Selbstergründung ist, durch die scheinbare Wirklichkeit des Egos zu seiner wahren Unwirklichkeit durchzubrechen. „Es gibt keine Existenz des Unwirklichen und keine Nichtexistenz des Wirklichen." Deshalb geht der Verwirklichte nach dem Tod nicht in den Himmel und wird nicht auf der Erde wiedergeboren. Er existiert einfach. Doch für einen, der das Selbst nicht verwirklicht hat, scheint ein illusorisches Ego in diesem Leben zu existieren und es deshalb auch zu überleben und eine Stufe nach der anderen auf dem Weg zu gehen. Es ist zwar gut, sich in der Theorie daran zu erinnern, dass es nur eine Erscheinung ist, aber was nötig ist, ist, es zu erkennen.

Und nun zurück zu meiner Geschichte. Um mich gegen die Zögerlichkeit zu schützen, begann ich, das Sterben zu üben – das heißt die Bereitschaft, mein Leben oder den Geist völlig abzulegen. Es darf nicht die Bedingung geben, dass die Wahrnehmung eines Körpers und einer Welt nach dem Sterben wiederhergestellt werden, denn das wäre feilschen, nicht Hingabe. Erstehen sie wieder, gut, wenn nicht, auch gut. Du bist nicht bereit, von einem Traum aufzuwachen, wenn du festlegst, dass du seinen Verlauf noch nach dem Aufwachen beobachten willst wie im Kino. Wenn es so ist, gut, wenn er beim Aufwachen verschwindet, gut.

Die Bereitschaft zu sterben darf auch nicht aus dem Grund erfolgen, weil das Leben bitter, bedrückend oder sinnlos ist. Das – die Haltung des Selbstmörders – trägt das Gegenteil in sich, d.h. wenn die Bedingungen sich verändern und anziehend werden, würdest du am Leben festhalten. Das ist keine Hingabe, sondern eine rebellische Zurückweisung der Lebensbedingungen, die dir angeboten werden.

Ich hatte das Gefühl: „Ich bin bereit, mein Leben aufzugeben, aber es wird nicht akzeptiert. Was soll ich jetzt tun?" Den ganzen Tag ging es so weiter, und es war so eindrücklich, dass mir der Gedanke kam: „Das ist ein Thema für ein Gedicht. Wie schade, dass ich kein Dichter bin." Am nächsten Tag herrschte ebenfalls dieses Gefühl vor, und mir kam derselbe Gedanke über ein Gedicht. Am Abend musste ich es schreiben. Der zweite Vers war so eindrücklich, dass ich ihn nicht lesen konnte, ohne dass mir die Tränen kamen.

Von da an entstand ein Gedichtband. Ich wusste nie im Voraus, über was das Gedicht sein würde. Manchmal hatte ich eine Liste von Themen vorbereitet, über die ich schreiben wollte, aber wenn ein Gedicht kam, war es über etwas ganz anderes. Sie waren auf indirekte Weise eine Aufzeichnung über die Suche und sollten nacheinander gelesen werden, obwohl jedes ein eigenes Gedicht ist und einzeln gelesen werden kann. Z.B. würde es keinen Sinn machen, das erste nach dem zweiten oder eines von beidem nach dem dritten Gedicht zu lesen. Das dritte Gedicht ist ein Beispiel für ein wichtiges Phänomen, nämlich dass einige der Gedichte einen Zustand beschreiben, der noch nicht dauerhaft gemeistert wurde. Ich zögerte zuerst, ob es überhaupt ehrlich war, solche Gedichte zu schreiben, aber sie kamen und wollten geschrieben werden. Und später kamen mir beständig Fragmente von ihnen in den Sinn wie ein Mantra und waren hilfreich auf dem Weg. Vielleicht geht es anderen ebenso.

Ich wusste nie, wann sie kamen und in welcher Form. Es war ganz unregelmäßig. Zum Beispiel brauchte ich für „Waking and Sleeping" (hier nicht enthalten) etwa zwei Wochen. Ein Fragment, vielleicht nicht mehr als eineinhalb Zeilen, kam an einem Tag, und dann, nach mehreren Tagen Pause, ein weiteres Fragment. Andererseits wurden „The Expanse" (Die Ausdehnung) und „Be Still" (hier nicht enthalten) am selben Tag geschrieben.

Nach einigen Gedichten fand ich heraus, dass sie entweder Blankverse oder gereimte Lyrik waren. Die mehr philosophischen waren Blankverse und die mehr intuitiven Lyrik. Der äußere Unterschied zwischen Dichtung und Prosa ist, dass Dichtung formale und geregelte Sprache verwendet und Prosa vergleichsweise informale und ungeregelte. Es kam mir unnatürlich vor, formlose Gedichte zu schreiben. Wenn es nicht in Versform war, soll es Prosa sein

oder

Stille.

Gedichte[1]

Ein Testament

Glaube mir: Ich sage dir, was ich weiß
aus eigener Erfahrung, nicht vom Hörensagen;
was ich versucht, erprobt und herausgefunden habe,
indem ich einem Führer, einem Meister des Weges gefolgt bin.

Abschnitt eins

Doch zunächst, was die Sinneswahrnehmung uns allen sagt.
Die Welt zieht in unendlicher Weite dahin
in eine ferne Vergangenheit, an die man sich nicht erinnert.
Auch die Zukunft liegt endlos vor uns.
Dazwischen fallen deine punktgenauen Lebenstage,
vom Geborenwerden bis zum Tod.
Und dann flachen die Wellen ab, die du verursacht hast.
Ein anderer hat dein Amt inne, schläft in deinem Bett,
während das Leben mit unbeirrtem Schritt weitergeht,
als ob du nicht gewesen wärst. Auch während du bist,
ist nichts sicher, wenig, um darauf stolz zu sein.
Gesundheit ist eine Leihgabe der Zeit.
Frustrationen trüben Ehrgeiz und Leistung.
Freundschaften enden im Tod oder Vergessen.
Aus der Ferne schleicht sich das Alter heran
und raubt den Schwung, den du der Arbeit
und dem Vergnügen geliehen hast, kühlt die Lebenskraft,
verengt den Kreis der Anhaftungen des Lebens, den du verteidigst
bis zur letzten Stunde des Lebens,
wenn die Gedanken von den Vorhaben, für die du gekämpft hast,
von der Arbeit, für die du gelebt hast,
von Amt und Macht, von Frau und Freund, vom Kind,
von gekauften und verkauften Dingen,
nur auf einen einzigen Punkt zusammenlaufen,

---

[1] Die Metren der Verse gingen bei der Übersetzung leider verloren.

deinen nächsten Atemzug,
der Anhaftung entkleidet, zum nackten Sein gebracht,
um durch den engen Schoß des Todes gepresst zu werden.

Abschnitt zwei

So weit geht der Blick, so weit sind sich die Menschen einig.
Doch bei der Frage, was nach dem Tod kommt,
gehen ihre Ansichten auseinander.
Es sind hauptsächlich drei Standpunkte, die sie einnehmen.

Es gibt welche, die meinen, der Tod sei das Ende:
nichts mehr zu sein, nichts zu wissen,
denn deine ganze Geschichte ist erzählt,
und das arme Ding, das in der dunklen Erde verrottet,
ist alles, was von dem einst mannigfaltigen
Liebhaber von schönen Gesichtern und süßem Klang,
der auf der Erde wandelte, übrigbleibt und dachte, er sei du.

Andere sehen das Leben umgürtet
mit helleren Sphären von Formen, die immer neu sind,
so viel lebendiger als die Erdgestalten hier,
wie des Pfaus Kehle im Vergleich zur schmutzigen Farbe des Sperlings.
Dort (ein raumloses „dort", wie Träume erscheinen)
sind aufgestaute Kräfte auf der Erde, aber unsichtbar –
Mut, der trotz Angst nicht nachlässt,
oder Schuldgefühle, die vom klaren Licht
des bewussten Geistes untergetaucht werden –
steigen auf und umgeben einen Menschen
mit äußeren Formen von Schrecken oder Freude.
Seine eigene Brut, verborgen für die Spanne des Erdenlebens,
quält nun seine körperlose Seele ewig, wenn böse.
Doch für wen der Wettlauf des Lebens
auf Erden zum festgesetzten Ziel führt,
für den herrscht ewiger Friede, Glückseligkeit,
die nicht in Worte zu fassen ist.

Andere erklären, dass dies nicht alles ist.
Die Ernte einer Saison lässt sich nicht für immer verkaufen,

oder die Bilanz eines Lebens, ob gut oder schlecht,
auf ewig in den Himmel oder die Hölle führen.
Das innere Leben des Menschen materialisiert sich,
gehüllt in unkörperliche Formen, was sie zugeben.
Doch so ist die Abrechnung, ob froh oder traurig, abgeschlossen,
die Bücher sind ausgeglichen: es ist ein Ende.
Daher kehrt er noch einmal zum Leben auf der Erde zurück,
auf derselben Ebene, die er selbst geschaffen hat
durch Gebrauch oder Missbrauch seiner früheren Geburt:
wieder frei aufzusteigen, oder frei zu sinken,
wieder sein eigener Architekt.
Wieder läutet die Glocke, wieder wird die Schwelle
des Todes überschritten, um intensiver zu leben,
mehr Himmel oder Hölle
als der erdgebundene Verstand sich vorstellen kann.
So bringt das Leben eines Menschen seine Vergeltung.
Unaufhaltsam dreht sich das Rad
vom Wachstum zur Ernte, vom dichten Erdenleben,
das aufbaut, zu Regionen, die offenbaren, was er dort errichtet hat.
Und so kann der Mensch von Leben zu Leben
an Größe zunehmen, bis er eine überschwängliche Freude
fühlt in dem, was einst Kampf war,
und er sehnt sich nicht mehr nach den Erdenwegen,
klammert sich nicht mehr an die Erinnerung oder das Verlangen.
Alle Sehnsucht ist wie mit einem Messer abgeschnitten.
Nichts kann demjenigen mehr Wiedergeburt, Kummer oder Tod
bringen, der frei wie die Sterne ist, frei wie die Winde,
die seine Herrlichkeit auf den Berggipfeln singen,
jenseits der Sonne, in seinem eigenen Glanz glorreich geschmückt,
unendlich in das Ungeborene versunken,
jenseits der Trennung von Tag und Nacht.
Unveränderlich sieht er die sich verändernde Welt auf richtige Weise.

Abschnitt drei

Diese Ansichten sind nicht gleichermaßen falsch.
Nur die erste ist völlig falsch. Die nächste enthält alles,

was der Mensch an Wahrheit braucht,
um seine eigene Bedeutung zu erkennen
und sich vom kleinen Gewinn, gefolgt vom großen Verlust,
umzuwenden und sein Erbe der Glückseligkeit zu suchen,
erkauft durch Mühen, im Voraus bezahlt,
aber vergänglich, mit düsterer Aussicht,
wie die Mitgift der unsichtbaren Braut für den Muslim,
im Rückblick nichts, worüber man sprechen könnte.
Auch die dritte Sichtweise kann ebenso gut
Ansporn und ein Weg sein – alles, was der Mensch braucht.

Doch diese drei Ansichten des Menschen,
wie weit sie auch auseinander liegen,
entspringen alle demselben Samen des Irrtums,
denn sie erklären alle gleichermaßen:
du bist der empfindsame Körper, von dem die
Sehnsüchte ausgehen wie Wurzeln,
Gedanken und Ideale wie Äste in der Luft,
von der Notwendigkeit umschlossen.
Reine Fantasie! So etwas gibt es nicht!
Du bist reines Bewusstsein, Ewigkeit,
in der Geburt, Tod und Welt nur der Stoff sind,
aus dem die Träume sind. Keine Übertreibung!
So wie ein nächtlicher Traum wirklich erscheint,
solange er andauert in deinem sterblichen Verstand,
so ist auch dein Lebensweg, ob glatt oder rau –
zwischen breiten Hecken, die mit duftendem Geißblatt umrankt sind,
die Luft erfüllt vom Gesang der Vögel,
deine Schritte vereint mit denen des geliebten Gefährten,
die der Erschöpfung den Schmerz rauben, der Nacht die Furcht,
oder über trockene Felsen, wo es schwer ist,
nicht vor Müdigkeit zu seufzen, wenn die Sonne brennt
und nur Dornenbüsche einen dürftigen Schatten werfen,
während ganz vorn der nackte Schiefer erscheint –
der gleiche Traumstoff, aus dem dein sterbliches Selbst besteht.
Alles, was bekannt ist oder gesehen wird, mit dir darin,

ist ein prächtiges Schauspiel, ungefährlich
dargestellt in dir wie Bilder auf einer Leinwand.

Wach auf! Denn die Morgendämmerung hat
den Himmel in Flammen gesetzt!
Erwache aus dem Traum dessen, was nie gewesen ist,
um das ganze Universum als Spiel zu sehen,
für immer veränderlich, du auf immer und ewig derselbe.

Abschnitt vier

Das bedeutet nicht, dass es in dir zwei Selbste gibt,
ein universelles und das andere gebunden durch Namen und Form,
ein vergängliches Wesen, das von der Geburt bis zum Tod
seine kleine Runde dreht.
Es ist eher Amnesie. Einer, der reich und groß geboren ist,
alles ringsum überragend, vergisst seine eigene Identität,
und das Schicksal führt ihn zu einer Fabrik, die ihm gehört.
Wüsste er es nur, würde er nicht am Tor Schlange stehen
und um Arbeit bitten.
Nur ein Selbst ist er, doch zweifach:
solange er es vergisst – ein Leben voller Arbeit und Demütigungen.
Erinnere dich, und das Schicksal stellt sofort wieder das Leben her,
wie es vor dem Unglück war.
Oder es ist wie bei jenem armen Ritter, der der Torheit zum Opfer fiel,
durch Spaniens staubige Straßen auf einem mageren Gaul ritt,
mit Windmühlen als Feinde und der Täuschung als Fahne.

Abschnitt fünf

Wie wurde das hohe Gleichgewicht aus reinem, ungetrübtem
Bewusstsein, uneingeschränktem Sein,
ungestörter Glückseligkeit zerstört
und dein ewiger Zustand auf diesen hier herabgebracht? Und warum?
Solche Fragen tragen nicht im Geringsten
zum Erwachen des Menschen bei.
Nichts, was nicht in Ordnung ist, können sie richtigstellen.
Jeder Streit dieser Art ist nutzlos, doch nicht harmlos.
Er führt in die Irre, verleiht dieser scheinbaren Welt das Attribut

des wirklichen Seins, von etwas, das im Laufe der Zeit
aus dem ewigen Zustand, der vorher war, hervorgeht.
So plädiert er unwissend für die Ursache der Unwissenheit.
In Wahrheit ist der Fluss der Zeit mit endlosen Formen
nur ein Traum, während das, was war, bleibt.
Früh und spät, Zeit und Welt sind Schattenspiele,
die nur für den getrübten Geist wahres Sein zu sein scheinen.

Nur eine Frage ist ein würdiges Thema:
Wie man die subtilen Nebel, die blind machen, auflöst,
was der verstrickte Aspirant tun kann,
um die liliputanischen Fäden zu zerreißen, die binden.
Deshalb schreibe ich, um einen Weg aufzuzeigen
durch das Labyrinth des eingebildeten Seins zum Wahren.

Abschnitt sechs

Erst verstehen – nicht philosophieren,
denn die Wahrheit ist einfach,
das Denken wie eine verspielte Katze,
die sich eigensinnig im Wollknäuel verheddert.
Das Sein existiert einfach, und du bist es.
Drum bedeutet dein wesentliches Selbst zu kennen,
alles zu wissen, doch nicht durch Betrachten,
wie man einen anderen erkennen kann,
denn Nicht-Zwei ist das Höchste.
Erkennen in diesem hohen Sinn
ist einfach Sein. Sein allein ist wahr.

Wenn der Verstand versagt oder nur einen trüben Schein verteilt,
wie bei einer Lampe, die raucht und im Wind flackert,
kann Schutz vor Schwäche, Kraft, den Pilgerweg zu gehen,
allein vom Glauben kommen –
nicht blinder Glaube, sondern mit dem Stempel tiefer Erfahrung.
Denn manchmal, wenn das tägliche Hin und Her des Lebens,
die eintönige Routine von Arbeit und Vergnügen durchbrochen wird,
überkommt den Geist eine Stille und eine Macht,
eine unsichtbare Kraft,
die Überzeugung, dass der Mensch mehr ist,

als das Denken zeigen kann oder die Augen gesehen haben.
Daran festzuhalten, selbst wenn das dumpfe Grollen
des fernen Donners durch das Bimmeln der vielen Glöckchen
nicht mehr zu hören ist, ist Glaube.

Wenn auch der Glaube hinkt, gibt es einen dritten Bahnsteig
für den Start des Menschen darüber hinaus –
die des unerschrockenen Glücksspielers, der behauptete:
„Dieses Leben hat kein so hinreißendes Gesicht, dass ich
immer noch daran festhalten will, wenn das Abenteuer ruft.
Aus vielen Gründen haben Männer ihr Glück riskiert –
um einen Berg zu besteigen oder einen König zu entthronen,
für die Kunst oder die Wissenschaft. Ich tue es für das Höchste.
Und wenn ich verliere, ist es eine Kleinigkeit,
aber wenn ich gewinne, gewinne ich alles. Gebt mir den Plan,
die Disziplin! Zählt mich zu denen, die es versuchen!"

Ähnlich, aber weniger edel erscheint derjenige,
der das Leben bitter findet und bereit ist zu sterben,
und diese letzte Hoffnung auf die Freude,
die das Leben lebenswert macht, ergreift.

Abschnitt sieben

Der nächste Schritt fordert eine weise Enthaltsamkeit.
Es gibt ein scheinbares Selbst, einen bösen Geist,
der deine wahre Integrität verdeckt,
den zu zerstören der letzte Sieg ist,
auf welchem Weg auch immer der Mensch reist.
Dies völlig zu verstehen, aber es nicht zu erreichen
oder es auch nur zu versuchen, ist, wie wenn ein arktischer Reisender,
der im Lehnstuhl warm und trocken am Feuer sitzt,
eine Decke über den Knien, in der Fantasie
durch heulenden Schneesturm und wilde Schneewüsten wandert.

Nicht leicht unterwirft sich das Ego-Selbst,
denn wie im Guerillakrieg erhebt es sich anderswo,
wenn es von einer Position vertrieben wird,
und man muss ihm mit schlauer Strategie begegnen.

Keine Notwendigkeit für schonungslose Maßnahmen – sei lieber fair.
Lass den Körper alles haben, was er braucht, nicht weniger –
nicht mehr. Sei auch wachsam gegenüber der Sorge,
was andere von ihm denken, Rachsucht,
Groll oder Wetteifer. Wenn es Stolz gibt
auf das Lernen, so halte den Schaden für größer
als seinen Wert. Leg deine Bücher beiseite.
Schwör der Hoffnung auf Visionen oder heilende Berührung ab.
Wenn du anderen auf dem Pfad ein Führer sein willst,
wisse, dass all dies Sehnsüchte des Egos sind,
und sage dich von ihnen los.
Lass nicht zu, dass das Phantom-Ego an Traumwelten festhält,
die es mit ihrem eingebildeten Sein umgeben und locken,
um so die Beschränkungen des Lebens
auszugleichen und zu beschwichtigen.

All dies ist nicht der Weg, nur der Zustand,
in dem der besonnene Wanderer sich auf den Weg macht.
Ohne ihn so zu beginnen, wäre eine ebenso große Torheit
wie der Versuch, den Everest zu besteigen,
ohne Ausrüstung, nur in Turnschuhen und Hemd –
Dummheit und Gefahr zugleich.
In einen plötzlichen Spurt immer eine neue Richtung einzuschlagen
oder den Weg abzubrechen, deinen Plan aufzugeben,
nach der Melodie des Egos zu tanzen,
kann schweren Schmerz verursachen.
Der Verstand, der in beide Richtungen gezogen wird,
kann einen Menschen betrügen
und ihn weitaus schlechter dastehen lassen,
als er begonnen hat.

Abschnitt acht

Und nun der Weg selbst. Viele Wege gibt es,
die die Menschen auf ihrer ewigen Suche nach dem, was ist,
gegangen sind. Am besten geeignet für unsere Tage ist ein Weg,
der in der Welt gelebt wird, wie andere gekleidet,
wie andere arbeitend, ohne Riten und Formen.

Schau nach innen, und mit ruhendem Geist,
alles Denken ausgesetzt, suche, wer, was,
dein lebendiges Selbst beseelt,
in dem das reine Ich-bin wohnt.
Erforsche es jenseits der Gedanken-Formen,
wissend, dass die Vernunft keine Antwort gibt.
Keine Worte, nur Erfahrung;
nicht Gedanken, sondern Sein, das Sein, das
eher im Herzen als im Kopf wohnt und von dort ausgeht.

Anstrengung ist nötig. Es ist leichter, ein Rudel Affen
zu trainieren als den Geist. Unermessliche Ausdauer ist nötig.
Du verfügst über Ruhe. Wieder steigen heimtückisch
Gedanken auf, bis erneut der Himmel bewölkt ist,
und wieder verbannst du sie. Sie kehren zurück.
Doch der ruhige Kern der Stille kann jenseits des Lärms
der schrillen Gedanken und des lauten Getöses erreicht werden.
In der Stille dann ein neu gefundener Schatz.
Lebendiges Bewusstsein erhebt sich im Herzen,
wie der erste Krokus, der es wagt, durch die Erde zu brechen,
wo vor kurzem noch Schnee lag. Am Anfang kurz,
später spontan und alles durchdringend,
mit dem Körper gespürt, dem Geist bekannt,
und doch von beiden getrennt.
Was dem Erinnernden auch immer geschehen mag,
es ist kostbarer als alle Freuden früherer Tage.

Du bist ein Erinnernder, doch machtlos
gegen das wiederauflebende Ego,
machtlos auch, den Zustand in dir zu erwecken,
der nicht mit Recht gewonnen wurde,
sondern unverdient all deine Wege erleuchten mag,
wie wenn man sich auf einer geringeren Höhe im Himalaya befindet,
gegenüber dem mächtigen, in Wolken verhüllten Kanchenjunga.
Plötzlich löst sich der Dunst auf.
Schimmernd in blendendem Weiß wird das gewaltige Gebirge
mit Rufen des Staunens bejubelt, während die aufgehende Sonne
es in Rot und Gold färbt.

Für kurze Zeit enthüllt, und dann weht der Dunst zurück,
die Pracht ist vorbei.

Selbst ein solcher Blick des ewigen Zustands
ist keine Garantie, dass das Rennen gelaufen ist,
keine Garantie, dass ein Mensch nicht stagniert
oder dass das Ego, das vorübergehend zerstreut ist,
nicht zurückkehren wird, um wieder zu dominieren,
wobei der letzte Zustand eines Menschen nicht besser ist als sein erster.
Unermüdliche Hingabe an das Ziel ist immer noch nötig,
unaufhörlicher Kampf, um die Fesseln des Wahns zu sprengen,
Scharfsinn, um die Kunstgriffe des Egos zu kontrollieren.
Sich nicht vorzustellen, etwas zu erreichen,
sondern zu wissen, dass das Ganze jetzt ist.
Lass nur das Ego-Selbst Abschied nehmen,
das etwas zu erlangen sucht, um besser zu täuschen.

Abschnitt neun

Sollte sich dieser Weg als zu mühsam erweisen,
nimm an, das Ego-Selbst existiert. So wie es ist,
und wenn es ist, soll es sich der Anbetung hingeben.
Seine Litaneien sollen wie Weihrauchrauch
zu den Füßen Gottes aufsteigen,
wobei die wirbelnden Galaxien und eine wilde Rose,
die Summe sämtlicher Dinge,
eine große Harmonie ist, zu der Er sagte:
„Sei!", und sie ist. Er hat Seinen Gnadenstuhl
die körperlose Welt, über uns errichtet.
Wohin du dich auch wendest, sieh Sein Antlitz!
Seine Zeichen sind auf den Pfaden, die du beschreitest,
und in den Himmeln. Doch an dem geheimen Ort
der Stille in deinem Herzen ist Seine Wohnung.
Seine Macht ist Liebe. Er zieht dich mit Seiner Gnade an,
und mit Seiner Gnade drängt Er dich, wenn nötig,
mit einem Stock, vom Rand der Klippe zurück,
wohin Torheit oder die Begierde führen,

auf einen Pfad, der vor Gefahren geschützt ist,
wenn auch mit Dornen als Hecke.

Dein ständiges Gebet sei, dass Sein Wille geschehe,
und dich durch dein unsterbliches Gelöbnis Ihm zu unterwerfen.
Doch wisse, dass, Gebet oder nicht, er geschehen wird,
da er keine Laune oder Willkür ist, sondern das Gesetz
des Unendlichen und des Ungeborenen,
die Harmonie, die die alten Weisen sahen,
zu der die himmlischen Sphären in Eintracht tanzen,
dem zu widerstehen wie ein Strohhalm wäre,
der in den Wind geblasen wird, der aber über die Trance
hinausführt zur unvorstellbaren mystischen Vereinigung.

Abschnitt zehn

Eine Intuition des Schmetterlings
treibt die Raupe dazu, den strengen Kokon zu erdulden,
gerne seinem eigenen Zustand zu sterben für einen, den er nicht kennt.
Wie kann er ihn kennen, wenn er an einem Blatt knabbert?
Wie kann er vom Flug träumen, wenn er sich damit zufriedengibt
zu wachsen, nicht zu leben?
Wie willst du ihm den Glauben an glitzernde Flügel,
die über eine Blume flattern, schenken,
fröhlich wie das windumspielte Halstuch einer Frau?

Was ist das Vergnügen anderes als ein Elfenbeinturm?
Doch wenn das Leben dich befriedigt, gut und schön;
bleib auf deinem Blatt und knabbere.
Wenn irgendeine Kraft – das unverstandene Gefühl der Ewigkeit –
winkt, dann folge ihm, zähle nie die Kosten. (Es wird alles kosten.)
Tritt hervor wie ein Bettler, der seine Lumpen für verloren hält,
um einen Thron zu beanspruchen,
und sieh niemals zurück, wenn die Schwelle überschritten ist.

Der Guru

Zu fühlen, zu wissen, dass man der Christus im Innern ist –
kann es dann Liebe für Christus auf Erden geben,
der als Mensch umherging und als Mensch gesehen wurde?
Versuche nicht zu argumentieren. Die Liebe hat den größeren Wert.
Die Liebe macht den Menschen verwandt mit dem Geliebten.

So habe ich ihn gekannt, mit den strahlenden Augen,
mit diesem einzigartigen Blick, der ins Herz sticht,
in das der Same der Weisheit
tiefer als in einem heiligen Buch gesät wurde,
von der einzigen Wahrheit, die man nicht lernen, nur leben kann,
Wahrheit, die zu ihrer Zeit
in der dunklen, winterlichen Erde des Herzens keimt
und etwas Vibrierendes entstehen lässt, das dann an Macht gewinnt,
um das scheinbare Ich, das es geboren hat,
zu erschlagen oder zu verschlingen.

Du Herz meines Seins, das äußerlich als eins
in menschlicher Gestalt gesehen wird,
Herr Ramana, der Guru, die aufgehende Sonne,
das manifestierte Selbst, der Führer aller,
die verloren und allein umherirren
in verwickelten Gedanken und vergeblichen Vorstellungen,
Du ziehst mich, voller Mitleid für meine Irrwege,
mit Deinem strahlenden Lächeln zurück zum reinen Sein,
und sagst, dass es immer schon war,
obwohl ich in einer Welt der Dinge verloren ging.

An Arunachala

Arunachala!
Deine Stille ruft mich
machtvoller als tausend Stimmen,
oh Du wundersamer Berg!

Der Weg ist so lang und sieht doch so nah aus.
Schatten flüstern, Felsen werden lebendig.
Arunachala, Du hast mich gerufen,
befreie mich jetzt von meiner Furcht!

Oh Berg des Feuers!
Verbrenne mein Verlangen zu Asche,
außer diesen einen Wunsch,
zu erkennen.

Schattenhafte Wünsche
eine tausendfache Braut,
oh Berg der Liebe!
In Deiner Gnade
lass mich wohnen.

Oh süße Flamme in meinem Herzen,
die sich über das Universum ausbreitet.
Was bedeutet das?
Berg der Weisheit!
Zweifel bestürmen mich.
Ich wage nicht zu glauben.

Bewegungslos tanzende, unendliche Wellen
erheben sich in meinem Geist,
alles verschlingendes, dunkles Wasser
auf der Oberfläche in Flammen geschrieben
„Ich bin".

…

Wie ein Falke, dessen Flügel
den Himmel verdunkeln,
stürzt Du Dich auf mich – ein Wurm im Staub –
und trägst mich davon
in den unendlichen, allwissenden Glanz.
Verloren in Freiheit, Pracht und Seligkeit,
die ich bis jetzt nicht kannte, nicht erträumte,
fand ich mich selbst

….

verlor ich mich selbst.

Geliebter! Wo soll ich Dich suchen?
Im Abgrund der Gedanken,
im Sturm der Gefühle
finde ich Dich nicht.

Ebenen, Flüsse, Berge, Höhlen!
Sagt mir bitte,
verbergt ihr Ihn?
Ist Er Euch über den Weg gelaufen?
….

Vergeblich verbrachte ich meine Tage.
Vergeblich weinte ich in der Nacht.
Du kühler Mond, ihr Sterne!
Leiht mir euer Licht,
damit ich Ihn finde, der verborgen ist
in meinem brennenden Herzen.

Arunachala-Bhagavan!
Berg des Wassers!
Meer der Gnade!
Stille meinen Durst,
hab Erbarmen!

….

An Bhagavan

Ein Gebet, das durch die Fünf Hymnen für Arunachala inspiriert wurde –

Wie Herzklopfen,
man kann vor Tränen nicht lesen,
wer diese Worte geschrieben hat.
Bhagavan – das Innerste
im eigenen Selbst.
….

Versunken im tiefen Brunnen
des Traumes vom Leben

werde ich machtvoll festgehalten
und strebe machtvoll danach,
herauszukommen und im Licht zu erwachen.
Aber ich finde ihn so tief,
und verloren weine ich,
obwohl ich weiß,
dass es nur ein Traum ist.
Wenn Du Deine Gnadenhand
nicht erbarmungsvoll ausstreckst,
bin ich verloren, oh Bhagavan!

Versunken im dunklen Brunnen
der Träume vom Leben –
wie soll der Lotus meines Herzens erblühen,
ohne die Sonne zu sehen?
Du bist die Sonne aller Sonnen.
Vertreibe meine Dunkelheit,
gewähre mir Weisheit, ich flehe Dich an,
damit ich mich nicht aus Unwissenheit
nach Deiner Liebe verzehre, oh Bhagavan.

Ich habe Dich im Innern gesucht,
aber schwach bin ich zurückgekommen,
und in meinem Kummer
schütte ich Dir mein Herz aus.
Hilf mir, Bhagavan!

Ich habe keinen anderen als Dich.
Warum bin nur ich von Dir getrennt?
Schüttle mich aus meiner Erstarrung,
ich flehe Dich an, Bhagavan.

Wenn ich von Dir verschmäht werde,
was bleibt dann noch für mich übrig,
außer die Qual meiner Träume?
Welche Hoffnung kann ich noch hegen?

Könnte ich doch die Leiden der Menschheit, der Schöpfung
in meinem Herzen, in meinen Händen sammeln,
ihr Leid das meine sein – ein Herz.

Es gibt keinen anderen als Dich.
Wer leidet?
Bhagavan!

Ich komme und klopfe an, um Befreiung zu erlangen –
sie genügt mir …
in meinem Traum.

Eine Mutter wird gewiss ihr Kind aufwecken, wenn es im Schlaf weint.
So weinte ich in meinem Albtraum.
Du Erwachter, der Du weitaus freundlicher und näher bist
als die eigene Mutter.

Ist das Deine All-Freundlichkeit, Bhagavan,
mich in tiefer See so kämpfen zu lassen,
der ich meinen Anker verloren habe?
Ich kämpfe, um aufzuwachen.

Enthülle Dich! Täusche und prüfe mich nicht weiterhin.
Du bist die einzige Wirklichkeit!

Ich bin die Beute meines unsteten Geistes.
Mir fehlt es an Geduld, mir fehlt es an Beständigkeit,
mir fehlt es an Reinheit.

Vergib diesem armen Selbst die schwerwiegende Schuld
und tu, was Dir gefällt. Du weißt es am besten.
Aber gewähre mir nur immer stärkere Liebe
zu Deinen Füßen.

Der du Freundlichkeit und Liebe bist,
lächle mit Gnade und nicht mit Verachtung
über mich, der nichts weiß,
der Zuflucht bei Dir sucht.

Kurze Ewigkeit

Plötzlich war ich nicht mehr. Das Sehen blieb,
doch keiner, der sah. Die Gedanken erschienen noch ...
doch keiner, der dachte. Und all dies war nicht neu,
keine Änderung des Zustands, denn ich war nicht nur nicht,

sondern nie gewesen. Nur durch irgendeinen Zauber –
Unwissenheit – Leiden – Sünde – wie immer man es nennen will[1] –
bildete ich mir ein, dass ich war.

Aber genauso gut
könnte man sagen, dass ich plötzlich war,
denn das Sein, das Selbst, welchen Namen du Ihm auch immer gibst,
war einfach, und ich war Das, kein anderes Selbst.

Es ist eine einfache Sache – kein Geheimnis.
Die Weisheit der Weisen läuft auf
das einfache Sein hinaus.

Wieder war dieser Zustand verloren.
Sisyphus-gleich rollte der schwere Stein hinab.
Wieder war es nötig, meine Liebe von anderen loszureißen,
mich allein durch die Nacht zu mühen,
zur verlorenen Heimat, zum Selbst, das ich bin.

Auch wenn eine Welt erscheint, werde ich mich nicht an sie klammern.
Wenn Gedanken auftauchen, will ich sie nicht hegen.
Viel tiefer ist das Unheil des betrügenden Ichs,
das sich selbst sieht und die anderen – oder zu sehen glaubt,
das sich beklagt, es habe noch nichts erreicht.
Wer ist es, der etwas erreicht? Oder wer strebt?
Was gibt es zu erreichen, wenn das Sein ist
und nichts anderes daneben, kein zweites Ich?

Der Tiger

Nun gut, soll er doch nach etwas trachten, der böse Geist –
besser ein Tiger an der Leine als ein wilder Tiger.
Lass ihn streben, aber lass dich nicht täuschen.
Auch wenn er zu den Waffen greift gegen das rebellische Heer
der stürmischen Begierden, die seine Lust erzeugen,

---

[1] Unwissenheit in der hinduistischen, Leiden in der buddhistischen und Ursünde in
der christlichen Interpretation

so wird er sich doch nie selbst erschlagen,
ihren Anführer. Alles ist nur ein Spiel.

Auch wenn er einen schwachen, windgepeitschten Ton
der himmlischen Musik erfasst hat
und sich von geringerem Gewinn dem größeren zuwendet,
ist es nicht sein Schicksal, durch dieses Tor zu gehen.
Seine Rolle in dem großen Drama ist es,
schließlich das Opfer auf dem Altar zu sein.

Der Bewohner

Es gibt niemanden hier.
Das Leben ist jetzt ein leeres Boot,
beherrscht von einer Fernsteuerung.
Der verrückte Steuermann ist weg.
Die Wellen erheben sich ...
Menschen, die Dinge tun ...
Er, der Unsichtbare, steuert.
Es gibt niemanden sonst hier.

Der initiatische Tod

Kein anderer Gedanke kann mein Geist denken.
Tag und Nacht rufe ich zu Dir,
Herr des mannigfaltigen Geheimnisses,
Tod, durch den ich mich zu sterben sehne!

Eng und dunkel der Durchgang?
Entblößt will ich eintreten.
Mit beiden Händen will ich alles Klammern
an die Welt der Menschen loslassen.

Wie ein frisch vermählter Mann nach seiner Braut,
sehne ich mich aufdringlich nach Dir.
Meine Liebe, ich lasse mich nicht abweisen.
Wie lange wirst Du mein Flehen verschmähen?

Tag und Nacht rufe ich zu Dir.
Ich gebe alles um Deinetwillen auf.
Nun lass mich diesem Traumleben sterben,
um endlich im Sein zu erwachen!

Herr des mannigfaltigen Geheimnisses,
unerbittliche Pforte zur ewigen Jugend,
durch Dich allein kann der Mensch
die unsterblichen Gesichtszüge der Wahrheit erblicken.

Tod, durch den ich mich zu sterben sehne,
es gibt keine Freude unter dem Himmel,
die einen Augenblick des Lebens wert ist,
bis Du den Knoten des Selbst löst.
Tag und Nacht rufe ich zu Dir!

Die dunkle Nacht

In der dunklen Nacht der Seele
kannte ich den Geschmack von nicht vergossenen Tränen,
den hoffnungslos scheinenden Kampf,
den Schmerz für mein tägliches Brot.

Durch die Hammerschläge Gottes
geformt aus lebendigem Fleisch
wie aus einem leblosen Klumpen
ist der Mensch neu erschaffen.

Der einzige Ausweg
war ein solcher, den mein Geist nicht finden konnte,
nicht einmal formulieren –
Gott zu verfluchen und zu sterben.

Doch durch all das erkannte ich,
dass der Verstand ein Geißler und Schwindler ist,
der sich an das Unwahre klammert,
selbstgequält um der Lust willen.

Der Schwindler, der böse Geist, das betrügende Ich,
das Kamel, das sich durch das Nadelöhr plagt,

das Begehren und der, der begehrt, müssen aufhören zu sein –
einfach aufgeben und sich mit dem Tod begnügen,
da es keinen anderen Weg gibt. Es ist besser, schnell zu schneiden,
töten und damit fertig zu sein,
als eine endlose Geschichte daraus zu machen,
es züchtigen, dann verhätscheln und pflegen, wenn es krank ist,
dann zum Hungertod verurteilen, wenn es gesund ist.

Skrupelloses Mitgefühl! Besonders mitleidsvoll,
wenn völlig ungerührt vom Schmerz des Schreis des falschen Selbst,
das am Tor steht und den Glanz des Himmels ausschließt.

Verlassenheit

Du hast mich aufgefordert,
mein Leben um Deinetwillen hinzugeben, Herr Christus.
Ich habe es hier zu Deinen Füßen gelegt.
Ist es nur ein schmutziges Tuch,
dass Du Dich nicht herablässt, es anzunehmen,
dass Du Dich nicht herabbeugst und es aufhebst?
Was soll ich nun tun, verachtet und verworfen von Dir, Herr Christus?

Wer sein Leben um Deinetwillen hingibt,
wird es finden, sagtest Du.
Ich habe nicht gefeilscht,
ich bin nicht als Händler gekommen, Herr Christus,
ich habe nicht darum gebeten zu finden.
Nur mein Leben habe ich hingegeben.
Was soll ich nun tun, verachtet und verworfen von Dir, Herr Christus?

Du batst mich, als Deine Braut zu kommen, Herr Christus.
Ich riss meine Liebe von anderen los,
ich kam allein durch die Nacht.
Mit viel Mühsal bin ich hier,
und Du hast mich vor Dir stehen lassen,
lieblos und ungeliebt.
Was soll ich nun tun, verachtet und verworfen von Dir, Herr Christus?

Die Dame von Shallot

Wo der mächtige Fluss fließt,
erhebt sich ein düsteres, graues Gefängnisschloss,
in dem eine Dame wohnte, so sagt man,
auf der ein lebenslanger Fluch lag:
nicht hinauszuschauen, nicht frei,
nur eine Schattenwelt zu sehen,
die sich in einem Glas spiegelt.

Tagelang webte sie einen Wandteppich
mit Fantasie, aber ohne Liebe.
So versinnbildlichen die Weisen
das Leben des Menschen, dessen Tage dahinfließen
in einer Schattenwelt der weltlichen Dinge.
Er webt seine eitlen Fantasien,
und sieht die Schatten vorbeiziehen.

Bis sie ihre Liebe vorbeireiten sah ...
Sie wagte den Blick, obwohl sie sterben sollte.
Sie erhob sich, warf den Vorwand von sich,
sprang der Wahrheit entgegen, ohne Schutz,
außer der Liebe. Der Spiegel zerbrach. Die grauen Wände
zersplitterten. Der breite Fluss,
der alle Dinge mit sich reißt,
trug sie nun zu ihrem wahren Los
im vieltürmigen Camelot,
um den Geliebten von Angesicht zu Angesicht zu treffen
und tot für sich selbst in stummer Umarmung,
sie beide durch Liebe vereint zu finden,
jenseits aller Freude, nach der sie strebte.
Dies war das alte Lied.

Die Jahre flossen dahin,
und Weisheit und alles hohe Streben
hinterließen ein Elendsviertel in Camelot.
Ein Dichter kam, fand das Grundstück
und machte eine schöne Geschichte daraus.

Doch noch immer leuchtet die Weisheit und der Scharfsinn
der alten Weisen darin.[1]

Beende dein Werk!

Bhagavan, warst nicht Du es,
der mir diese Verse gab –
gefiltert durch die Linse meines Geistes,
schön anzusehen?

Und sollen sie nun verborgen bleiben,
um niemandes Weg zu erhellen,
eine Lampe unter einem eisernen Deckel,
ein Gebet mit niemandem zum Beten?

Vollende Dein Werk, Bhagavan!
Lass sie klar erstrahlen,
ein hochgehaltenes Licht für jeden Menschen,
um die Menschen zu Dir zu führen.

Die schlafende Schönheit

Ein hübsches Kindermärchen ist gefunden,
wie eine Dame verzaubert schlief
in der langen Nacht der Zeit, bis ihr zuliebe
ein kühner Retter zu ihr durchdrang
durch viele Gefahren und mit einem Kuss
sie zu endloser Glückseligkeit erweckte.

Im Herzen eines jeden Menschen schläft sie, ihre Brautgabe,
der verlorene Bereich der wahren Macht des Menschen.
Sie ist dieselbe wie die zusammengerollte Schlange des Ostens,
die, wenn sie freigelassen wird,
von Stufe zu Stufe emporsteigt,
bis sie den geistigen Käfig durchbricht
und in weißglänzenden Ekstasen auflodert.

---

[1] in Anlehnung an *The Lady of Shallot* von Alfred Tennyson

Zuerst gab der Weise dem Ritter
das Schwert der Konzentration, hell,
unzerstörbar; zur Verteidigung
einen Mantel der reinen Losgelöstheit,
unsichtbar für die Sinne. Doch allein
der Held kämpfte und siegte.

Wo viele auf dem Weg Visionen, Gelehrsamkeit,
Stolz, Zurschaustellung zum Opfer fallen,
den Huren, die behaupten, ihren Retter zu erwecken,
wenn sie erwachen,
oder in Tavernen sind, wo die Schwächlinge ruhen,
berufen, aber nicht auserwählt für die Suche.

Gesegnet sei nun das Land!
Gedemütigt der tyrannische Geist!
Die Freiheit wird aufrecht stehen
für die ganze Menschheit!

Jetzt, für immer ...
Freude, heiteres Lachen!
Gefallen ist die Gefängnismauer,
Dachstuhl und Sparren!
Es wird nie wieder aufgebaut
des Lebens Haus der Schmerzen,
nie wieder!

Das Nicht-Selbst (Anatta)

Ich ging die Straße entlang, als ich
einen Narren, der dummes Zeug redete, traf.
„Es gibt keinen, es gibt keinen!
Wie froh bin ich, dass es keinen gibt!",
sagte er, als wäre es ein Lied.
„Wen gibt es nicht?" fragte ich.
„Es gibt mich nicht", sagte er törichterweise.
Und er ging weiter und sah recht glücklich aus.

Die zwei Fenster

Es gibt zwei Fenster: eines blickt ins All,
das andere auf die Welt, beide verschwommen durch Gedanken
von ich und mein. Dies hörte auf. Nun war keine Spur
durch jenes erste Fenster mehr zu sehen
und niemand, kein Suchender und kein Gesuchtes.
Und doch ist dies keine Leere,
sondern ungeahnte Glückseligkeit.
Es ist der Zugang nicht durch Schrecken, sondern durch Gnade.

„Die Welt und die Auflösung, Tag und Nacht,
sind beide ewig." „Alle Dinge reichen sich die Hände
im kosmischen Tanz." Alle Dinge, jetzt richtig gesehen:
die knorrigen und düsteren nordischen Kiefern
und der sternförmige Jasmin dieses ausgedörrten Landes.
Durch die durchbrochene Ego-Mauer
fließt die reine Liebe zu allen hinaus.
Selbst ein streunender Hund zieht Liebe an wie ein Kind.

Sein und Nicht-Sein, beides zugleich ist wahr,
„obwohl sie abwechselnd zu sein scheinen."
Leben und Tod gehen vorbei, aber sie sind nicht du.
Das Schicksal formt das Leben, während du unbefleckt,
unverändert bleibst jenseits von Leben, Tod und Schicksal.
Du fühlst, wie die Liebe nach außen fließt
zu anderen hin, während du weißt,
dass alles andere ein Traum ist.
Die Wahrheit ist nicht zwei.

Wem?

Warum mit verbundenen Augen herumtasten
in der Kiste der Dinge,
die die Zukunft bringen mag?
Sie werden sich auf ihre Flügel schwingen,
in welcher Form auch immer die Zeit sie bringt,
niemals wie vorhergesagt.

Gib ihnen keine Chance,
um sich in deinem Geist festzusetzen,
oder du wirst bald
einen wahren Teufelstanz vorfinden,
der ohne Unterlass weitergeht,
ohne Aufschub, ohne Frieden.

Lass den Geist still sein
wie ein klarer See,
wo sich keine Wellen brechen.
Dann komme, was wolle.
Die Gedanken, die vorbeifliegen,
haben keinen Grund zum Schweben,
keinen Platz zum Nisten
in einem ruhenden Geist.

Wenn sie dennoch kommen,
folge ihnen niemals nach Hause.
Frag nur, wem
die Gedanken kommen.

Die Welt

Die Welt ist eine Erweiterung von dir –
nichts außerhalb.
Lass geschehen, was geschehen will.
Folg nur deinem innere Selbst,
denn dies ist wahr.

Für einen Tag trägst du
das Gewand der Erde und der Luft.
Das Wissen ist beschränkt
im sterblichen Verstand:
Nur ein Bann, der zu brechen ist,
ein Traum, aus dem man erwacht.

Solange er währt,
glaube nicht, dass du der Ursprung
des Spiels des Schicksals bist,

das seinen Schatten wirft.
Sei ein hell geschliffenes Glas,
um das Licht zu reflektieren.

Doch Hui Neng sagte,
es gibt kein Glas.
Lass das Ego-Selbst tot sein,
dann wird dies geschehen.
Dann werden alle Zähne des Schicksals gezogen
in jener frohen Morgendämmerung.

Die Welt II

Der Zustand der Welt, in der du dich befindest,
ist nicht dein trauriges oder glückliches Los,
ob du verlierst oder gewinnst,
sondern wie du es formst,
wie näher du dem Engel oder dem Affen kommst.

Und wenn das Schauspiel endet?
Warum über den folgenden Zustand spekulieren?
Von dir hängt seine Form ab.
Welche Pflanze kann wachsen
außer die aus den Samen, die du in deinem Leben säst?

Streng sind seine Gesetze.
Unerbittlich muss bis zum letzten Groschen
die Wirkung der Ursache folgen,
solange du dich selbst
für ein Geschöpf hältst.

Bis du in dir selbst weißt,
was du selbst bist:
nichts zu machen oder zu verderben,
nichts zu ändern oder zu wachsen,
von allem befreit:
Die Welt, die du siehst, ist in dir, nicht du in ihr.

Die Shakti

Ich weiß nur, dass sie mein Herz entflammt hat
in der Jugend, als der Sturm tobte.
In der Jugend, als jede Orientierung verloren war,
war ihre Anmut mein Ankerplatz, ihre Liebe mein Ziel.

Das war das erste. Dann durch die mittleren Jahre,
verheiratet mit der Gefährtin auf dem Lebensweg
in Hoffnungen und nicht beschwert durch Ängste,
war sie Trost in düsteren Tagen.

Und nun bricht das dritte Lebensalter an, die Shakti jetzt,
deren Weisheit zu denen, die suchen, fließt.
Ihre Gnade bestärkt das Gelübde,
den heiligen Gipfel zu erklimmen.

Deshalb bin ich nicht

„Ich denke, also bin ich", war Descartes
klug genug zu sagen,
womit er unwissentlich den Weg wies,
wie man nicht sein soll.
Der Geist soll frei sein
von jedem Gedanken,
und doch bewusst und wachsam,
und du wirst sehen:
Gewahrsein ist – keiner, der gewahr ist.
Das Sein bleibt, und doch bist du nicht da.

Das Traum-Selbst

Du hast letzte Nacht geträumt, du seist ein Briefträger.
Doch fragst du heute, ob er noch da ist –
der Briefträger, der du nie wirklich warst,
sondern nur zu sein schienst?
Es ist so deutlich zu erkennen.

Was war er? Hatte er ein Selbst? Eine Seele?
Oder war er nur eine Maske, die du aufgesetzt hast?
Und war der Traum mit all dem Traumvolk,
das er als wirklich empfand,
eine Welt, die nicht mehr wahr ist
als in deinem Geist?

Warum klammert man sich vergebens
an ein solches Phantom-Selbst
innerhalb der kurzen Horizonte eines Traums?
Eine Intuition der Ewigkeit?
Richtig – aber wessen? Die des Traums?
Dessen, was ist, oder was nur zu sein scheint?

Die Anderen II

Wenn es ein Ich gibt, gibt es auch andere.
Der Ego-Gedanke macht blind,
die Ego-Liebe erstickt.
Wende also den Geist
nicht auf „ich tue", sondern auf „tun",
nicht auf „ich bin", sondern auf „sein".
Alles ist im Bewusstsein.
Alle Dinge reichen sich die Hand im kosmischen Tanz,
alle Umstände, Vergangenes und Kommendes,
verbunden in einem rhythmischen Band,
sind jetzt.
Die Dinge fließen, wie sie fließen.
Sei die Leinwand, auf die die Schatten geworfen werden,
die Leere, durch die das rhythmische Band fließt,
sei die Ewigkeit,
in der sich das Schicksal bewegt,
SEI einfach.

Die Ausdehnung

Dieses Bewusstsein bin ich, die Weite
der reinen Heiterkeit, das Eine ohne Form.
Nicht einmal eins, sondern undefiniertes Sein.
Dort gibt es keine Fragen, keine Doktrin und keinen Zweifel,
nicht gewusstes, sondern gelebtes Wissen, der lärmende Geist
endlich zur Ruhe gekommen, jenseits der Aufregung der Zeit.

Von diesem ungetrübten Zustand nach unten gedrängt,
weit nach unten, weniger real, eine Pseudowelt aus Formen,
gesehen oder eingebildet wie ein Wachtraum.

In Wahrheit gibt es keine Veränderung.
Im Wesentlichen IST alles.
Die Blasen auf dem Ozean ändern nicht
die mächtigen Tiefen. In der Ferne wehen die Töne
von Wohl und Wehe vorbei,
gehört, aber nicht beachtet in der höchsten Stille
der unaussprechlichen Glückseligkeit,
der reinen, grundlosen Glückseligkeit,
in der die Welten geboren sind. Und Das bin ich.

Fantastische Dinge

Lasst uns fantastische Dinge sagen,
Lasst uns sagen, dass Schweine Flügel haben.
Aber lasst uns niemals sagen,
dieser lebendige Klumpen Lehm,
der dieses Lied singt,
sei der Autor des Stücks.

Das Stück ist ein Zufall.
Niemand hat es geschrieben.
Es ist einfach so passiert.
Es hat keinen Sinn, es zu zitieren –
so sagt man.

Du bist nur zufällig,
weil X auf Y traf.
Eine Zeit lang bist du frei,
dich zu fragen, warum.
Und dann stirbst du –
so sagt man.

Doch wer ist dieses ICH in dir?
Dreh dich um und sieh genau hin.
Wer ist es, der fragt, wer?
Die Gedanken hüpfen leicht umher.
Halte sie ein wenig an.
Frag, wer es ist,
der bleibt, wenn sie aufhören.
Wer bist du?

An die Christen

Du, der du Christus nachfolgst, mein Rat an dich ist:
Leg deine schlauen Karten des Himmels weg.
Gib deine Beweise auf, dass nur du recht hast,
alle anderen unrecht. Hör auf zu streiten. Wende dich
deinem Christus zu, der nicht um Beweise bat,
sondern um dein Leben. Gib dein Leben für Ihn auf,
deinen Eigensinn, dein Ich ganz und gar.
Er wird keine Kompromisse eingehen, will keine
halbe Sachen von dir. Entweder lebt Er oder du –
nicht beide. Tritt zurück, mach Ihm Platz zum Leben,
anstelle von dir; und du wirst durch Ihn
den Gehorsam finden, der auf jenes große Wort folgt,
das Er dir auftrug: auch vollkommen zu sein,
wie Gott vollkommen ist. Kannst du nicht auf Ihn vertrauen?

Was bleibt übrig?

Man kann nicht geben, man kann nur vom Stehlen absehen,
 wie ein Diener, der sagt: „In Ordnung, ich lasse dir

Dein Kleingeld vom Markt, deine Seife und deinen Käse."
Nichts gehört dir, um es zu geben, welches „Ding", welches „Du"?
Du stellst dir einen Menschen vor, dann denkst du, er besitzt
eine Ansammlung von Elektronen, die du Frau nennst,
ein Haus, ein Auto, Kinder, Kleidungsstücke.
Finde zunächst heraus, ob er überhaupt existiert.
In einer Welt, in der die Dinge zu einer Wolke zerfallen
aus wirbelnden Atomen ohne Geschmack oder Geruch,
ohne Form oder Farbe, nur eine graue – was?
Energie? Masse? Jedenfalls keine Dinghaftigkeit,
und Gedanken darüber – wirbelnd, niemals still,
was ist es, das du „ich" nennst?
Ein körperförmiger Sack voller Atome in dieser Minute?
Die Gedanken dieser Minute? Ein Du, das die Gedanken hat?
Was liegt ihnen zugrunde? Welche Konstante gibt es,
wenn überhaupt? Du wirst es nicht herausfinden, indem du denkst,
denn das sind Gedanken. Und auch nicht, indem du streitest.
Es gibt nur einen Weg: Man muss versuchen zu sehen.
Halte die Gedanken an und sieh, ob etwas übrig bleibt.

Das Lied

Es gibt keinen, es gibt keinen!
Wie froh bin ich, dass es keinen gibt!
Ist nicht einer was?
Ist nicht einer ich.
Wie glücklich bin ich, dass es keinen gibt!

Wenn es einen gäbe, wäre er
verpfändet an das Alter,
ein verwelktes Ich,
das krankheitsgeplagte Jahre verbringen muss,
gequält vom Bedauern über vergangene Tage
und am Ende,
mit ersticktem Atem,
vom Tod verschlungen.

Frei von ihm, der nie war,
frei von ihm und frei von Sorgen,
frei zu arbeiten oder dazustehen und zu starren,
frei von Furcht und von Verlangen,
unentflammbar für das wilde Feuer der Lust,
frei, in den kosmischen Tanz einzutreten,
nicht länger ein Sklave der Umstände!

Jenseits unseres Selbst und Schicksals
ist nur das grenzenlose Sein,
und Das bin ich; kein anderes Ich,
keine Geburt, kein Tod, kein Schicksal.
Alles, was geboren wird, wird sterben,
aber nicht das ungeboren, unsterbliche Ich.

Der Traum

Am Tor meines Herzens
stehe ich als Bettler
im heulenden Wind,
gekleidet in Lumpen von Gedanken.

Öffne meine Liebe, mein König,
öffne das goldene Tor.
Lass Deine Pracht hervorströmen,
und durchflute mit Licht

diese Schattenwelt des Kummers,
dieses Gesicht, das kein Sehvermögen hat,
diese Schatten von morgen,
diesen Traum.

Wütende Hunde sind an meiner Kehle.
Soll ich zugrunde gehen,
ein Bettler am Tor
des Königs der Gnade und Barmherzigkeit?
Soll dies mein Schicksal sein,
dieser Traum?

Der Dichter

Ich rufe die Wahrheit des Menschen
und die donnernde Stille Gottes
in eine alte, müde Welt,
wo die Dichter über Schmutz und Gossen schreiben
in Gedichten, die wie Prosa klingen.

Sie haben Angst vor der Freude!
Angst, froh zu sein!
Angst zu schreien und zu singen,
Angst vor Jugend und Liebe!
Sie sind alt und grau geworden,
mit Grubenwasserblut und sophistischem Verstand.

Erhebe Dich!
Die Zeit des Singens bricht wieder an,
und der Reim erfreut die Herzen der Menschen.
Der Himmel ist der Erde heute so nah.
Man braucht nur den Schleier wegzureißen,
und alles ist ein unbestimmbares Wunder
im klaren Himmel eines wolkenlosen Geistes.

Tag und Nacht

Welt und Auflösung, Tag und Nacht,
beide sind ewig, obwohl sie
sich abzuwechseln scheinen. Leben und Tod
sind die beiden Phasen eines einzigen Atemzugs
von dem, was ist, was ihm zugrunde liegt,
das individuelle Selbst, das lebt und dann widerwillig stirbt,
ohne zu wissen, woher und wohin.
Für den nach außen gewandten Blick
existiert die Welt mit ihrem komplizierten, verwobenen Labyrinth
von immer wechselnden Formen für immer.
Wendet man sich nach innen, sind ihre gewebten Harmonien
mit dem, der sie sah, verschwunden. Nichts bleibt,
was das Auge sehen und das Denken fassen kann,

obwohl es alle Dinge enthält.
Nur die unerkennbare Leere, auf der die Welten vorbeischweben
wie Schaumflocken auf dem Ozean. Wie soll der Geist
zu dem durchdringen, was vor ihm war, oder wie
den Schoß finden, der ihn gebar? Kein Aggregat
von Gedanken und Gefühlen, kein Konglomerat
von Formen hat Bestand.
Und doch, wenn auch Hirngespinste vergehen,
„befleckt das Leben wie eine Kuppel aus vielfarbigem Glas
den weißen Glanz der Ewigkeit."[1]
Und alle Dinge sind und sind nicht endlos.

Der abnehmende Mond

Oh, denke nie, dass der Mond zwingend abnimmt.
Das Schicksal ist nur für den Narren Zwang,
der vor der Ewigkeit flieht, um den Gewinn der Zeit zu suchen,
und wie ein Frosch seinen Ozean in einem Tümpel findet.

Der Mensch und der Mond haben die Wahl, doch ist es nicht,
ob sie gehen oder bleiben. Unabänderlich
ist ihr Weg und die Phasen ihres Weges,
ihr Los, geschrieben im Licht, völlig unausweichlich.

Ihre Wahl ist, ob sie sich an ihren Platz klammern,
um weiter zu stolpern,
geschlagen von der eisernen Peitsche des Schicksals,
oder, wie die Braut in die Umarmung ihres Herrn flieht,
mit der Liebe als Wind und dem Glauben als Schiff in See stechen.

Das Elixier der Jugend

Die frostigen Jahre haben diesen kranken Körper
in ihrem Griff, der endlich
in die Mülltonne des Todes gleiten muss.
Dann lass ihn gehen,

---

[1] Shelly, Adonais

sei es schnell oder langsam,
wie die Herbstblume im winterlichen Windstoß.

Denn ich habe das Elixier der Jugend getrunken.
Seine Freude ist gefestigt, seine Narreteien sind verflogen.
Wie ein Sänger am Maifeiertag ein Lied singt,
ist das Leben.
Das Herz, stark geworden,
tanzt und singt, wo der Kummer tot ist.

Diese Welt und dieser Körper sind nicht ich.
Sie sind ein Traum, aus dem man erwacht.
Was auch immer ihr Schicksal sein mag,
kann die vibrierende Freude nicht zerstören
oder den hellen Tagesanbruch in Nacht verwandeln.

Wenn selbst unvollkommenes Sehen
solch freudige Gewissheit wie diese bringen kann,
wer würde sich an das scheinbare Selbst klammern
in einem unfruchtbaren Land, wo keine Vögel singen,
wenn er in Bewusstsein, Sein, Glückseligkeit verloren ist?

Andersheit

Rette mich, oh Herr, vor der Andersheit! Und doch
gibt es weder einen anderen noch mich zu retten.
Du allein bist, in unzähligen Formen ausgedrückt.
Du warst und nichts anderes vor den Welten,
und Du bist jetzt wie damals.
Alles wandelt sich und vergeht, nur Dein Antlitz bleibt.
Was ist dann der Mensch? Etwas anderes kann er nicht sein.
Es gibt keinen anderen. Er, der Eins ist, einzig,
unveränderlich, unermesslich, IST.
Doch ohne von Seiner Unwandelbarkeit zu lassen,
erzählt er die ganze Geschichte von Gesetzen und fließendem Leben,
von all dem scheinbaren Kampf im Schoß des Friedens.
Du bist Sein gesprochenes Wort; doch höre gut zu,
und das ganze Universum wird durch dich gesprochen.

Du bist die Linse, durch die sich die göttlichen Strahlen
in diesem ausladenden Prunk ausbreiten.
Gib dich auf, und kein Selbst kann bleiben
als Das, was IST. Ob du aufgibst oder nicht,
am Ende muss alles zu Ihm zurückkehren,
wie Traumgestalten im Wachen dahinschmelzen. Am Ende
IST Er, die Andersheit ist nie gewesen,
und all dein Kampf war unnötig und der Kurs
dessen, den du ich nanntest, ist vor der Zeit
und nur wie Bilder, die auf einer Leinwand ablaufen.
Warum willst du dich an das klammern, was nie war?
Welche Zuflucht gibt es vor dem ewigen Jetzt,
der Wahrheit, die sich nicht ändert? In Unwissenheit findet
ein scheinbares Selbst für eine Weile eine scheinbare Zuflucht
des Friedens im Kampf, der Glückseligkeit im hungrigen Streben,
in flüchtigen Freuden, im frustrierten Leben,
das spottet und seine noch nicht geernteten Früchte
unerreichbar vor dir hin und her schwingen lässt
und dann weit zurückweichend,
Hunger hinterlässt und eine erinnerte Reue,
und die wenigen gepflückten Früchte schmecken zuletzt sauer,
und alles Ungepflückte, schön, doch weit entfernt, spottet
damit, was hätte sein können. Doch das alles verbirgt
die Wahrheit des Selbst und lockt,
trügerisch-schön, hört auf zu locken und spottet,
lässt den verbitterten Reisenden ungestillt zurück
wie einen, der Erleichterung in einer Fata Morgana sucht
und die erbarmungslose Sonne und den weiten Sand vorfindet,
alles, was den weißen Glanz der Wahrheit verbirgt
unter prismatischen Myriaden schimmernder Punkte,
schimmernd und endend, aufblitzend aus der Dunkelheit
in Phantomformen, die dann mit der Dunkelheit verschmelzen,
wesenlose Träume, kurzlebige Formen.
Alles ist das Gesicht der Wahrheit für den, der sehen kann,
alles ist das Wort, das in Wellen des Gesangs verweht,
alle Fäden in deinem Lebensgewebe verkünden
die Wahrheit hinter dir. Die Menschen sollen nicht vor Dem flüchten,

was ist, zu dem, was die Fantasie erschafft,
zerbrechlich wie der Baumeister.
Höre! In allen Dingen ist die Stimme Gottes.
Wende dich, wohin du willst, dort ist das Antlitz Gottes.

Der Wind

Ich bin eine Pfeife, durch die der Wind bläst.
Sei still, es ist der Wind, der singt.
Der Lauf meines Lebens, die Dinge, die ich tue,
das scheinbar Falsche und das scheinbar Richtige
sind die Melodie des Windes, der weder
Gut und Böse, Freud und Leid kennt.
Aber die letzte Ehrfurcht ist noch tiefer
als Lied, Pfeife oder Sturm,
denn Pfeife und Melodie sind der formlose Wind,
der eine Zeitlang Gestalt anzunehmen schien.
Und Worte sind gut, um den Worten zu entfliehen,
und Kampf, um dem Kampf zu entfliehen,
doch die Stille trinkt alle Wellen
von Gesang und Tod und Leben.

Literaturverzeichnis

Osborne, Arthur: Buddhism and Christianity in the Light of Hinduism, London, 1959

Osborne, Arthur: For Those with Litte Dust: Selected Writings, Tiruvannamalai, 1990

Osborne, Arthur: Ramana Arunachala, Tiruvannamalai, 1958

Osborne, Arthur: Ramana Maharshi und der Weg der Selbsterkenntnis: eine Biografie über Ramana Maharshi, Norderstedt, 2016 (Ramana Maharshi and the Path of Self-Knowledge)

Osborne, Arthur: Ramana Maharshi: Seine Lehren, Norderstedt, 2019 (The Teachings of Ramana Maharshi in His Own Words)

Osborne, Arthur: The Incredible Sai Baba, New Delhi, 1974

Osborne, Arthur: The Rhythm of History, Bombay, 1959

The Teachings of Ramana Maharshi, ed. Arthur Osborne, Tiruvannamalai, 2014